【西方学术经典译丛】
——全新译本——

古 代 法
ANCIENT LAW

［英］亨利·萨姆奈·梅因 著
高 敏 瞿慧虹 译

中国社会科学出版社

图书在版编目(CIP)数据

古代法 / [英] 亨利·萨姆奈·梅因著; 高敏, 瞿慧虹译. —北京: 中国社会科学出版社, 2009.12

(西方学术经典译丛)

ISBN 978 - 7 - 5004 - 8171 - 3

Ⅰ.①古… Ⅱ.①梅… ②高… ③瞿… Ⅲ.①法制史 - 研究 - 世界 - 古代 Ⅳ.①D909.9

中国版本图书馆 CIP 数据核字 (2009) 第 167604 号

出版策划	曹宏举
责任编辑	张　林
责任校对	王雪梅
技术编辑	李　建

出版发行	中国社会科学出版社
社　　址	北京鼓楼西大街甲 158 号　邮　编　100720
电　　话	010 - 84029450 (邮购)
网　　址	http://www.csspw.cn
经　　销	新华书店
印刷装订	君旺印装厂
版　　次	2009 年 12 月第 1 版
印　　次	2009 年 12 月第 1 次印刷
开　　本	640×960　1/16
印　　张	19.75
字　　数	177 千字
定　　价	38.00 元

凡购买中国社会科学出版社图书, 如有质量问题请与本社发行部联系调换

版权所有　侵权必究

出版说明

为了深入探究西方文明的渊源与演进，促进中西文化交流，反映改革开放 30 年来我国学界对西方文明的全新视角，展示伴随改革开放成长起来的一代学人对西学的重新审视与诠释，构建全新的西学思想文献平台，我们组织出版了这套《西方学术经典译丛》（全新译本）。本译丛精选西方学术思想流变中最具代表性的部分传世名作，由多位专家学者选目，一批学养深厚、中西贯通、年富力强的专业人士精心译介，内容涵盖了哲学、宗教学、政治学、经济学、心理学、法学、历史学等人文社会科学领域，收录了不同国家、不同时代、不同载体的诸多经典名著。

本译丛系根据英文原著或其他文种的较佳英文译本译出。与以往不同的是，本译丛全部用现代汉语译介，尽量避免以往译本中时而出现的文白相间、拗口艰涩的现象。本译丛还站在时代发展的高度，在译介理念和用词用语方面，基本采用改革开放以来西学研究领域的共识与成论。另外，以往译本由于时代和社会局限，往往对原作品有所删改。出于尊重原作和正本清源的目的，本译丛对原作品内容一律不作删改，全部照译。因此，本译丛也是对过去译本的补充和完善。

为加以区别，原文中的英文注释，本译丛注释号用①、②……形式表示；本译丛译者对原文的注释则以〔1〕、〔2〕……形式表示。

中国社会科学出版社
2009 年 12 月

Ancient Lawe
By *Henry Sumner Maine*

目 录

第一章　古代法典 …………………………………… 1
第二章　法律拟制 …………………………………… 17
第三章　自然法和衡平法 …………………………… 35
第四章　自然法的现代史 …………………………… 57
第五章　原始社会与古代法 ………………………… 87
第六章　遗嘱继承的早期史 ………………………… 131
第七章　古今有关遗嘱与继承的各种思想 ………… 165
第八章　早期财产史 ………………………………… 187
第九章　早期契约史 ………………………………… 233
第十章　不法行为和犯罪的早期史 ………………… 281

第一章

古代法典

  世界上最著名的法律制度始于一部法典的出现，也随着它而结束。从罗马法历史的开始到其结束，它的解释者们一直都在运用语言暗示着，他们制度的实体是以《十二铜表法》为基础的，因此也就建立在成文法的基础之上。在罗马，除非某一特殊情况，《十二铜表法》以前的一切制度都是不被承认的。罗马法的理论传承来自一部法典，而英国法律的理论归于古老的不成文的惯例，这也就是它们法律制度的发展之所以不同于我们法律制度的主要原因。这两种理论与事实情况都不尽相符，但各自却都产生了极为重要的结果。

  毋庸多言，《十二铜表法》的公布并不能作为我们开始研究法律史的最初起点。古罗马法典属于这样一种类型，是世界上几乎所有文明国家都可以提出的一个范例，并且就罗马和希腊而言，它们的法典在两个彼此之间相距并不遥远的时代中都得到了广泛传播。它们产生于几乎相同的环境，而且就我们所知，也是由于非常相似的原因。毫无疑问，在这些法典的后面，存在着许多法律现象，而且在时间上这些法律现象的存在要早于法典的出现。现在有许多文件记录可以提供给我们关于这些早期法律现象的信息；但是在语言学家对梵文文学做出一个完整的分析之前，古希腊的荷马史诗无疑才是我们知识的最佳来源。当然它不能被看做实际事件的历史记录，但是，它可以被看做是对作者所了解的一种社会状态的并不完全是纯粹想象化的描写。虽然诗人的想象力可能夸大了那个英雄时代的某些特征，如战士的勇猛和神的超凡能力，但我们没有理由相信他的想象力受到了道德或者形而上学概念的影响，因为这些概念在当时还没有成为意识观察的对象。考虑到这一点，可以说荷马文学远比那些相对晚期的文件更具有可信性，因为那些文件虽然也试图对同样较早时期的情况进行说明，但他们的编纂都受到了哲学或神学的影响。如果我们可以通过某种方式确定法律概念的早期形式，那将具有无法衡量的价值。这些基本观念对法学家来说，就像原始地壳对于地质学家一样意义重大。这些观念可能包含了法律后来的一切表现形式。而我们对这些观念，除了一点最肤浅的研究以外，统统采取了拒绝的草率和偏见态度。因此，我们就不得不忍受我们的法律科学如此不尽如人意的现状了。在观察法取代假设法之前，法学家采取的调查方法确实和物理学及生理学一样，对那些看似合理的内容丰富的却丝

第一章

毫未经证实的理论，譬如自然法或者社会契约，人们往往兴趣很大，但对社会和法律的早期历史却不愿进行冷静的考察；这些貌似合理的理论，不但使人们的注意力从唯一可以发现真理的地方转移开，而且当它们一旦被接受和相信之后，就足以对法学研究以后的各个阶段发生最现实而重要的影响，从而模糊了真理。

一些最早期的观念，与现在如此充分发达的法律的和生活规则中的概念有着关联，它们就包含在荷马史诗中的"忒米斯"[1]和"忒米斯特"[2]这些词语中。众所周知，忒米斯在后期希腊万神庙是作为司法女神的意义出现的，但这是一个现代的并且充分发展的观念，同《伊利亚特》中把忒米斯描述为宙斯的陪审官的意义是完全不同的。所有对于人类的原始状况进行过忠实观察的人们现在都可以清楚地看到，在人类的最初时代，人们对那些持续的或定期循环发生的活动，只能假定一个人格化的代理人来加以解释，因此吹拂着的风是一个人，而且理所当然的是一个神圣的人；初生的、升到绝顶的、落山的太阳是一个人，并是一个神圣的人；孕育万物的土地也是一个人，也是一个神圣的人。在物质世界如此，在精神世界也同样如此。当一个国王通过一个判决解决纠纷时，他的判决被假定为

---

[1] 希腊万神庙中的"司法女神"，即 Gooddess of Justice。
[2] Themis 的复数，意指审判本身，是神授予法官的。

直接灵感的结果。这个将司法审判权交给国王或神灵的神圣代理人，万王中最伟大者就是忒米斯。这个概念的独特性表现在它的复数用法，忒米斯特或者忒米西斯，即忒米斯的复数形式，其含义是审判本身，是由神赋予法官的。国王被认为有着丰富的"忒米斯特"，可以随时使用；但我们必须清楚地知道忒米斯特并不是法律而是判决，或者可以更准确地理解为日耳曼语中的"判定"一词。格罗特先生在他的《希腊史》中说过："宙斯或地球上的人类之王，不是一个立法者而是一个法官。"他拥有忒米斯特，虽然始终相信忒米斯特来自上天，却不能由此判定所有的忒米斯特之间，有任何原则贯串着；它们是个别的、单个的判决。

甚至在荷马史诗中，我们也可以看到上述这些观念只是暂时的。在古代社会的简单机构中，类似情形的出现可能比现在还要普遍，而在一系列类似的案件中，就可能采取彼此近似的判决。这也就是"习惯"的胚胎和最初萌芽，是继忒米斯特或判决之后出现的另一个概念。然而，我们可能会根据现代联想，想当然地认为"习惯"这种观念必然先于司法判决的概念，认为判决必然是对一种习惯的肯定或者是对违反这种习惯的惩罚，但是由上面的分析，我们可以十分确定地看出，这些观念先后出现的历史顺序，实际上是和我上面陈述中所排列的一样。在荷马史诗中，对"习惯"的早期形态进行描述时，有时用的字眼是单数形式的"忒米斯"——但更多时候使用的是"迪克"一词，

第一章

其含义明显地介于"审判权"和"习惯"或"习俗"之间。至于"Nōμōs",指一部法律,是后期的希腊社会政治词汇中一个伟大而著名的术语,但在荷马史诗中并未提到。

这种所谓的神圣代理人的观念,暗示着忒米斯特,其自身又人格化于忒米斯,但这种观念应当与原始社会的其他观念区别开来,这是一个肤浅的研究者容易混淆的。有种观念认为"神"指导着整部法典或法律的主体,例如印度的摩奴法典,这种观念似乎属于比较新近和先进的思想。忒米斯和忒米斯特同人们长久以来顽固坚持的一种信念有着密切关系,这种信念认为神的影响力是每一种社会关系及社会制度的基础,并支撑着它们。在每一种早期法律及政治思想的初步形态中,处处都可以看到这种信念的表征。那时候,人们认为有一种超自然的神圣力量主宰着国家、民族、家族这些根本制度,并将它们组合在一起。人们按照这些制度所包含的各种关系结合在一起,要定期举行公共祭礼并进贡公共祭品;他们要时时举行涤罪和赎罪,以削减因无意或疏忽的无礼行为所招致的惩罚,这种相同的义务甚至被认为更有意义。凡是熟悉普通古典文学的人都会记得"家祭"这个词,它对古罗马的收养法和遗嘱法产生了极为重要的影响。直到现在,在极大保留了原始社会一些最奇特特征的印度习惯法中,几乎人们的所有权利以及继承权方面的所有规定,都与在死者的葬礼上,即一个家族的延续发生中断时,人们举行仪式时的严肃态度相关。

古代法

在我们结束对法学这一阶段的讨论之前,有必要对英国学生提醒一点。边沁在其《政府片论》,奥斯丁在其《法理学范围》中,都将一项法律分解为:立法者的命令,从而也是强加于公民身上的义务,还包括对违反这种命令的制裁;另外,可以进一步肯定的是,作为法律首要要素的命令,其针对的必须是一系列具有相同范围和性质的行为,而不是某一种单一的行为。这种对法律各个要素加以独立分析的结果,同已经成熟的法学事实完全相符;并且,只要在用语上稍微引申一下,它们就可以在形式上适用于各个时代的各种类型的法律。然而这并不是说现在人们所接受的法律观念还与这种分析相符合,但是令人奇怪的是,我们对古代思想史的研究越是深入,就发现我们同边沁所主张的法律是几种要素结合的观念距离越远。可以肯定的是,在人类社会初期,没有立法机关,甚至也没有明确的立法者,法律还没有达到称为"习俗"的程度,而仅是一种简单的"习惯"。用一句法国俗语说叫"氛围"。唯一有权判断是非的是根据事实作出的司法判决,其判决的依据并不是违反了预先设定的一条法律,而是在审判时由一种更高的权力第一次灌输入法官的脑中。当然,要我们去理解这些在时间和思维上距我们如此遥远的观念确实非常困难,但当我们对古代社会的构成进行详细的研究,了解到生活于其中的每个人大半生都处于族长式的专制统治之下,他的全部行为实际上并不是由法律而是由一种反复无常的政体控制着，那就比较可信了。可以说，一个英国人比一个外国人更能理解这样一个历史事实，即忒米斯特先于任何法律概念，这是因为在众多流行着的关于英国法学特征的相互矛盾的理论中，最得人心或者最能影响实践的当然是这样一种理论，即假定已判案件和先例先于规则、原则、差别而存在。应当指出的是，在边沁和奥斯丁看来，"忒米斯特"还具有将单一或纯粹的命令同法律区分开来的特征。一部真正的法律能毫无区别地约束所有公民的类似行为；这正是法律所具有的一个最深入人心的特征，使"法律"一词只能适用于一致、连续和类似的情况，而命令仅仅针对单一的行为。因此，与"忒米斯特"本身含义更接近的是命令而不是法律。命令只是针对单个的事实情况作出的裁判，并不需要按照任何特定的顺序彼此相连。

  英雄时代的文学作品告诉我们，法律的早期形态一种是"忒米斯特"，还有一种蕴涵在稍微先进的"迪克"概念中。我们要论述的法学史的下一个阶段是非常著名也极引人入胜的。格罗特先生在其《希腊史》的第二篇第二章中，充分地描述了逐渐不同于荷马所记述的社会模式。英雄时代的王权，一方面依赖于神所授予的特权，另一方面依赖于君主自身所具有的卓越的强壮、勇气和智慧。但渐渐地，君主神圣的形象变得脆弱，众多世袭君主中也出现了软弱无能的人，王权开始衰弱并最终让位于贵族统治。如果我们使用准确的革命用语，可以说荷马所一再提到和描述的首领议会篡夺了王权。无论从哪一方面看,这时欧洲各地,已经由王权时代进入寡头政治时代;即使君主名义上的职能还没有完全消失,但王权已缩减到只剩下一个暗影而已。他只是一个世袭将军,比如在拉栖代孟;[1] 他也只是个官吏,像雅典的执政官;或者只是一个形式上的祭司,像罗马的"圣王"[2] 在希腊、雅典和小亚细亚,统治者似乎都是由一些凭借着假定的血缘关系结合在一起的家族组成的,尽管他们起初都宣扬自己的准神圣性,但他们自身的力量似乎并不能证明这一点。除非过早被平民组织所推翻,他们最终都将走向现在我们所理解的这种贵族政治。在较远的亚洲国家,其经历的社会变革当然要比意大利和希腊发生革命的时间早很多;但它们在文化上的相对地位似乎是一样的,而且在一般特征上也极为相似。有证据表明,后来结合在波斯王朝统治下的各个民族,以及那些居住在印度半岛上的民族,都有他们的英雄时代和贵族政治时代;但却分别走向了军事的寡头政治和宗教的寡头政治时代,而国王的权威一般并没有被取代。与西方社会的发展过程相反,在东方世界,宗教因素的影响似乎超过军事和政治因素,军事力量和民事的贵族政治在国王和祭司等级之间消失了,或被挤压得毫无意义;最终我们看到的结果是,

---

[1] 古代斯巴达克("斯巴达")的别称。
[2] 又名 rex sacrorum,主要在表演仪式上主持宗教礼仪。

第一章

一个君主享有大权,但受到祭司阶级特权的限制。在东方,贵族政治成为宗教的,而在西方贵族政治是属于民事的或政治的,虽然在这一点上二者是不同的,但是贵族政治的历史时代取代了英雄国王的历史时代却无疑是正确的。即使这不能说明全人类的发展,但无论怎样,对印欧语系的各个民族却是适用的。

对法学家来说,有一点是很重要的,那就是这些贵族通常都是法律的保管者和执行者。他们似乎已经继承了国王的特权,然而其重要区别,在于他们并不假装每一个判决都出于直接的神示。那种主张整个法律主体或其中一部分出自神授的思想联系仍旧四处可见,这使得族长们所做的判决被看做是某种超人类的命令,但思想的进步已经不再允许将个别争议的解决用假定为神判的方式来解释。法律的寡头政治现在所主张的是要垄断法律知识,独占据以解决争议的各项原则。事实上,我们已经进入了"习惯法"时代。"习惯"或"惯例"现在已经作为一个有实质意义的集合体而存在,并假定贵族阶层或阶级对此都精确地了解。我们所依据的权威资料使我们深信,这种寄托于寡头政治的信任有时不免被滥用,但这不应该被视为仅仅是一种篡夺或暴政的手段。在文字发明之前,以及这门技术的初创时期,享有司法特权的贵族政治成了唯一的权宜手段,依靠它可以将民族或部落的习惯相当准确地保存下来。正是由于这些习惯被托付于社会少数人的记忆中,它们的真实性才能尽可能得到保证。

"习惯法"时代以及它所代表的特权阶级时代，是值得特别注意的。关于这个时代的法学所处的状态，我们仍可以在法律和民间的用语中找到一些痕迹。这种专门为有特权的少数人所独占的法律，不管这少数人是一个阶级，一个贵族团体，一个祭司集团，或者是一个僧侣学院，这种法律都是一种真正的不成文法。除此之外，世界上再没有所谓的不成文法了。英国的判例法有时被称作不成文法，有些英国理论家也告诉我们说，如果真要编订一部英国法律的法典，我们就必须将不成文法转变为成文法，他们坚持认为，这一转变，如果不是在政策上有可疑之处，无论如何是非常重大的。实际上，曾经有一个时期，英国的普通法确实可以合理地称之为不成文法。老一辈的英国法官们确实标榜自己拥有不被法院和公众所了解的规则、原则及知识的差异。他们声称要垄断的法律，究竟是不是完全不成文的，这一点是非常可疑的；但是无论如何，即便可以假定过去确实曾经有大量民事和刑事的规则为法官所独占，但它在不久以后也不再是不成文的了。在威斯敏斯特法院，法官开始根据档案，不论是年鉴还是其他资料来作出判决，他们所执行的法律已经是成文法了。在这个时候，英国法律的任何一条规则，都要先从印制的判例所记录的事实中抽象出来，然后再由特定的法官根据其不同的风格、精确度以及知识表现为不同的文字形式，最后将它运用于审判的案件。但是在这一过程的任一阶段都没有显示出任何不同于成文法的特点。英国法律是成文的判例法，它与法典法的唯一区别仅在于它是以不同的方式成文的。

离开"习惯法"时代，我们来到了法学史上另一明确划分的时代，即法典时代，在那些古代法典中，罗马的《十二铜表法》是最著名的范例。在希腊、意大利以及西亚的受希腊文化影响的海岸上，这些古代法典几乎都是在同一时期出现的，我所谓的同一时期，并不是指时间上的同时，而是指在每一社会都相对地进步到类似的情况下出现的。在上述我提到的几个国家中，到处都有把法律铭刻在石碑上，并向人民公布的做法，以代替那种单纯依赖有特权的寡头统治阶级来记忆的惯例。在我所说的这种变化中，我们并不能认为当时已经有了像现代编纂法典那样所必需的精密考虑。毫无疑问，古代法典的成功是由于文字得到发明和传播。诚然，贵族们似乎曾经滥用他们对于法律知识的独占权；并且无论如何，他们对于法律的垄断极大地阻碍了当时西方世界开始逐渐兴起的平民运动。尽管民主意识可能使这些法典更加深入人心，但它们的产生主要还是文字发明的直接结果。铭刻的石碑被证明是一种更好的法律保存者，并且是对法律准确性的一种更好的保证，比仅仅依靠少数人的记忆要好得多，虽然这种记忆因为经常运用也在不断加强。

罗马法典就属于上面我所说的那一类法典。这些法典的价值并不在于其分类匀称合理或其表达简明精练,而在于它们极大的普及性,以及它们告诉给每个人可以做什么和不应该做什么的知识。罗马的《十二铜表法》确实表现出体例安排匀称合理的某些迹象,但据说这可能是因为这部法律的制定者曾求助于希腊人。这些希腊人具有后期希腊编纂法律的技术经验。而从雅典的梭伦法典所残留的片段看,它很少有一定的次序性,德拉古的法律中也许更少。这些东方和西方法典的遗迹,足以证明不管它们的基本特征如何不同,其中间却都混杂着宗教的、民事的以及仅仅是道德的种种法令;这些与我们从其他来源了解的早期思想是一致的,至于将法律从道德中分离以及宗教从法律中分离,则显然是属于智力发展较后阶段的事了。

但是,不管以现代的眼光看这些古代法典多么奇特,它们对于古代社会的重要性是无法形容的。问题——这个问题影响着每一个社会的全部未来——并不在于究竟该不该有一部法典,因为大多数古代社会似乎迟早都会有法典,并且如果不是由于封建制度造成了法学史的重大中断,那么所有的现代法律都可能追溯到这些渊源的一个或多个上去。但是民族历史的转折点,是看在什么时期,在社会发展的什么阶段,他们可以将法律书写成文字形式。在西方世界的每一个国家,平民大众成功地击垮了寡头政治的统治,几乎普遍地在"共和政治"史的初期拥有了一部法典。然而在东方,正如我之前所言,作为统治者的贵族政府倾向于成为宗教的而不是军事的或政治的，因此不但没有失去反而获得了权力；而在有些实例中，亚洲国家的地理结构造成其各个社会比西方社会的面积更大，人口更多；根据公认的社会规律，一套特定制度传播的范围越广，它的韧性和生命力也就越强。无论由于何种原因，东方社会制定法典相对于西方来说要晚得多，而且具有十分不同的特征。亚洲的宗教寡头，或者为了他们自己参考，或者为了减少记忆，或者为了指导信徒，最终都把他们的法律知识具体制定成了法典；但促使他们这样做的最大诱因，也许还是可以将这作为增强和巩固自己影响力的机会。他们完全垄断法律知识，这使得他们可以用法律汇编来欺骗世人，而汇编中那些被实际遵守的规则还不如祭司阶级认为应当被遵守的多。被称为"摩奴"法律的印度法典，理所当然是婆罗门所编纂的，它无疑记载了印度民族的许多真正惯例，但根据当代最好的东方学者的观点，总体上它并不代表确曾在印度实施过的那一套规则。就主要部分而言，它只是在婆罗门的眼光中应当作为法律的一幅理想画面。这符合人的天性以及作者的特殊动机，即像《摩奴法典》这类的法典，应该假托为最古老的，并且认为完全是由"神"赋予的。根据印度神话，《摩奴法典》是从至尊的"上帝"那得来的；但这个冠以"上帝"之名的法典的编纂，尽管其确切日期已不可考，但从印度法学相对进步的角度看，其实是近代的产物。

《十二铜表法》和其他类似的法典对拥有他们的社会来说,主要的作用就是保护其不受有特权的寡头政治的欺骗,使国家制度不致自发地腐化和败坏。"罗马法典"只是对罗马人的现存习惯作出的一种文字表述。相较于罗马人在文明发展中的地位,它是一部相当早的法典,而它公布的时间,正是罗马社会刚刚从一种智力状态,即政治义务和宗教义务还不可避免地混淆在一起的状态中摆脱出来的时期。一个野蛮社会实行的一套习惯,往往存在着某些特殊的危险,而这些危险对其文明进步来说或许是绝对致命的。一个特定社会从其初生时期和原始状态时就开始采用的,通常是那些总体上最能促进其物质和道德福利发展的惯例;如果它们在新的社会需求产生新的惯例之前能一直保持其完整性,那么这个社会无疑是向前发展的。但不幸的是,事物的发展规律始终威胁着这些不成文惯例的存在。习惯当然是为民众所遵守的,但他们并不能理解这些习惯之所以存在的真正原因,因此也就不可避免地要编造出一些迷信的理由,来证明它们存在的永恒性。于是开始了这样一个过程,简单地说,就是合理的惯例中产生出不合理的惯例。由此类推,法学成熟时期最有价值的工具,在法学的初生时代却是最危险的陷阱。由于某些正当理由,禁令和条例最初只限于某种单一性质的行为,后来就适用于属于同一类型的一切行为,因为一个人一旦做了触怒上帝的事情,当他再做出任何类似的行为时,就会感到一种本能的恐惧。当一种食物因为卫生原因被禁止，这个禁令就适用于一切类似的食物，尽管这种类比有时完全建立在想象的基础上。同样，为了保证一般清洁而做的明智规定，最终竟变成了教仪上冗长的洗礼程序；再比如划分等级是在社会史发展的特定危急关头为保持民族生存所必需的一项制度，但却逐渐退化成人类所有制度中最不幸和最具危害性的制度——"种姓制度"。印度法的命运，实际上是衡量罗马法价值的尺度。人种学告诉我们，罗马人和印度人来自同一祖先，而在他们的原始习惯中，也确实有着显著的相似之处。即使到现在，印度法学还保留着考虑周详和判断正确的根基，但不合理的模仿已使它的实体中附加了许多极度残酷荒诞的制度。罗马人由于得到其法典的保护，没有受到这一腐蚀。在它的编纂时期，惯例还是很完好的，如果推迟一百年的话，或许就太迟了。印度法的大部分内容是具体规定于文字中的，但在"梵文"中仍留存着一些在某种意义上很古老的记述，其中仍有充分的证据证明它们的编制是在错误已经发生后进行的。当然，我们并不能因此断言，如果《十二铜表法》没有公布，罗马人的文明也会像印度文明那样无力和衰退，但至少可以肯定，正是由于他们有了法典，才避免了那样不幸的命运。

第二章

法律拟制

原始法律一旦被制定成法典，所谓法律自发的发展过程，便告终止。自此以后对它的影响，如果确有影响的话，便都是有意的和来自外界的。难以设想，任何一个民族或部落的习惯，从族长将之宣布到其用文字加以公布这一长久的时期内——有些情况下，是极为漫长的时间——会一无变更。如果认为这一时期的任何变更都不是有意进行的，也是不妥当的。但就我们对这一时期法律进步所掌握的有限的知识来看，我们确有理由认为在造成的变化中，由故意所导致的只占极小的部分。在原始惯例中曾经发生过一些变革，但导致这些变革发生的情感和思想方式，却是我们在现有的心理状态下所不能理解的。然而，随着"法典"的产生，一个新的时代开始了。这一时代以后，无论我们探究哪里的法律变革的原因，都能将之归因于一种要求改造的、有意识的愿望，或者无论如何是出于一定的目的，而这些愿望和目的，同原始时代所追求的完全不同。

古代法

　　初看起来，在法典产生以后的法律制度中似乎很难引申出令人深信不疑的一般命题。涉及的领域太广泛了。我们很难确定，在我们的观察中是否已包括了足够数量的现象，或者我们对于所观察的现象，是否已有了准确的理解。但如果我们注意到，在法典时代开始以后，静止的社会与进步的社会之间的区别已开始显露出来的事实，我们的工作就比较容易进行了。我们所关心的只是进步社会，而这些社会显然是极少数的。尽管存在着充足的证据，但是对于一个西欧的公民来说，还是很难明白这样一个事实，即环绕在他周围的文明，在整个世界史中实在是一个罕见的例外。如果把各个进步民族同人类生活总体的关系鲜明地摆在我们面前，那么我们所有共同的思想感情，所有的希望、恐惧和思想都将受到重大影响。毋庸争辩，几乎绝大部分的人类，在其民事制度因被具体化为某种永久记录而第一次获得形式上的完善性时，就再也没有加以改进的愿望了。一套惯例有时会被另一套惯例强行推翻和取代；各地的标榜为来自超自然渊源的法典，往往由于僧侣注释者牵强附会的解释，而被极大地引申，并歪曲成最惊人的形式；但是除了世界上极少的地方外，从没发生过一项法律制度逐渐改良的情形。世界上有物质文明，但是文明没有发展法律，反而是法律限制了文明。对那些现在还处于原始状态的民族所进行的研究可以提供给我们一些线索，来说明某些社会所以停止发展的原因。我们可以看到，婆罗

第二章

门教的印度还没有经过所有人类各民族都经历过的历史阶段，即法律的统治尚未从宗教统治中区别出来的阶段。这种社会的成员，认为违反一条宗教命令就应当受到民事处罚，而违背一条民事义务就要使过失者受到神的处罚。在中国，这样的时代是过去了，但进步也似乎到此为止了，因为在它的民事法律中，包含了这个民族所能想到的一切观念。静止的社会和进步的社会之间的差别，仍然是需要我们继续研究的重大奥秘之一。在对它的局部进行解释时，我冒昧地把上一章末尾提出的意见作为参考。必须进一步强调的是，如果不能清楚地认识到在人类各民族的发展中，静止的状态是常态，而进步是例外，这样的研究就很难取得成果。要取得成果的另一个必不可少的条件就是对罗马法各个主要的发展阶段，都要有精确的知识。罗马法学中有着人类任何一套制度的最长久著名的历史。它所经历的一切变化的特征，已经得到了很好的肯定。从它开始到其结束，它逐渐变得更好，或向着其修改者认为更好的方向发展，而且这种改进的过程在各个时期都持续地进行着，而同一时期其他民族的思想和行动，实际上都放慢了脚步，并且不止一次地陷于停滞不前的状态。

我将把我的叙述限制在进步社会所发生的情况。对这些社会而言，可以说社会的需要和社会的观念总是或多或少的领先于法律。或许我们可以使它们之间的缺口变小，但重新拉开这个缺口却是永远的趋势。法律是稳定的；而我们所谈到的社会是发展进步的。人们获得幸福的多少，取决于这个缺口缩小的快慢程度。

关于使法律与社会相协调的媒介，我们可以提出一个比较有意义的一般命题。在我看来，这样的手段有三种，即"法律拟制"，"衡平"和"立法"。它们出现的历史顺序就像我所排列的这样。有时它们中的两个会同时起作用，也有些法律制度没有受到它们中的一个或另一个的影响。但就我所知，没有一个例子中，它们出现的顺序是不同于我所说的或完全颠倒过来的。"衡平"的早期历史通常是比较模糊的，因此有人认为某些改进的民法的单独条例早于任何衡平的裁判权。而我的观点是，无论哪里，补救的"衡平"都早于补救的"立法"；但是，倘若事实并不严格是这样，那就只需把关于它们历史顺序的讨论限于那些特定时期内，即它们对原始法律产生持续和实质影响的时期内。

我在使用"拟制"这一字眼时，其含义要比英国法学家惯用的意义广泛得多，比罗马的"法律拟制"的含义也宽泛得多。"拟制"在古罗马法中，准确地说是指申诉这一术语，表示原告一方的虚假陈述是不允许被告反驳的；例如原告提出自己是一个罗马人的证言，而他实际上是一个外国人。这种"拟制"的目的，当然是为了给予审判权，因此它们与英国高等法院和财政法院令状中的主张十分相似，这些法院正是通过这些主张来剥夺民事诉讼的审判权的——主张被告已被国王的执法官所监禁,或是主张原告是国王的债务人,因为被告不履行义务而无法清偿债务。但现在我所使用的"法律拟制"一词,是指用以掩盖、或假装掩盖一个事实的任何假定,即一条法律规定已经发生改变,它的文字虽没有变化,但其运用却改变了这一事实。因此,这个用语包括了我从英国法和罗马法中引述的拟制的实例,但是它所包括的内容更多,因为我认为英国的"判例法"和罗马的"法律解答"都建立在拟制的基础上。这两方面的例子现在就要加以研究。事实上,在这两种情况下,法律都已经完全被变更了;而拟制是指它仍然和以往保持一致。我们不难理解为什么各种不同形式的拟制特别适合于社会的新生时代。它们能够满足并不十分缺乏的要求改进的愿望,同时又不触犯当时普遍存在的对于变更的迷信般的嫌恶。在社会进步的某一特定阶段,它们是克服法律僵化的最有价值的权宜办法,的确,如果没有其中一种,即"收养的拟制",准许人为地产生血缘关系,就很难理解社会是怎样脱离襁褓而迈开走向文明的第一步。因此,我们一定不能被边沁一遇到法律拟制就加以嘲笑的态度所影响。他认为拟制只是欺骗性的手段而加以谩骂,这说明他对于拟制在法律的历史发展中所承担的特殊职能愚昧无知。但同时有些理论家认识到了拟制的用处,并据此主张它们应该在我们的制度中固定下来,如果我们同意这种看法,也同样是愚蠢的。有个别拟制在英国法学中仍发挥着有力的影响，它们不应该没有经过思想上重大的变化以及实践者们在语言上相当大地变更而被随意抛弃；但是对这样一个基本事实是毫无疑问的，即我们现在已不必要再去用法律拟制这种粗糙的方式来达到一个公认的有益的目的。我不认为任何变革都是合理的，如果它只使得法律更加难以理解或者更难按照协调的顺序编排起来。现在，在其他的缺陷中，法律拟制是匀称分类的最大障碍。制度仍然保持原样，原封不动，但它仅仅是一个躯壳。它早已被破坏了，而藏在外表下面的是新的规则。于是立刻就出现一个难题，我们很难判定，那种实际上生效的规则究竟应该归类于其真正的还是其表面上的地位，同时不同思路的人在不同的部门中进行选择时，也将得到不同的结果。如果英国法律真要采用有顺序的分门别类，那就必须删除这些法律拟制，虽然最近在立法上有所改进，但在英国法律中，拟制仍是大量存在的。

　　法律用以适应社会需要的又一手段我称之为"衡平法"，这个词的含义是指同原有民法同时存在的某一些规定，这些规定建立在个别原则的基础上，并且由于这些原则所固有的一种无上神圣性，它们竟然可以代替民法。无论罗马"裁判官"还是英国"大法官"的"衡平法"，同出现较早的"拟制"都是不同的，其不同之处在于它能公开明白地干涉法律。它又和"立法"不同，"立法"是出现在它之后的另一种法律改进的媒介，它们的不同之处在于，

"衡平法"的权力基础并不建立在任何外界的人或团体的特权之上,甚至也不建立在宣布它的长官的特权之上,而是建立在它的原则的特殊性上面,据说这些原则是任何法律都应当遵循的。这种认为有一套原则比原有的普通法律具有更高的神圣性,并且可以不经任何外界团体的同意而单独适用的观念,比起法律拟制最初出现的时期,是属于一个进步得多的思想阶段。

立法是最后一个改进的手段,它是指由一个立法机关制定的法规,无论这种立法机关的形式是一个专制的君主还是一个议会,总之是一个为整个社会所公认的机关。它和"法律拟制"不同,正如"衡平法"和它们都不同一样,它和"衡平法"也不同,因为它的权力基础来自一个外界的团体或个人。它所以有强制力与它的原则无关。无论社会舆论对立法机关加以任何现实的约束,理论上,它都有权把它认为适宜的义务加在社会成员身上。没有什么能阻止它任意制定法律。如果"衡平"用来表示对与错的标准,而立法机关所制定的法规正是依据这些标准加以调整的,那么可以说立法是根据衡平而制定的;但即便如此,这些法规之所以具有拘束力,仍是由于立法机关本身的权力,而不是因为立法机关制定法律时所依据的原则的权力。因此在专门术语的意义上,它们与"衡平"是不同的,后者标榜着一种至高无上的神圣性,可以使它们即使在没有君主或议会同意的情况下,也能立刻得到法院的承认。认识到这些差别十分必要，因为一个边沁的学生很容易把"拟制"、"衡平法"同"制定法"混淆起来，将它们统统归属于立法这一个名目之下。他会说，它们都涉及"制定法律"；区别仅在于产生新法律的机构不同。这种说法是完全正确的，我们永远也不应该忘记；但这并不能提供一个理由，可以使我们不去使用"立法"这一如此便利的名词来表达其特殊含义。"立法"和"衡平"在一般民众和大多数法学家的心目中是分开的；我们永远也不能忽略它们之间的区别，哪怕是习惯性的，因为这种区分有着重要的实际后果。

法律拟制的例子，几乎在任何正常发展的法律中都可以很容易找到，因为它们的真正性质可以立刻被现代观察者所发觉。在我即将进行研究的两个例子中，所采用的手段的特征不是立刻就能发现的。这些拟制的第一批作者，也许其意并不在于改革，当然更不希望被人怀疑是在改革。此外，有一些人，而且总是有着这样一些人，拒绝看到法律发展过程中出现任何拟制，而传统语言证实了他们这种拒绝。因此，没有任何例子可以更好地说明法律拟制广泛的分布范围，以及它们所执行的双重职能，即一方面改变一项法律制度，同时又掩盖这种改变。

我们在英国惯常看到一种机构对法律进行扩大、变更和改进，但在理论上，这种机构是不能改变现存法律的一丝一毫的。这种用以完成实际立法工作的过程，并不是完

第二章

全不可感知的，只是不被承认而已。对于那些蕴涵在判例中，和记录在法律报告中的占很大比例的法律制度，我们习惯于使用一种双重用语，并往往持有一种双重的互不一致的观念。当一些事实出现在英国法院开始审判之前，在法官与辩护人进行讨论的整个过程中，绝不会，也绝不可能会提出任何要求在旧原则之外适用其他原则或者除早经允许的区别外应用其他区别的问题。被视为绝对当然的是，在某个地方必然存在一条法律，可以包括现在诉诸法律以求解决的事实，如果不能发现这样一条法律，那只是由于缺乏必要的耐心、知识或聪明才智去发现它而已。但是一旦判决被宣告并列入记录之后，我们就不自觉地或不明说地转移到一种新的语言和一串新的思想中。这时我们不得不承认新的判决已经改变了法律。我们有时会使用一种十分不准确的表达，使可以适用的法律规定变得更有弹性了。事实上它们已经发生变化了。在已有的先例中又多了明显的一条，比较各个先例而得出的法律准则，同仅仅从一个例子中得到的法律准则完全不同。事实上，旧的规则已被废除，而一个新的规则已经代替了它，但这个事实往往不易察觉，因为我们不习惯把从先例中引申出来的法律公式用精确的语言文字表达出来，因此，它们形式的改变如果不是剧烈而显著的，就很难被发觉了。我现在不打算停下来去详细讨论使英国法学家同意这些古怪变例的原因。或许可以发现，原来有一个公认的学说，认为在某个地方，

— 25 —

古代法

在太虚幻境中或者在官吏的心胸中，存在着一部全面的、连贯的、体系匀称合理的英国法律，其内容丰富到足以提供各种原则，以适用于各种可以想象到的情况组合。这个理论在当时比在现在更为人们所深信，而且也许它确实有很好的根据。13世纪的法官们也许确实掌握着一些在当时不被律师和一般民众所知道的丰富的法律资源，因此我们有理由怀疑他们秘密地从罗马法和教会法中任意地虽然并不总是聪明地套用一些东西。但是当威斯敏斯特法院所判决的问题逐渐增加到足以组成一个独立存在的法律制度的基础时，这个宝库就被封闭了；而现在，几个世纪以来，英国的法律从业者们竟提出这样一个自相矛盾的命题，认为除衡平法和制定法外，英国法的基础自第一次形成以来，就再也没有什么别的东西加上去。我们不承认我们的法庭在从事立法工作；我们暗示他们从未做过立法工作；然而我们又主张，在衡平法院和国会的帮助下，英国普通法的规定可以同现代社会复杂的利益情况相适应。

在罗马有一种法律，具有非常类似于我所提到的我们判例法的那些特征，称为"法律解答"，即"法学家的回答"。这些解答的形式，在罗马法学的不同时期有极大的不同，但自始至终它们都是由对权威的书面文件的注解组成的，而起初它们只是解释《十二铜表法》的各种意见的专门汇编。同我们一样，所有的法律用语都要遵循这样一个假定，即古代法典的原文应该保持不变。这就是明确的规定。它超越了所有的解释和评注，而且无论注释者如何优秀，在参照原文进行注解时，没有人敢公开承认，他所做的解释不会发生修正。但实际上，那些冠以著名法学家名字的"法律解答汇编"，至少和我们报告的判例具有同样的权威性，并且在不断地修改、扩大、限制或在实际上废弃《十二铜表法》的规定。在新法学逐步形成的过程中，它的作者们对法典原来的文字表示了最大限度的尊重。他们只是在解释它，阐明它，引申出它的全部含义；但其结果，通过把原文拼凑在一起，通过把法律加以调整以适应确实发生的事实状态，以及通过推测它也许要适用于其他可能发生的情况，通过介绍那些他们从其他文件注释中得到的法律原则，他们引申出大量各种各样的法律准则，这些准则是《十二铜表法》的编纂者们所不曾梦想过的，而且是事实上很难得到或永远找不到的。法学家们的所有论文都受到尊重，因为它们被假定为是完全符合法典的，但它们相对高的权威是靠将它们公诸于世的各个法学家的声望而取得的。任何举世公认的伟大的名字，都能赋予一本《法律解答汇编》一种拘束力，一种决不会小于立法机关所制定的法规所具有的拘束力，而这样一本汇编反过来又成为其他的法学所依据的一种新的基础。但是早期法学家所做的"解答"并不像现在这样，是由它们的作者印行的。它们由其学生加以记录和编辑，因此多半都不是按照任何系统的分类方法编排的。学生们在这些出版物中所处的地位必须加以特别注意，因为他们对老师的服务，通常是对老师孜孜不倦教育学生的补偿。被称为"法学教典"或"注释"的教育论文，是当时所认可的一种义务在后来的成果，是罗马制度中最显著的特色之一。很显然，法学家们公诸于世的他们的分类方法以及他们对于修改和完善专门术语的建议，都存在于原理性的作品中，而不是在用以训练法律从业者的解答中。

在对罗马法的"法律解答"同与其最相近的英国法律进行比较时，必须牢记一点，即这一部分罗马法学的权威者不是法院，而是律师。罗马法院的判决，虽然在特定的案件中是终局判决，但除非当时的承审法官极有威望，否则就不具有适用于其他案件的效力。确切地说，共和时代的罗马，并没有类似于英国法院、日耳曼帝国审判院或者法兰西君主国高等审判庭这样的机构。罗马有许多高级官吏在其部门中确实握有重要的司法权，但他们的任期只有一年，因此不能与永久的司法机构相比，只能作为一个在律师领袖中不断流转的循环职位。对这种奇特状态的来源，可能会有很多说法，对我们来说是令人吃惊的变例，但事实上它比我们自己的制度更符合古代社会的精神，因为这种社会经常不断地分裂为各个不同的阶级，虽然彼此之间互不来往，却都不能容忍有一个职业阶层凌驾于他们之上。

值得注意的是，这种制度并没有产生某种原来预计会产生的结果。例如，它没有使罗马法通俗化——它没有像某些希腊共和国一样，减少精通这门科学所需要的智力努力，虽然并没有人为的阻碍来影响它的普及以及对其进行权威性解释。相反，如果不是由于许多其他的原因在起作用，这种罗马法学就很可能成为琐碎、专门和难以理解的东西，就像当时盛行的其他制度一样。另外，有一种预计更加可能会自然产生的结果，却在任何时期也没有显露出来。直到罗马的共和政体被推翻，法学家都只是一个没有明确界定并且在数量上有很大波动的阶层；尽管如此，他们中间任何特定的个人，对提交给他们的案件都可以做出终局性的意见，这一点从来都是毫无疑问的。在拉丁文学中，有大量关于著名法学家日常活动的生动描写——来自全国各地的当事人在清晨蜂拥到他的接待室，他的学生拿着笔记本环立四周，记录下这位伟大法学家的回答——但在任何既定的时期内，这样被大书特书的著名人物很少或从来没有超过一两个人。正是由于当事人和辩护人的直接接触，罗马人民似乎也就经常地关注着职业威信的升降，现在有大量证据，特别是西塞罗的著名演说《为摩罗辩护》，表明群众对于胜诉的重视往往不是不足而是过度。

  我们毫不怀疑，我们在罗马法最早借以发展的手段中所发现的这些特征，正是罗马法之所以独特卓越的源泉，也是其所以很早就具有大量原则的源泉。原则的发展和丰富，部分的原因是由于法律注释者之间的竞争造成的，这种影响在有法院的地方，即国王或全体公民将司法特权给予一个受托人的地方，是不能被人们完全了解的。但是主要的媒介，毫无疑问在于诉诸法律解决的案件在无限制的增加。有些事实状态或许会使一个乡村的当事人真切地感到不知所措，但这种事实状态对于形成法学家的"解答"或法律判决的基础，其价值还不如一个聪明的学生所提出的各种假设的价值大。成百上千的事实，不论真实的还是虚构的，都被一律看待。对于一个法学家来说，如果他的意见被主审其当事人案件的法官所否决，他会毫不在意，除非这个法官在法律知识或专业上的威望都恰好高于他。当然我的意思并不是说他会完全不考虑当事人的利益，因为这些当事人在早期是这个大律师的选举人，而且后期又是他的付款人，但是一个法学家要走的成功之路，要靠他的行会对他的评价，显然在我所描述的这样一个制度下，要获得这样的结果，就必须把每一个案件看做是一项重要原则的例证，或者一条宽泛规定的范例，而不能斤斤计较于个别案件的得失。另外，还明显地存在着一种有力的影响，是由于对各种可能的问题任意地，没有明确限制地提出或创造造成的。既然材料可以任意增加，那么发展为一条普遍原则的便利性便也无限地增加。法律是在我们中间实施的，法官不能逾越存在于他和他的前任们面前的实施范围。因此每一种接受审判的情况，借用一句法国成语来说，都被奉为圣典。它具有和其他任何案件，不论是真实的抑或假设的案件都不相同的某些特点。但是在罗马，正如我在前面试图说明的，没有类似于"法院"或"审判院"这种类型的机构；因此也就没有一组事实会具有比其他事实更多的特殊价值。当一个难题被提交给法学家征求意见时，没有什么能阻止一个具有很好的分析力、洞察力的人立刻去援引和考虑同它相联系的全部假设问题。无论给予当事人的实际劝告是怎样的，那种由倾听着的学生在笔记本上仔细记下的"解答"，无疑会考虑到一项重大原则或一条空泛的规定中所包含的一切情况。在我们中间，是不可能存在这种情况的，并且应当承认，在对英国法提出的许多批评中，它所提出的方式似乎已经不存在了。我们的法院之所以不愿意直截了当地宣布原则，很可能不是因为我们法官的秉性，而是因为我们先例的相对缺乏，虽然在不了解其他制度的人看来，我们的先例已经是卷帙浩繁了。就法律原则的财富而论，我们确实比有些现代欧洲国家贫乏得多。但必须记得，他们是以罗马法学作为其民事制度的基础的。它们把罗马法的残骸建筑在自己的围墙之中；但就其材料和工作技巧来看，并不比英国司法制度所构建的结构强多少。

　　罗马的共和时期是使罗马法学具有独特性质的时期；在其最初的阶段，法律的发展主要依靠法学家的"解答"。但当共和国临近衰败的时候，就有一些征兆，显示出"解答"的形式对它的进一步发展产生了致命影响。它们已变得系统化，并被提炼为纲要。据说曾有一个叫缪子·沙窝拉的教皇出版过一本包括全部"市民法"的手册，在西塞罗的著作中，也流露出对旧方法日益不满的迹象，所谓旧方法是与法律改革这个更为积极的手段比较而言的。到这时，其他的媒介开始在事实上对法律产生影响。所谓"告令"或裁判官的年度公告已日益得到重视，并被视为法律改革的主要手段，而哥尼留·希拉通过促使称为《哥尼留律》的大量条例制定成法律的做法，显示了用直接立法的手段可以达到多么迅速的改进。对"解答"的致命打击来自奥古斯都，他对少数主要的法学家对案件发表有约束力意见的权力加以限制，这种变化虽然使我们更接近现代世界的观念，却显然在根本上改变了法律职业的特点以及它对罗马法产生影响的性质。在较后的一个时期中，另一个法学学派产生了，那些人物都是各个时代的精英。但是乌尔比安和保罗，盖尤斯和帕比尼安，都不是"解答"的作者。他们的作品都是论述特定法律部门，尤其是"裁判官告令"的正式论文。

关于罗马人的"衡平法"以及使衡平法成为其制度的"裁判官告令"，我将在下一章加以研究。至于"制定法"，需要说明的只有一点，即它在共和国时期是很少的，但到了帝国时期却大量增加。在一个国家还处于青年或幼年时期时，要求通过立法机关的活动来对私法作一般改进的情况是很少的。人们所要求的不是变更法律，这些法律的价值往往会被高估，人们的要求只是能够清白地、完整地、容易地执行法律；一般只有在革除某种巨大弊端，或者要解决阶级之间或朝代之间某种无法调和的矛盾时，才会求助于立法机关。在罗马人看来，社会发生了一次重大民变后，应当制定一大批法令来稳定社会秩序。希拉用他的"哥尼留律"来表明他对共和国的改造；朱利亚·恺撒对"制定法"做了大量补充；奥古斯都促使通过了最重要的"朱利亚律"，在以后的皇帝中，最热衷于颁布宪令的是像君士坦丁那样想要统治世界的君主。罗马真正的制定法时代要到帝国建立以后方才开始。君主们的立法活动起初还假装经过公众的同意，但到后来就毫不掩饰地利用皇权，从奥古斯都的政权巩固到"查士丁尼法典"的公布，这样的法规大量增加了。可以看出，甚至在第二个皇帝的统治时期内，法律的条件和执行的方式就相当接近于我们现在所熟悉的情况了。一项制定法和一个有限度的解释委员会已经产生了；一个永久的上诉法院和一个特许的注释集将在其后不久产生；因此我们就被带到更接近于我们今天观念的时代了。

第三章

自然法和衡平法

有一种理论很早就在罗马和英国广泛流行,认为有些原则因为其固有的优越性而具有代替旧法律的权力。这一类原则存在于任何一种制度中,在前面各章中曾被称为"衡平",正像我们将要谈到的,这个词是罗马法学家用以表示法律变化中这种媒介的名称之一(虽然是唯一的一个)。有关那些在英国被冠以"衡平"名称的衡平法院的法学知识,只能在另外的论文中单独予以充分讨论了。它的结构极为复杂,其资料也有几个不同的来源。早期的教会大法官曾从"教会法"中吸取了一些原则,这些原则已深深植根在衡平法的结构中了。罗马法中可以适用于世俗纠纷的规定比教会法要丰富得多,因此它常被下一代衡平法官所借鉴,在他们的审判意见录中,我们经常可以发现它列入了从《民法大全》中摘录的整段原文,连其中的术语都未加改动,虽然它们的来源从未注明过。直到近代,特别是18世纪中叶和后半期,英国法学家似乎曾经仔细研究

古代法

过低地国家[1]的公法学家所创造的法律与道德的混合制度，从塔尔博特爵士担任大法官开始到埃尔顿爵士就任大法官为止，这些作品确实对衡平法院的裁判产生了相当大的影响。构成这种制度的要素来自这许多不同的方面，但由于它必须和普通法保持类似，因此它的发展受到了很大的限制。不过它始终都能符合一个比较新的法律原则的要求，能因其固有的伦理上的优越性而有权废弃国内旧有的法律。

罗马的"衡平法"在结构上比较简单，从它开始时起的全部发展过程很容易考察。对于它的特征和历史都有必要详加研究。它是那些对人类思想产生深远影响，并经过人类思想深刻影响人类命运的几种观念的根源。

罗马人认为他们的法律制度是由两个要素组成的。经查士丁尼大帝钦定出版的《法学阶梯》说："受法律和习惯统治的一切民族，一方面要受自己的特定法律的支配，另一方面要受那些人类共有的法律的支配。一个民族所制定的法律，称为该民族的'民事法律'，但是由自然理性指定给全人类的法律则称为'民族法'，因为所有的民族都要采用它。"所谓"由自然理性指定给全人类"的这部分法律，就是假定由"裁判官告令"引进罗马法学的元素。在有些地方，它被简单地称为"自然法"，它的规则据说是直接来

---

[1] 低地国家指荷兰、比利时、卢森堡三个国家。

自自然衡平和自然理性。我将设法弄清这些著名词语，如"民族法"、"自然法"、"衡平法"的渊源，进而确定它们所表示的概念之间的相互关系。

有一些学者对罗马历史只有极肤浅的了解，当他看到许多外国人以各种名义在共和国境内出现，而且共和国的命运竟因此受到极大程度的影响，一定会受到很大的震动。这种移民的原因在较后的时期是很容易理解的，因为我们很容易体会为什么各族人民都要蜂拥到这个世界顶级的国家来；但是在罗马国家最早的记录中，我们也可以发现这种大量外国人和归化者移入的同样的现象。毫无疑问，古代意大利社会大半是由强盗部落组成的，社会的不安定迫使人们聚居在任何有力量保护自己并且可以不受外来攻击的社会领土内，即使这种保护要以付重税、被剥夺政治权利和忍受社会耻辱作为代价。也许这种解释是不充分的，要作进一步比较全面的解释，就必须考虑到当时那些活跃的商业关系，这种商业关系虽然在共和国的军事传统中很少反映出来，但罗马在史前时期必然和迦太基[1]以及意大利内部有着这种关系。不论实际情况究竟是怎样的，共和国的外国力量确实决定着全部的历史进程，在这个进程的各个阶段，几乎完全是在叙述一个顽强的民族同一个外来

---

〔1〕 迦太基：非洲北部，今天突尼斯的奴隶制城邦，腓尼基人所建，公元146年被罗马帝国所灭。

民族的冲突。现代社会从来没有发生过这种情况；一方面是因为现代欧洲社会很少或从来没有受到过足以使本国居民恐慌的大量外国移民的侵入，另一方面，因为现代国家是依靠对一个国王或政治领导的忠诚凝聚在一起的，因此可以以古代社会难以想象的速度吸收大量的入境移民，在古代世界，一个社会的本土居民常常自以为他们是由于血统而结合在一起的，因此反对外来人民主张平等权利，认为这是对他们与生俱来的权利的一种篡夺。早期的罗马共和国在"宪令"中规定有绝对排斥外国人的原则，在"市民法"中也满是这种规定。外来人或归化者是不能参与与"国家"利益密切相关的任何机构的。他不能享受"公民法"中规定的权利。他不能成为尼克萨姆的当事人，尼克萨姆曾经是古代罗马的一种财产让与证据，也是一种契约。他不能用"提供誓金之诉"的名义起诉，这种起诉方式的渊源可以追溯到文明的萌芽时代。但是，无论从罗马自己的利益还是安全考虑，都不能允许完全剥夺对外国人的法律保护。所有的古代社会都有可能因为轻微的骚乱就面临被颠覆的危险，所以仅仅出于自卫的考虑，罗马人也不得不想出某种办法来调整外国人的权利和义务，否则，这些外国人也许会——而这是古代世界中一种真正严重的危险——用武力斗争来解决矛盾。况且，在罗马的历史上，从来没有一个时期是完全忽略对外贸易的。因此，对于当事人双方都是外国人或一方是本国人另一方是外国人的争

第三章

议，最初之所以存在司法权也许是作为一种警察手段，另一方面也是为了促进商业。由于这种审判权的存在，就需要立即找出某些原则，以便解决这种提交审判的问题，而罗马法学家为达到此目的而采用的原则就突出地反映了当时的特点。正如我前面提到过的，他们拒绝用单一的"市民法"来判决新的案件。他们拒绝采用外国人"本国"（指外国人所属国家）的特定法律，无疑是因为这似乎意味着法律的某种退化。他们最后采用的方法，是选择那些罗马和外来移民所来自的意大利各个不同社会共有的法律规定。换句话说，他们开始形成一种符合"万民法"最初和字面含义的制度，即"所有民族共有的法律"。事实上，"万民法"是古代意大利部落各种习惯中共有要素的总和，因为这些部落是罗马人有办法观察的，并且是把大批移民成群地送到罗马土地上来的全部国家。当一种特别惯例被大量不同民族共同应用时，它便被记下作为"所有国家共有的法律"或"万民法"的一部分。因此，尽管在罗马周围各个不同的国家中，对于财产的让与必然都采用不同的形式，但对于这个有待让与物品的实际转移、交付或运送，却是它们共有仪式的一部分。例如，这就是"曼塞帕什"或罗马所特有的让与方式的一部分，虽然只是一个次要的部分。因此，交付作为法学家可以观察到的各种让与方式中仅有的共同内容，便被制定为"万民法"中的一项制度，或是"所有国家共有法律"中的一项规定。大量其他惯例在经仔细审查后，也得到同样的结果。它们都有一个共同目的，具有某些共同特征，这些特点就被归类于"万民法"中。因此，万民法是一个规则和原则的集合体，这些规则和原则在经过观察后被认为是当时意大利各个部落间通行的各种制度中所共有的。

上面所讲的关于"万民法"起源的情况，或许可以消除这样一种误解，即认为罗马法学家特别重视"万民法"。"万民法"的产生，一方面是由于罗马法学家轻视所有的外国法律，另一方面是由于他们不愿意将自己本地的"市民法"的利益给予外国人。诚然，如果我们现在从事罗马法学家当时所进行的工作，我们对于"万民法"可能会采取一种完全不同的看法。对于这些辨别出来的，作为大量惯例基础而存在的元素，我们可能会带有某种模糊的优越感或先占感觉。对于如此普遍适用的规则和原则，我们必然会有某种尊重。也许我们会认为，这种共有部分是进行交易所必需的要素，而其余那些在各个社会都不相同的礼俗，则被认为是偶然的和非必要的。或许，我们也会由此推论，我们现在所进行比较的各个民族，以前可能曾经遵守过一种共同的伟大制度，而"万民法"就是这种制度的复制品，而各个国家中错综复杂的惯例，只是那些曾经对国家的原始状态起过惯例作用的简单法规的残渣余孽。但这是在现代思想指导下的观察者所得出的结论，与古老的罗马人出于本能得出的结论几乎完全相反。我们所尊重或赞赏的，正是他们所不喜欢或抗拒的。他们所看重的那部分法学，正是现代理论家认为不必予以考虑的意外或偶然，例如"曼塞帕什"中的神圣手势；口头契约中精心安排的问与答；辩护和诉讼过程中无穷无尽的手续。"万民法"只是由于政治需要而迫使他们注意的制度。他们不喜欢"万民法"正像他不喜欢外国人一样，因为"万民法"是从这些外国人的制度中总结来的，而且是为他们的利益而制定的。只有在他们的思想中进行一场彻底的革命，他们才会重视"万民法"，但是当这个革命发生时，它确实进行得非常彻底，我们现在对"万民法"的评价之所以不同于上面所描述的情况，真正的原因在于现代法学和现代哲学继承了后期法学家就此问题所提出的成熟见解。过去确实有一个时期，把仅仅作为"市民法"卑微的附属物而存在的"万民法"视为一切法律都应尽可能遵守的一项伟大制度，虽然它还是一个未充分发展的模式。这个转折点的发生，正是希腊的"自然法"理论在罗马的"所有国家共有法律"的实践中得到"适用"的时期。

所谓"自然法"，只是从一个特殊理论的角度来看的"万民法"。法学家乌尔比安曾经以一个法学家特有的善于辨别的倾向，试图区分这两个概念，但失败了，但根据更具权威的盖尤斯的言论，以及从前面"法学教典"中所引用的内容，我们可以毫无疑义地确定这些用语在实际上是可以通用的。它们之间的区别完全是历史的，而本质上并没有什么不同。"万民法"或者"所有国家共有的法律"与"国际法"的混淆不清完全是现代的,这几乎不需加以说明。"国际法"的古代用语是"使节法",或"关于谈判与外交的法律"。但是毫无疑问,"万民法"的含义模糊不清,这对于独立国家之间的关系应由"自然法"来调整这一现代理论的产生曾经发挥过很大作用。

现在,我们有必要研究一下希腊的自然和自然法概念。φύσις,这个词在拉丁文中是 natura,在英文中是 nature,它的最初含义无疑是指物质宇宙,但这个含义完全是从另外一个角度来理解的,由于我们的智力与当时的智力水平有着距离,这个角度就很难用现代语言来加以说明了。自然指的是物质世界,是某种原始元素或规律作用的结果。最古老的希腊哲学家习惯把宇宙的结构理解为某种单一原则的表现,对这种原则,他们的看法并不一致,认为是运动,是强力,是火,是水分,或者是繁殖。在这种最简单和最古老的意义上,"自然"就是一种原则表现的物质宇宙。此后,后期的希腊学派回归到了那些希腊最伟大的知识分子当时曾经迷失的方向上,他们在"自然"的概念中,在物质世界以外又加上一个道德的世界。他们将这个名词的含义加以扩展,使它不仅包括有形的宇宙,而且包括人类的思想、习俗和希望。这里,同以前一样,他们所理解的"自然",不仅指人类社会的道德现象,而且包括那些可看作为某种一般和简单的规律的现象。

第三章

正如最古老的希腊理论家所假定的偶然性变动曾经使物质宇宙从其简单的原始形式变为现今的复杂状态一样，他们聪明的子孙幻想，如果没有不幸的意外，人类应该会使自己处于一种简单的行为规律之下，过一种比较平静的生活。按照"自然"而生活，曾被认为是人类生存的目的，并且是最优秀的人必须要达到的目的。按照"自然"而生活，是指摆脱混乱习惯和粗野放任而达到较高级的行为规律，这些规律只有有志者通过克己和自律才能加以遵守。众所周知，这个命题——按照自然而生活——是著名的斯多葛学派全部哲学教义的总和。在希腊被征服后，这种哲学很快在罗马社会得到了长足的发展。它对有权阶级具有天然的魔力，这个阶级的人们至少在理论上还恪守着古代意大利民族的简单习惯，不愿意使自己屈从于外来的风俗习惯。于是他们立即开始信奉斯多葛学派按照自然而生活的格言，由于当时对世界的掠夺和最奢侈民族的榜样，罗马城中充满了骄奢淫逸的氛围，相比之下，这种对于"按照自然而生活"的信奉就愈加可喜，并且我要补充说，这种信仰也愈加可贵。即使不能从历史上来加以证实，但我们仍然可以断定，站在这个新的希腊学派门徒们前列的，一定是罗马法学家。我们有大量证据证明，在罗马共和国中实质上只有两种职业，军人一般就是行动的一派，而法学家则普遍站在反对派的前列。

法学家与斯多葛学派的结盟延续了几个世纪之久。在

古代法

一系列著名法学家中,最早的几个名人都同斯多葛学派有联系,最终大家公认罗马法学的黄金时代是在安东尼·恺撒的时代,而那些名人就是从这门哲学中获得一种生活规则的最著名的门徒。这些学说在一些从事特殊职业的人们中间长期广泛地传播,这必然会对他们所从事和作用的艺术产生影响。在罗马法学家的遗著中,有些观点很难理解,除非我们用斯多葛学派的教义作为钥匙;但同时,如果我们只靠计算斯多葛学派教条中法律条文的数目,来衡量斯多葛学派对罗马法的影响,这将是一个严重的,虽然也是很普遍的错误。人们通常认为,斯多葛学派的力量并不在其规定的行为准则中,因为它们往往既可笑又荒唐,而在于那些伟大的尽管是很模糊的教人抑制情欲的原则中。同样,斯多葛学派中最明显的希腊理论对法学的影响,并不在于它们提供给罗马法的特殊论点的数量,而在于它们给予的单一的基本假设。自从"自然"一词在罗马人口中变得家喻户晓以后,一种信念便逐渐在罗马法学家中间流传开来,即旧的"万民法"实际上就是已经丢失的"自然"法典,至于裁判官根据"万民法"的原则而制定的"告令"法学,则是为了恢复一种范式,法律因为背离了这种范式而退化。从这个信念出发,我们立即可以推断,"裁判官"有义务尽量以"告令"来取代"市民法",尽可能恢复"自然"用以管理处于原始状态中的人们的各种制度。当然,用这个媒介来改良法律还存在着许多障碍。甚至在法

第三章

学界本身，可能还要克服许多偏见，而罗马人的习惯也非常顽固，不可能轻易地屈服于单纯的哲学理论。"告令"用以反抗某种专门变例所采用的间接方法，显示了它的作者不得不采取非常谨慎的态度，而且直到查士丁尼时代，仍有部分旧法顽固地抵制它的影响。但是整体而言，罗马人自从受到"自然"理论的刺激后，在法律改进方面就发生了惊人的快速进步。那些简单化和普遍化的观念，常常和"自然"这个概念联系着；因此简单匀称和通俗易懂就被认为是一个良好的法律制度应有的特点，过去对于复杂语言、烦琐仪式以及无用的难题的喜好便完全消失。罗马法现存形式的确立是凭借着查士丁尼的坚强意志以及不寻常的机会，但是制度的基本图形，却在皇帝实行改革很久以前就计划好了。

在旧"万民法"与"自然法"之间，确切的联系点是什么呢？我认为它们是通过原来意义的"衡平"来接触和混合的；这里我们似乎在法学上第一次遇到"衡平"这个著名的名词。在研究一个来源如此遥远，历史如此悠久的用语时，如果可能，最保险的办法就是深入考察最初隐藏在这个概念中的简单隐喻或形态。一般认为，Æquitas 就是希腊文的 ἰσότης 即平均或按比例分配的原则。数或量的平均分配无疑是和我们对公正的理解密切交织在一起的；很少有一种联想能像这样顽固地在人们心中坚持着，即使最深刻的思想家也很难将它们从脑海中消除。但在探求这种联

古代法

想的来历时，我们当然并不能证明它是一种非常早期的思想，它只是一种相对晚期的哲学的产物。同时值得注意的是，被希腊民主政治引以骄傲的法律"平等"——在卡利斯屈拉德斯美妙的祝酒歌中，这种平等据说是哈马迪斯和阿里斯托杰顿给予雅典人的——与罗马人的"衡平"几乎是完全不同的。前者表示在公民间平等地适用民事法律，无论这个公民阶层的人数是多么有限；后者的含义是指将民事法律以外的一种法律，适用于一个并非一定由公民组成的阶级。前者不包括暴君，后者包括外国人，甚至在某种情况下还包括奴隶。总体而言，我倾向于从另外一个角度来探求罗马人"衡平"的根源。拉丁文 aequus 比希腊文 ἴσος 更明显地带有"平准"的含义。平准的倾向正是"万民法"的特点，这种倾向对一个罗马人来说是最特别的。纯粹的"公民法"承认在人类各阶级以及各类财产间有大量主观的区别；而把许多习惯加以比较概括的"万民法"则不承认"公民法"的这种区分。例如，古罗马法规定在"宗亲"关系和"血亲"关系之间有着根本的区别，前者是基于共同服从于同一"父权"而组成的家族，而后者（按照现代的观点）则仅仅是由于源自共同祖先的事实而结合起来的"家族"。这种区分在"各国共有的法律"中消失了，在财产的古老形式之间，即所谓的"要式交易物"和"非要式交易物"之间的区别也是如此。因此，据我看来，这种不明确划分界限的做法，就是以"衡平"表示的"万民法"的特色。当裁判官制度适用于外国诉讼人的案件时,常常发生要求平准和排除不一致规则的情况,我猜想"衡平"这个词最初就是用来描述这种情况的。起初,这个用语中可能并没有任何伦理的色彩;我们也没有任何理由相信,它所指的诉讼程序是不同于原始罗马人心目中所极端厌恶的程序的另外一种程序。

另一方面,罗马人通过"衡平"这个词所理解的"万民法"的特点,正是对假定的自然状态第一次感觉到也是最明显地感觉到的特征。"自然"含有匀称秩序的意思,先是在物质世界中,其次在道德世界中,而对秩序的最初观念,无疑有直线、平面和距离长短之意。无论是在构造假定的自然状态的轮廓时,还是想象"所有国家共有的法律"的实施情况时,人们都会不自觉地想到这种类型的图形或数字;而且根据我们所了解的关于原始思想的知识,可以得出这样一个结论,即这种想象中的相似性,可能会促使我们相信这两个概念在实际上是一回事。可是,"万民法"先前在罗马很少或没有什么声望,但"自然法"理论被介绍到罗马时就有着高度的哲学权威,并且人们认为它同罗马民族更古老更幸福的状态有着联系。不难理解,观点的不同会对这个既描述了旧原则的运用又描述了新理论的结果的名词产生怎样的影响。即使在现代人看来,将一个过程描述为"平准",并将它称之为"变例的纠正",也不能认为这完全是一回事,虽然二者隐喻的含义确切地讲是一致的。我并不怀疑,一旦"衡平"被理解为具有希腊理论的含义时,由希腊"平均"观念所引发的各种联想,便开始充斥在"衡平"的周围。西塞罗的言论将它夸大了,而这成了"衡平"这个概念开始变化的第一个阶段,自从那时起几乎每一个伦理制度都或多或少地推动着这种变化。

这里必须说明一下,起初同"所有国家共有的法律"发生联系,继而又同"自然法"相联系的各种原则和特点,是通过怎样的正式手段逐渐与罗马法融合的。在古罗马史上因为培垦士被放逐而引发的危机中,发生了同许多古代国家早期史相类似的变化,但这种变化同我们今天称之为革命的那些政治事件,几乎是完全不同的。最准确的说法是,君主制变成了委员政治。以往集中在一个人手中的权力,现在分配给了许多选任的官吏,王位仍被保留下来了,给了后来被称为"献身君主"的一个人。部分变化是把最高司法机关的固有职能转移给了"裁判官",他同时也是共和国的首席官员,同这些职务一并转移的还有对于法律和立法的无限制的最高统治权,而这一直是古代君主所掌握的,并且显然同他们一度享有的宗法和英雄权力有关。罗马当时的情况,使被转移的职务中这个比较不确定的部分显得特别重要,因为随着共和国的建立,国家不得不进行一系列反复的尝试以解决这样一个困难,即怎样才能够很好地处理与一部分人的关系,这部分人在技术上不符合土著罗马人的标准,但却长期处于罗马的管辖范围之内。这

第三章

类人之间或这类人与土著罗马人之间发生的争执,如果"裁判官"不进行处理,则将永远处于罗马法所能提供的救济之外,但随着商业的发展,在罗马人和真正的外国人之间发生了更为严重的纠纷,从而迫使他不得不进行处理。大约在第一次布匿战争[1]时期,罗马法院中此类案件的数量大量增加,于是就任命了一个专门的"裁判官"即后来所称的"外事裁判官"来专门处理这些案件。同时,罗马人民为了预防暴政的复辟,要求每个职权范围有扩张趋势的司法行政官员,在他就职之时,公布一个"告令"或布告,在其中将他所负责部门的管理方式宣告于众。"裁判官"也须遵守与其他司法行政官员相同的规定;但每年都制定一套原则制度必然是不可能的,他只是照例把他前任的"告令"重新公布一次,并根据当前的迫切需要或他自己对法律的理解作些补充或变更。这样由于每年新增部分的不断加长,"裁判官"的告令获得了"常续告令"的名称,意即连续的或不间断的告令。它的无限加长,再加上其结构必然会变得杂乱无章,引起了人们的嫌恶,到了塞尔维士·朱利叶斯时代,这种不断补充增加的习惯就被终止了,朱利叶斯是哈德林皇帝时代的一个地方法官。因此,这一个"裁判官"的告令便包括了衡平法学的全部内容,可能又以新的匀称顺序对它加以排列,所以在罗马法学中,

---

[1] 罗马与迦太基之间的战争,共发生了三次。

"常续告令"便常常被称为"朱利叶斯告令"。

一个研究"告令"这种特殊机制的英国人，可能遇到的第一个问题是，"裁判官"的这些权力，究竟有没有限制范围？这样几乎没有明确界限的权力如何与社会和法律的稳定状态相适应？要得到答案，只有详细研究我们自己实施英国法律的各种条件。必须记住"裁判官"本身是一个法学家，或者是一个完全掌握在那些法学顾问手中的人，那么很可能每个罗马法学家都在焦急地等待着有一天可以担任或充当伟大的司法长官。在此期间，他的嗜好、情感、偏见和教养程度不可避免地是属于他自己那个阶级的，而他最终可以任职的资格条件则是他在职业实践和研究中获得的。每一个英国大法官受到的都是这种同样的训练，在大法官职位上的具有同样的资格。在他就任时就可以做出决定，在其离职前必将在某种程度上变更法律，但是直到他离职以及他所做的一系列判决被完全记录于"法律报告"之前，我们都不能发现他对于其前任留下来的原则，究竟做了多少阐明和补充。"裁判官"对罗马法的影响同我们的区别仅在于结果确定的时间。正如前面所言，他的任期只有一年，他在任期内所做的判决，虽然对于诉讼当事人来说，当然是不可推翻的，但此外就没有别的价值了。因此，他想实行变革的最佳时期就是在他担任"裁判官"职位的时候；所以他在就职时所公开做的事，正是其英国代表最后不声不响以及有时不自觉地做的。对他明显的自由所作的节制，也正和加于一个英国法官身上的一样。理论上而言，对于他们两者的权力似乎都没有任何限制，但实际上，罗马"裁判官"和英国大法官一样，都被其早期训练的先入观念以及有力的职业论点束缚在一个极其狭小的范围之内，这些束缚的严格程度除了身受者以外，别人是很难体会的。需要补充说明的是，许可他们行动的范围和不准其逾越的范围，都是非常清楚地标明的。在英国，法官按照记录的判决中的各类独立事实进行类比。在罗马，由于"裁判官"的介入最初只是为了关心社会安全，那么很可能在最早的时候，他介入的程度取决于他必须解决的困难的程度。后来，当"解答"引起人们对原则的兴趣时，他无疑就会用"告令"作为手段，来广泛推行他和他同时代的其他法学家所认可的可以作为法律基础的那些原则。最后，他的行动完全处于希腊哲学理论的影响之下，这些理论立即推动他发展，并将他局限于一个特殊的发展过程中。

  对于塞尔维士·朱利叶斯所采取的措施的性质存在着很多争论。无论如何，它们对于"告令"的影响是非常明显的。"告令"不再因每年都增加而延长，自此以后，罗马的衡平法学由于那些在哈德林王朝到亚历山大·塞弗拉斯王朝之间出现的一连串伟大法学家的辛勤努力而得到了发展。他们所建立的伟大制度，在查士丁尼的"法学汇编"中还遗留了一些碎片，证明他们的著作以论文的形式研究了"罗马法"的全部内容，但主要还是对"告令"进行注释。确实，在这样一个时代中，一个法学家不管其处理的是什么，他都可以被称为是一个"衡平法"的解释者。在"告令"被停止适用的年代之前，它的原则就已经渗透到了罗马法学的各个部分。应该了解，罗马的"衡平法"即使在和"市民法"完全不同的时候，也常常和它在同一个法院内实施。裁判官既是普通法的地方法官，也是衡平法的首席大法官，而且一旦"告令"发展成为一项衡平规定，"裁判官"法庭就立刻开始适用它，以代替"市民法"的旧规定，或者与其同时适用，这样旧规定没有经过立法机关的任何立法行为就被直接或间接的废弃了。其结果，当然只能是法律与衡平不能完全相融合而已，这种融合直到查士丁尼改革时方才完成。法学上这两种要素在技术上的隔绝，必然会造成某种混乱和不便，而"市民法"中有些比较固化的原理，也是"告令"的作者和解释者所不敢干涉的。但同时在法学领域内，几乎每一个角落都或多或少的受到了"衡平法"的影响。它提供给法理学家所需要的一切概括材料、一切解释方法、他对原则的解释以及大量的限制性规定，这些规定虽然很少受到立法者的干预，但却严密地控制着每一个立法法案的应用。

  法学家的时代和亚历山大·塞弗拉斯同时告终。从哈德林皇帝到这个皇帝期间，法律在不断地进步着，正如现在在大多数大陆国家一样，一方面通过批准的解释，另一方面通过直接立法。但在亚历山大·塞弗拉斯在位时期，罗马"衡平法"的发展动力似乎枯竭了，法学家的传承也停止了。剩下的罗马法律史是君主立法史，最后，则是把此时形成的罗马法学的庞大机体汇编成法典的时期。这就是我们最后也是最著名的试验，即查士丁尼的《民法大全》。

要把英国和罗马的衡平法详细地加以对照或比较，将是一件乏味的事情；但是我们有必要指出它们所共有的两个特点。第一个特点是它们都倾向于，而且所有此类制度都倾向于和旧法第一次被衡平法干涉时的状态保持一致。这样一个时期是必然会到来的，即原来所采取的那些道德原则已经产生了它们所有的合法结果，那些建筑在这些道德原则上的制度就变得像最苛刻的法律法典一样僵硬，没有伸缩性，而落后于道德的发展。在罗马，这样一个时期正好是亚历山大·塞弗拉斯在位时期；自此以后，虽然整个罗马世界遭受了一场道德革命，但"罗马衡平法"却停止了发展。法律史上这样的时期在英国出现时，正是大法官埃尔顿爵士在任的时期，在我们的衡平法官中，他是第一个不用间接立法的手段来扩大其法院的法学，并终身致力于解释和协调它的人。如果在英国，法律史的哲学能被更好地理解，那么埃尔顿爵士的贡献，就不会受到那样的待遇了，即他同时代的法学家所采取的一方面加以夸张一方面又不予重视的态度。还有其他的误解，会产生某种实际后果的，也许会得到避免。英国法学家很容易看出，"英国衡平法"是建立在道德规范之上的一种制度；但却忘记了这些规范是过去几个世纪的道德——而不是现在的——忘记了这些规范已经尽可能地被运用殆尽，而且忘记了它们虽然与我们今天的伦理信条差别不大，却不一定处于同一个水平。一般人们对这个主题所采用的理论并不完全准确，这造成了两种相反的错误。许多研究"衡平法"的学者，看到这个制度系统现今的完整性，就会明确地或含蓄地提出一种矛盾的主张，即认为衡平法学的创始人在第一次构建它的基石时，就已经筹划好了它今天的固定形式。而另外一些人则抱怨——这是一种可以时常在法庭辩论中听到的不满——认为衡平法院所执行的道德规范已不合于今天的伦理标准。他们希望每一个大法官对法学所做的，能和英国衡平法的前辈们对旧普通法所做的一样。但这和法律改进所采取的媒介顺序恰恰相反。衡平法自有它的地位和时代；但我在前面已经说过了，当衡平法的活力消耗完的时候，另一个手段已经准备好来接替它了。

　　英国和罗马的衡平法还有另一个显著的共同特点，即原本用来辩护衡平法主张比法律规定优越的假定是一个谬误。对人们来说，不论是一个人或是集体，没有什么比将他们的道德进步看做是一个真实的存在更令人厌恶了。这种厌恶，对个人而言，表现在过分的尊敬，这种过分的尊敬通常只用在一致性这个可疑的美德上。全社会集体意见的动向是非常明显的，不应加以忽略，而且一般而言很显然是为了求得进步，所以不应加以诋毁；但是社会上有一种巨大的阻力不愿接受它,将它作为一种原始现象来对待,而一般都将它解释为对一种失去的完美的恢复——即逐渐回归到民族未堕落之前的状态。这种向后而不是向前去寻求道德进步目标的倾向,正如我们所看到的,在古代就对罗马法学产生了最深远的影响。罗马法学家为了说明"裁判官"对其法学所做的改进,从希腊借用了一个关于人类"自然"状态——一个"自然"社会——的学说,这种自然社会出现于按现实法的统治所组织的社会之前。另一方面,在英国人们用一些特别符合当时英国人口味的观念来解释"衡平法"的主张优于普通法,这些观念假定国王作为其宗主权的自然结果,应该推定他具有监督法律公正执行的一般权利。过去有一种观点,认为"衡平法"来自国王的良心——这种道德标准的改进实际上已经在统治者在道德意义上有固定提高的社会中发生了,这种观点和前述的见解相同,只不过表现为一种不同的和更为离奇的方式而已。英国宪法的发展,使这种理论在一个时期后就过时了;但是,既然衡平法院的审判权当时已经坚定地确立了,那就没有必要再另设任何一个正式的代替物了。在现代的教科书中,关于"衡平法"的理论是多种多样的,但都同样站不住脚。其中大部分都只是把罗马的自然法学说改头换面,尤其是那些作者,他们在开始讨论衡平法院的审判权时就把自然公正和民事公正加以明确区分,确实将罗马自然法学说的内容都采纳了。

第四章

自然法的现代史

从我们前面所说的可以推断,改造罗马法学的理论决不会被认为是哲学上的正确性。这种理论事实上包括了"思想的混合模式"中的一种,这种思想的混合模式现在被认为是人类思想初期最高级思维的特点,同时也是我们用今天的智力和努力可以很容易发现的。"自然法"混淆了"过去"和"现在"。逻辑上讲,它意味着曾经由自然法支配的一种"自然"状态;但法学家并没有清楚或确切地说到过有这样一种状态存在,这种状态除了在黄金时代的诗歌中能偶尔发现以外,的确很少受到古人的注意。从实际效果上讲,自然法是现代的产物,是和现存制度交织在一起的东西,也是一个能干的观察者可以从现存制度中区别出来的东西。把"自然"的法令从与之相混合的各种粗陋成分中分离出来的方法是一种单纯和谐的感觉;但是这些经过提炼的出色元素之所以能受到重视,并不是由于它们的单纯和谐,而是由于它们来自原始的"自然"统治。那些法学家的现代弟子们并没有将这种混乱成功地解释清楚，而他们在对自然法所进行的现代思考上所显露出来的认识模糊之处，用语含混之处，实际上远比罗马法学家所受到的公正责备还要多。有些研究这个主题的作者，认为"自然"法典存在于将来，而且是所有民事法律正在前进的目标，他们企图用这样的方法来逃避基本的困难，但这样做不但和旧理论所依据的假设完全相反，甚至可能将两种自相矛盾的理论混杂到了一起。这种不顾过去只向未来寻求完美模式的倾向，是由基督教带到这个世界上来的，古代文学很少或没有暗示过这样一种信念，即认为社会发展必然是由好到坏的。

这个理论虽然在哲学上有其缺陷，但我们不能就因此忽视其对人类的重要性。的确，如果自然法没有成为古代世界中一种普遍的信仰，那就很难说思想的历史，因此也就是人类的历史，究竟会向哪个方向发展了。

法律以及靠法律结合在一起的社会，在它们的幼年时代，似乎都容易遭受两种特殊危险。其一就是法律可能发展得太快。在比较先进的希腊社会中，其法典就发生过这种情况，这些法典以惊人的熟练从烦琐的程序形式和不必要的术语中解脱出来，而且不久以后就剔除了各种僵硬的规则和命令上所附着的一切迷信色彩。他们这样做，其本意并不是为了人类的最终利益，虽然其公民因此而获得的直接好处是相当大的。国民性中最罕见的特征之一就是这种适用和制定法律的能力，即一方面在力求抽象公正中忍受着不断发生的错误，同时又不丧失法律可能达到更高理想的期待或希望。希腊的智者以其高贵和灵活的特性，没有将自己局限于狭窄的法律公式中；基于我们对雅典平民法院的工作情况所掌握的正确知识，如果我们用雅典平民法院来判断希腊的法院，那么就可以发现，在希腊法院中存在着严重的将法律与事实混淆于一起的倾向。当时那些"演说家"的遗著，以及亚里士多德在其《修辞学论》中所保存的法庭记录，都表明当时对纯粹的法律问题往往是用可能影响法官心理的各种理由来辩论的。通过这种方式是不可能产生持久的法律制度的。一个社会对于某些特殊案件，为了得到一个理想的完美的判决，往往会毫不迟疑地将阻碍这一完美判决的成文法律变通一下，那么这个社会所遗留给后世的只能是当时所流行的是非观念，如果这个社会确有某些司法原则可以传诸后世的话。这种法学就不具备后世比较进步的概念所需要的支架。它充其量也只是在有缺陷的文明之下所成长起来的一种哲学而已。

很少有民族社会的法学曾受到过这种过早成熟和最终瓦解的特殊危险的威胁。罗马人究竟有没有受到过它的严重威胁当然还不能确定，但无论如何，在其"自然法理论"中，他们是受足够的保护的。因为法学家很明显地把"自然法"设想为一种应该逐渐吸收民事法律的制度，但在民事法律还没有被废弃之前，自然法却不能取代它们。在国

古代法

外是没有这种自然法神圣不可侵犯的观念的,也就是那种认为只要诉诸自然法,就可以使处理某一特定案件的法官在心理上为之折服的观念。这个概念之所以有其价值和作用,是因为它能使人在想象中出现一个完美法律的典型,并且能够激发人们无限接近它的希望,同时对于那些还没有适应这个理论的现存的法律义务,它也从不诱使法律实务者或市民加以否认。应该看到这个模范制度,同那些在以后曾对人们的希望进行了嘲弄的制度不同,它并不完全是幻想的产物,这一点也是同样重要的。从没有人认为它是建立在完全没有经过考验的基础之上的。一般的观念认为它是现存法律的基础并且必须通过现存法律才能找到它。它的作用,简单地讲,是补救性的,而不是革命性或无政府主义的。很不幸,这一点正是现代对于"自然法"的见解与古代不同的地方。

社会在幼年时代所遭受的另外一种危险,曾阻碍或抑制了更大一部分人类的进步。原始法律的僵硬性,主要是由于它同宗教的早期联系和它们的同一性造成的,这种僵硬性曾把大多数人生活和行为的观念束缚住,就像人们的惯例第一次被固定为有系统的形式时一样。世界上只有一两个民族由于绝妙的命运才避免了这种不幸,而从这些民族所衍生出来的支系曾丰富了少数现代社会;但是情况仍是这样,在大部分世界中,都认为只有墨守着原始立法者所设计的最初计划,法律才能实现其完美性。如果在这类

第四章

情形中，智力确曾对法律发生过影响，那它同样可以自夸的，就是能够在古代原文的基础上得出种种微妙的牵强附会的结论，而在其文字性质上却无明显的背离。如果不是"自然法"理论提供给它一种与众不同的优秀典范，那么我再也找不出任何理由可以说明为什么罗马法会优于印度法。在这个特殊的例子中，一个由于其他原因而注定会对人类产生巨大影响的社会，是把单纯和匀称作为其心目中理想和绝对完美法的特征的。一个国家或一项专业在力求改进时，如果能有一个明显要达到的目标，那么其重要性是不容忽视的。在过去的30年间，边沁之所以能在英国具有这么大的影响力，其秘密就在于他成功地将这一目标摆在国人的面前。他给了我们一个清楚的改良规则。20世纪的英国法学家是敏锐的，或许不至于被这种似是而非的言论所蒙蔽，真以为这是人类完美的理想，但由于缺乏其他原则可以利用，他们在行动上似乎就相信这个说法了。边沁将社会幸福作为优先于一切的首要目标，这样就使得一股长期以来一直在寻找出口的洪流得到了释放。

如果我们把前面所描述的假定作为边沁主义的古代副本，这不能说是一种完全虚幻的比较。罗马理论引导人们努力的方向，和这个英国人所设计的理论的方向是完全一致的；罗马理论的实际效果同那些坚决主张追求一般社会幸福的改良法学派们所可能达到的效果，也没有太大区别。但如果认为这是边沁原则的有意识的预期，则是一种错误。

古代法

  毫无疑问，在罗马的普通文献和法律文献中，有时确实存在着以人类幸福作为补救立法的正当目的的现象，但如果拿这个原则的证据与那些不断给予"自然法"覆盖一切的赞扬相比，那么前者显然是少而无力的。罗马法学家所心悦诚服的，不是那些类似于博爱的东西，而是他们的简单和谐之感——也就是他们意味深长地称之为"优雅"的东西。他们的辛勤劳作，刚好和一个更为精确的哲学所追求的目标相一致，这也是人类好运气的一部分。

  回过头来看自然法的现代史，我们可以很容易地断定它的影响是广泛深入的，但这种影响究竟是好是坏，就比较难以确定了。与它相关的学说和制度是我们这个时代最有争议的资料，比如说，"自然法"理论是几乎一切特殊观念，如法律、政治和社会的渊源，它在过去一百年间通过法国而传遍了整个西方世界。法学家在法国历史上的地位，以及法律概念在法国思想中所占的范围，始终是非常巨大的。但现代欧洲法律科学的起源，其实不是在法国，而是在意大利，在意大利各大学的法学家于各地所创设以及试图（虽然结果是徒劳的）在我们这个岛国所创设的学校中，那些建立在法国的学校对这个国家的命运产生了最重要的影响。当时法国的法学家立即同加佩皇族的国王们结成了紧密的同盟，而法兰西君主之所以能从各省邦和属国的割据状态中成长起来，一方面固然是依靠武力，但另一方面也是由于他们对王室特权的主张以及对封建继任规则所

第四章

做的解释。法国君主们同法学家之间达成的默契，使他们在同大封建主、贵族和教会的斗争中取得了巨大利益，我们只要研究一下直到中世纪还在欧洲流行的各种观念就可以体会到这一点，主要是对概括的巨大热情以及对于一般命题的出奇的崇拜，因此在法律领域内，对于那些似乎能包含和概括许多特别规则（这些规则是在各地区作为惯例实行的）的每个一般公式，他们都会由然产生一种尊敬之心。这种一般公式，对于熟悉《民法大全》和《注释集》的法律实务者来说，是不难大量提供的。但是，除此以外还有其他原因使得法学家的权力更加扩大了。在我们所谈到的这个时期，对于成文法究竟有何种程度和性质的权力，人们的认识观念普遍是模糊的。一般而言，武断的序言，"兹规定"，似乎就足以阻止所有的异议。按照我们今天的思路，对于所引证的公式必须审慎地加以审查，探寻其来源，甚至必要时还要否认它所属的法律有代替当地习惯的权力，但前辈的法学家可能就不敢这样做，他们只是考察一下法律的规定是否可以应用，或者充其量也只是从"法律汇编"或"教会法"中引用一些相反的命题而已。人们对于法律争论中这个最重要的方面，看法是不确定的，这一点必须牢记心中，因为这不但可以帮助我们说明法学家对君主们出过的一臂之力，而且可以使几个古怪的历史难题得以阐明。《伪教皇教令集》一书作者的动机以及他的极度成功，也可以因此变得更容易理解。再就一个关系较小的想象而论，它可以帮助我们，虽然只是部分的帮助，去了解布拉克顿的抄袭主义。这个生活在亨利三世时代的英国作家，竟会把他的一篇全部形式和三分之一的内容都直接抄袭自《民法大全》的论文，作为纯粹英国法的概要来向其同胞宣扬。他竟然敢在一个正式禁止系统研究罗马法的国家做这样的冒险，这在法学史上将一直成为一个最难解的谜。但当我们了解了当时那些对于成文法有强制力的一般意见，不论其来源如何，或许可以减少一些我们的惊异。

当法国的君主们在长期争夺最高统治权的斗争中以胜利而告终时，大约是瓦尼亚·安古伦王族继承皇位的时候，法国法学家的地位是特殊的，而且这一特殊地位一直延续到革命爆发为止。一方面，他们形成为国内最有教养且最有权力的阶级。他们充分利用自己作为封建贵族之外一个特殊阶级的地位，并且通过一个组织将他们的职业分布到全法国，以此来确保他们的影响力，这个组织包括许多巨大的特许团体，具有广泛而明确的权力，以及更加广泛无限制的发言权。不论他们担任辩护人、法官还是立法者，在素质上都远超过全欧洲的同辈。他们在法律上的老练，他们的能言善辩，他们的善于类比和调解，以及（如果以他们中最著名的人物来评定）他们对公正概念的热诚，同他们所具有的各种卓越的禀赋，同样地引人注目，这些人才包括由古乍斯到孟德斯鸠，由盖达苏到杜莫林这样两个

第四章

相反的极端之间的全部人物。但另一方面,他们必须执行的法律制度,与他们所形成的思维习惯完全不同。这个主要经由他们的努力而建立的法国,当时受到一种畸形和不协调的法学的困扰,远超过其他任何欧洲国家。终于,一次巨大的分裂在这个国家发生了,将它分成了成文法区域和习惯法区域,前者承认成文的罗马法是其法学基础,后者只在它提供一般表现形式或提供与当地习惯一致的法学推理方法时,才加以采用。这样形成的区域又进一步被划分为更小的区域。在习惯法区域中,就习惯的特征来说,省与省之间,县与县之间,市与市之间都是不同的。在成文法区域中,掩盖在罗马法之上的封建规则,其层次组成也非常复杂。这样混乱的情况从来没有在英国出现过。在德国曾经存在过这种情况,但因为与该国的政治和宗教有着严格的区分,所以比较协调,影响很小。法国的奇特之处在于,随着君主制的中央集权不断加强,完全的行政统一正在迅速完成,以及人民之中一种热烈的民族精神正在形成的时候,法律上这种参差不齐的情况却还在继续,没有丝毫改变。这种矛盾状况产生了许多严重后果,其中尤以它对法国法学家心理上的影响最为严重。他们在推理上的观点和智力上的偏见,同他们的利益和职业习惯完全相反。既然他们强烈地感觉到并且完全认可,法学的完美性在于其单纯性和一致性,他们便相信或似乎相信,那些实际上影响法国法律的缺点是难以革除的,因此他们在实践中常常拒绝纠正这些缺点，其顽固程度即使在他们那些更不开明的同胞中也不常见，但当时有一种方法可以调解这些矛盾。他们变成了"自然法"的热烈拥护者。"自然法"超越了所有的省市界限；它消弭一切区分，不管是贵族和市民之间的，还是市民和农民之间的；它赋予清晰、简单和系统这些特点以至高无上的地位；但是它并没有强迫它的拥护者作任何特殊的改进，也没有直接威胁到任何令人尊敬的或有利的专门制度。可以说，"自然法"已成为法国的普通法，或者无论如何，承认它的高贵和权力已成为法国所有的法律实务者所一致同意的一个信念。在革命前那些法学家的言论中，对"自然法"是绝对颂扬的，而值得注意的是，那些专事贬低纯粹罗马法的"习惯"论者，在谈到"自然法"及其规定时，甚至比只尊重"法学汇编"和"法典"的民法学家，更为热心。杜莫林在古代"法兰西习惯法"的权威人士中地位是最高的，但却有一些关于"自然法"的极为详尽的论文；并且他的颂词有一种特殊的风格，显然同罗马法学家的小心谨慎有着距离。"自然法"的假设已不再是指导实践的一种理论，而是纯粹信仰的一种信条，因此我们会发现，在它最近所经历的变化中，由于其拥护者的推崇，它最弱的部分也上升到了最强部分的水平。

当"自然法"的历史进入最关键的时期时，18世纪已经过去了一半。如果对于自然法理论及其后果的讨论继续

第四章

专属于法学界，那么它所得到的重视可能会减少一些；因为到这时，《论法的精神》出版了。在孟德斯鸠的这本书中，一方面相当夸张地显示出作者极不愿接受那些通常不加详细审查就予以容忍的各种假设，另一方面又相当模糊地表现出作者要与现存偏见和解的愿望，尽管这本书有其缺点，却仍是按照"历史方法"来进行研究的，在此之前，"自然法"没有一刻能维持其立足点。这本书不但受到了大众的欢迎，而且对思想界也产生了重要影响；但在事实上，他没有得到进一步深入发展的机会，因为似乎已注定被它破坏的反假说突然从法庭传到了民间，而且成为较法院或学校曾经激辩过的话题更能引起激烈争论的话题。这个将其置于新地位的人，是一个不寻常的人，他没有学识，没有什么美德，而且也没有十分坚强的个性，但由于具有一种生动的想象力，以及他对人类真诚的热爱（为此他的许多缺点都可以得到原谅），他成为历史上一个不可磨灭的人物。在我们自己这一代，我们从来没有见过——的确，即使在全世界的整个历史中，也不过见到一两次——这样一部作品，曾对人类的心灵，对知识分子的躯体和灵魂产生过像卢梭在1749年和1762年之间所产生的那样巨大的影响。在由贝尔以及部分的由我国的洛克开始，最后由伏尔泰完成的纯粹是打破旧习的努力以后，这是重建人类信念的第一次尝试；而且除了每一个有建设性的努力必然优于单纯的破坏性的努力以外，它还有另一个卓越之处，就是在一个普遍是怀疑论的氛围中，提出了过去推理方面所有知识的健全性问题。在卢梭的所有理论中，其核心人物，不论是穿着英国服装在一个社会契约上签名的，还是简单地将所有历史特征完全剥光的，都一律是一种存在于假设的自然状态的"人"。每一种法律和制度，凡是不能与这个理想状态下虚构的人相符合的，都被谴责为从一种原始的完美状态堕落了；每一种社会改革，只要可以使之更接近"自然"生物统治的世界，都被认为是绝妙的，并且值得用任何显著的代价使之实现。这个理论仍然是罗马法学家的主张，因为在这个属于人类的"自然条件"的幻影中，除了令法学家所陶醉的简单和协调性以外，没有一个特征和特色可以吸引人们的注意；但是这个理论好像是将本末倒置了。现在所研究的主要问题，已经不是"自然法"，而是"自然状态"。罗马人曾以为，如果对现在的制度加以仔细观察，必然可以从中挑选出几个部分，或者它们已经显示出来了，或者只有经过法律上的净化，才能显示那自然统治过的痕迹。在罗马人看来，这种自然统治是真实可信的。卢梭的信念是，一个完美的社会秩序可以通过单纯的对自然状态的思虑来实现，这种社会秩序同世界的现实情况完全没有关系，而且同它完全不同。这两种观点之间的分歧是巨大的，一种是痛责现在，因为它不像理想中的过去；而另一种则假定现在同过去一样必要，因此也就不轻视或谴责现在。我们无需耗费时间去详细分析一个建立于自然

第四章

状态基础之上的有关政治、艺术、教育、伦理和社会关系的哲学。这种哲学对于每一个国家中比较疏懒的思想家还具有特别的吸引力,而且无疑是妨碍应用"历史研究方法"的几乎一切偏见的根源,或者多少是不直接的根源。但今天我们的有识之士对它们的不信任已到了很深的程度,以至于令那些熟知纯理论错误所具有的强大生命力的人们所吃惊。而现在最常提到的问题也许不是这些究竟有什么价值,而是一百年以前就能使它们具有盖过一切的优势,其原因是什么?我以为,它的答案很简单。在上个世纪,有一种研究最能纠正那些只注意古代法的人很容易陷入的误解,这就是对宗教的研究。但希腊的宗教,正如当时所理解的那样,都消散在想象的神话中了。东方的宗教,即使受到过注意,也似乎迷失在虚幻的宇宙开辟论中。只有一种原始记录值得加以研究——就是早期的犹太史。但当时的种种偏见阻碍着我们利用它。卢梭学派和伏尔泰学派所共有的少数特征之一是完全轻视所有宗教上的古代事物,特别是属于希伯来民族的。众所周知,当时的理论家不仅认为以"摩西"为名的制度并非真的出自神授,而且以为他们并不像传说的那样在最后的一个时期被制定为法典,他们认为这些制度以及全部的"摩西圣经"都只是一种毫无根据的伪造,是从"囚禁"中得来后实行的。他们之所以这样做,是因为这与他们的荣誉有关。因此,法国的哲学家们受阻于得到这个反对纯理论谬说的主要保证,他们在渴求从僧侣的迷信中逃离出来的时候，却轻率地将自己投入到法学家的迷信中去了。

　　这个以自然状态的假说为基础的哲学，尽管由于它只显露出其粗糙和明显可知的一面而得到的一般评价不高，但并不是说，在其微妙的伪装中，它失掉了合理性、通俗性以及它的力量。我相信，像我前面说过的，它仍然是"历史方法"的劲敌；并且除了宗教上的反对以外，凡是反抗或谴责这种研究方法的人，一般都是由于有意无意地受到了社会或个人的非历史状态，即自然状态的一种偏见或武断的影响。然而，"自然"学说及其法律观点之所以能维持他们的力量，主要是由于他们能同各种政治和社会的倾向联合在一起。在这些倾向中，有些是由于他们促成的，另一些是由于它们实际创造的，而绝大部分是由他们提供了说明和形式。显然，他们大量渗透到那些不断由法国传播到文明世界去的各种观念中。由此，成为改变世界文明的一般思想体系的一部分。这些理论对民族命运所产生的影响，其价值如何，当然是我们这个时代争论最为激烈的问题之一。对此，我们不准备在此书中加以讨论。但是，如果回顾一下自然状态理论在政治上达到的鼎盛时期，则很少有人全部否认在第一次"法国大革命"时期，曾多次发生的重大不满都是由它有力地促成的。它产生了或有力地刺激了当时几乎普遍存在的心理上的恶习，如对明确法律的蔑视，对经验的不耐烦，以及对先验性的优先于其他

第四章

一切理性的偏爱。这种哲学紧紧地控制了那些思想较少同时又不善于观察的人。它的发展趋势也就明显地成为无政府状态。但是令人惊异的是，在杜蒙边沁所出版的《无政府的诡辩》一书中包含了边沁所暴露出来的明显是来自法国的错误，有很多是来自经过法国改造的罗马假说，并且除非参照罗马假说，这些假说是不容易理解的。在这一点上，一个奇特的做法是参考大革命中各个主要时代的行家。时代越是黑暗，则诉诸"自然法和自然状态"的情况越频繁。

有一个例子可以很明显地说明自然法理论对现代社会的影响，并且表明这些影响是如何深远。我认为人类根本平等的学说，毫无疑问是来自"自然法"的假说。"人类一律平等"是大量法律命题之一，随着时代的进步，它变成了一个政治上的命题。罗马安东尼时代的法学家们主张："每一个人自然是平等的"，但在他们心目中，这是一个严格的法律公理。他们试图主张，在假设的"自然法"之下，以及在现实法接近"自然法"的范围内，罗马"市民法"所主张的各阶级人们之间武断的区分不应该在法律上存在。这个规定对罗马法律实践者是相当重要的，因为这提醒他们必须记着，只要罗马法被认为完全符合"自然"法典的规定，那么罗马法院在考虑公民与外国人之间、人民与奴隶之间、"宗亲"与"血亲"之间的一切问题时，都不应有所区别。凡是持这种主张的法学家，当然绝不会指责使市

古代法

民法不能符合其理论形式的社会安排，他们显然也不会相信世界上真的会出现人类社会同自然组织完全一致的情况。但当人类平等学说披上了现代外衣而出现时，它显然已具有了一种新的意义。当罗马法学家使用"是平等"这样的字眼时，其含义和它字面的意思完全一样，而现代民法学家在使用"人类一律平等"时，他的意思是"人类应该平等"。罗马人以为自然法是和市民法同时存在，并且逐渐吸收市民法的，这种特殊看法显然已经被遗忘了，或已经变得不可理解了，这些字眼在过去充其量只是表明一种关于人类制度的渊源、构成和发展的理论，后来开始表示人类长期遭受的极大的不公正之意。早在14世纪初期，关于人类初生状态的流行说法，虽然明显的想要和阿尔比安及其同代人的说法相一致，但其形式和意义却已全然不同。路易·胡廷国王为纪念解放王家领地内农奴而作的著名法令的前言，在罗马人听来，将是非常陌生的。"既然按照自然法，每个人应该生而自由；而由于自古以来我国就采用并一直到现在还保持着的某种惯例和习惯，而且可能由于他们前辈的罪行，在我们普通人民中就有许多人陷入了被奴役的地位，因此，我们……"这不是一条法律规定而是一个政治宣言；从这个时候起，法国的法学家们在谈到人类平等时，就好像这是偶然被保留在他们科学中的一个政治真理似的。像来自"自然法"假说中的其他一切演绎一样，而且也像"自然法"这个信念本身一样，在它从法学家之

第四章

手传入到 18 世纪的文人们以及信服它们的公众之手以前,它只是被动地被接受,而且对观念和实践也很少有影响。在这些文人手中,它成为他们教义中最清楚的信念,并被认为是其他一切信念的一个总结。但是,它最后能在 1789 年事件中得势,可能并不完全是因为它在法国的流行,因为在这个世纪的中叶,它已经流传到了美国。当时美国的法学家,尤其是维吉尼亚的法学家,似乎已具有和英国同时代人所不同的大量知识,主要是在他们的知识中包括了许多只可能来自欧洲大陆法律文献的内容。只要参考一下杰弗逊的著作,就可以看到他是如何深受法国当时流行的半法律、半通俗观念的影响;我们也毫不怀疑,正是由于他们对法国法学家这些特殊观念表示赞同,所以在《独立宣言》开头的几行中,杰弗逊和其他指导着美国这个殖民地事务的法学家,就把这个独特的法国假设即"人类生而平等"和英国人最熟悉的假设"人类生而自由"结合在了一起。这是我们面前这个学说的历史中具有极重要意义的一节文字。美国法学家这样突出和着重地主张人类的根本平等,从而在他们自己的国家,并且一定程度上也在大不列颠,推动了一个政治运动,直到现在还没有衰竭下来;但除此以外,他们却把自己所一度采纳过的信条还给了法国本上,赋予它更巨大的力量,并且使它受到公众更大的欢迎和尊敬。甚至在第一次"国民议会"中还比较小心谨慎的政治家,也开始重复乌尔比安的命题,好像这个命题立即给人类的本能和直觉留下了美好印象似的；并且在所有"1789年的原则"中，这是唯一一个曾受到最少攻击，也曾最彻底地影响现代观念并将最深刻地改变社会构成和国家政治的原则。

"自然法"最伟大的作用是产生了现代"国际法"和现代"战争法"，虽然它的这部分作用是非常重要的，但在这里，我们略而不论。

在形成"国际法"基础的各种假设中间，或在那些形成"国际法"中到现在仍旧保持其从原来设计者那里所接受的形态的部分基本假设中间，有两三种特别重要的假设。其中第一个表现在这样一个论点中，即认为有一种可以确定的"自然法"。格劳秀斯及其后继者直接从罗马人那里得到这一假设，但他们同罗马法学家之间以及他们自己相互之间，对于确定的方式，却有着巨大的分歧。在文艺复兴以后盛极一时的公法学家中，几乎每一个人都野心勃勃地提出了新的和更容易处理的有关"自然"及其法律的定义，而且无可争辩的是，这个概念在经过一系列"公法"学作者之手后，其周围就多了一大堆的附加品，其中包括从支配着各学派的各种伦理学理论中得来的观念片断。即使这样，仍有明显的证据证明这个概念主要是历史性的，因为从自然状态的各种必要特点中探求自然法典，虽然经过了种种努力，但所获得的结果，却和人们把罗马法学家的意见不加思考和修正就直接采用所可能得到的结果完全相同。

如果把国际法中的协约和条约部分撇开不论，可以看到，在这个制度中，有相当惊人的一大部分是由纯粹的罗马法组成的。法学家的每一种学说，只要经他们确认为同"万民法"相协调时，公法学家就以种种理由来借用它，不论这个学说是如何明显的带有罗马渊源的标记。我们也可以看到，这些派生的理论是带有其原来观念的弱点的。大多数公法学家的思想方法仍然是"混合的"。在研究这些作者时，最大的困难始终是弄清楚他们所讨论的究竟是法律还是道德——他们所描写的国际关系状态究竟是现实的还是理想的——他们所说的究竟是事实，还是他们的意见认为的应当情况。

作为"国际法"基础的另外一个假设是，"自然法"与国家二者相互之间有约束力。一系列主张或认可这种原则的言论，都可以追溯到现代法律科学的最初时代，而且初看起来，它好像是直接来自罗马人学说的一个推理。人为的社会状态和自然状态不同，在前者中，有一个明显的立法者，而后者却没有。因此，如果某一个单位不承认它们服从一个共同主权或政治领袖的时候，它们就好像恢复到受命于"自然法"的状态了。国家就是这样的单位；它们各自独立的假设，排除了一个共同立法者的观念，并且从这个观念出发，按照某种思想方法进而得到了从属于自然原始秩序的观念。另一种看法认为各个独立的社会之间没有任何法律将他们联系在一起，但这种无法状态正是法学家们的"自然"所厌恶的真空。如果一个罗马法学家遇到市民法被排斥不能适用的情况，他会立即以"自然"法令来填补这个空隙，这种想法显然是有道理的。然而我们不能因此就认为，在历史的任何时期，都一定可以得出这样的结论，虽然在我们看来这是非常明确和直接的。根据我的判断，罗马法的遗作中，没有任何一段可以用来证明法学家确曾相信自然法在独立国家之间有任何约束力；而且我们不得不看到，对于把君主领土看做和文明世界相接的罗马帝国的公民们来说，如果确有各国平等地隶属于"自然法"这样的想法，至多也只是古怪理论的一个极端结果。真相似乎是这样的：现代的"国际法"无疑是"罗马法"的后裔，但只是由一种不规则的血统联系着。早期的现代罗马法解释者，误解了"万民法"的意义，毫不犹豫地认为罗马人传给了他们一套调整国际事务的法律制度。起初这个"国际法"是一种有许多可怕的竞争者与之相抗衡的权威，而欧洲就长期处在这种情况下，阻碍着"国际法"被普遍接受。但是，逐渐地，西方世界对自己作了安排，使其形式比较适合于民法学家的理论；情况的变更摧毁了所有敌对学说的势力；最后，在一个罕有的幸运的机会中，阿亚拉和格劳秀斯终于使它取得了欧洲的热诚同意；这种同意曾经在每一个不同的庄严条约中被一再重复着。它的胜利主要应归功于这些伟大人物，而且他们还试图给它建立一个完全新的基础，这是毋庸赘述的；而且毫无疑问的，

第四章

在这转换位置的过程中，他们对它的结构作了很多改变，虽然没有一般想象的那么多。格劳秀斯既然从安东尼法学家那里吸收了这个论点，认为"万民法"和"自然法"是同一的，他和他的直接前辈及直接后继者便赋予了"自然法"一种权威，要不是在那个时候"国际法"的含义模糊不清，这种权威也许永远不会赋予"自然法"。他们毫无保留地主张"自然法"是各国的法典，于是就开始了这样一个过程，就是把假定是从单纯考虑"自然"概念而得到的各种规定灌输到国际制度中去，这个过程几乎一直延续到我们这个时代。还有一种对于人类有着巨大实际重要性的后果，虽然在欧洲早期现代史中并非完全不为人所知，但在格劳秀斯学派的学说盛行之前，从来都没有被明显地或普遍地承认。如果各个国家的社会都受"自然法"的统治，那么组成这个社会的各个原子必须绝对平等。人类在"自然"的王权之下是一律平等的，那么，如果国际间的状态是一种自然的状态，则各国也一定是平等的。独立的国家不论大小强弱，从国际法的角度看都一律平等，这个命题对人类的幸福有巨大的贡献，虽然它总是受到各个时代各种政治倾向的威胁。如果"国际法"不是由文艺复兴后的公法学家们完全从"自然"的庄严主张中获得，那么这个学说可能永远不能获得一个稳固的立足点。

可是总体讲来，像我前面说过的，自格劳秀斯时代以来，在"国际法"的各种附加物中，只有很小一部分直接来自罗马"万民法"最古老的资料。土地的取得始终是引起国家野心的巨大刺激；而关于这种取得的法律规定，以及消除因此而引起的战争的法律规定，都仅仅是从罗马法中有关取得"万民法"财产的各种方式的部分中抄袭来的。这种种取得方式，像我在前面试图说明的，都是由前辈法学家从其所观察到的各种惯例中抽象出来的一些共同要素，这些惯例曾经在罗马周围的各部落间流行；根据其来源，它们被归类在"各国共有法律"中，再由于它们的单纯性，后来的法学家便认为它们恰恰符合"自然法"较近代的概念。它们就这样被编进了现代的"国际法"，其结果是，国际制度中有关领土、领土性质、领土范围、取得和保卫领土方式的那些部分，便都是纯粹的罗马"财产法"——这就是说，罗马"财产法"中的这些部分，曾经被安东尼时代的法学家想象为和自然状态有某种一致性。为了使"国际法"中这些章节能付诸实施，就有必要使主权者之间的相互关系，变得像罗马所有者各个成员之间的关系一样。这是建立"国际法典"所依据的各种假定中的另外一个，而且也是在现代欧洲史最初的几个世纪中不可能被同意的一个假定。这个假定可以分解为这样一个双重命题，一方面"主权是领土的"，即它始终是和地球表面上一定部分的所有权联系着的，另一方面"主权者相互之间，应该承认彼此不是国家领土的最高所有人，而是绝对所有人"。

许多现代的"国际法"作者都假设：他们以各种衡平

第四章

原则和常识为基础建立起来的全部学说，都可以轻易地从现代文明的各个阶段中推论出来。但这个假设一方面掩盖了国际理论所存在的某些真正缺点，另一方面，就大部分现代史而论，也是完全不足取的。在国际事务中"万民法"的权威并不是始终未受到反抗；相反的，它得要长期和几种与之竞争的制度不断斗争。同时，主权的领土性质也不是始终被承认的，因为在罗马统治解体以后，人们的心理长时期地处于和这类概念不相协调的观念的支配之下。在"国际法"上这两个最主要的假定被普遍承认之前，一个旧的制度以及建立于其上的思想观念必然要腐败，一个新的欧洲，以及与之相适应的新的观念必然要成长起来。

有一点特别值得注意，在我们通常称为现代史的大部分时期中，人们没有接受过所谓领土主权这类概念。过去，主权并不是和对地球上一部分或更小部分的土地的控制权联系在一起的。整个世界曾有许多个世纪长期处于罗马帝国的庇护之下，以致忘记了组成帝国的广大空间在过去曾一度被划分为许多独立的国家，它们都主张有权不受外界的干预，并且标榜国家权力应该一律平等。在蛮族入侵平息后，当时流行的关于主权的观念，似乎具有双重意义。一方面它有着所谓"部落主权"的形式。法兰克人，勃艮第人，汪达尔人，伦巴第人，以及西哥特人，当然都是他们所占领的土地的土人，而且其中有几种人以他们的名字

古代法

作为土地的地理名称；但是他们并不根据土地占有的事实而主张任何权利，甚至实际上对于占有的事实也不认为有什么特别重要的意义。他们似乎还保留着由森林和草原所带来的传统，按照他们自己的看法，认为自己仍然是一个宗法社会，一个游牧部落，只是暂时驻扎在能供给他们粮食的土地上而已。阿尔卑斯北高卢的一部分，加上日耳曼的一部分，现在已成为法兰克人在事实上占领的国家——即法兰西；但克罗维德后裔即墨洛温王朝的首领们并不是法兰西的国王而是法兰克人的国王。领土的所有权是不明确的，但是他们一开始就作为一种便利的指定方式，指定部分部落属地的统治者；整个部落的国王是他的人民的国王，而不是其人民土地的国王。另外一种有关主权的特殊观念，似乎是——这是很重要的一点——普遍领土的观念。当一个君主失去了领袖与其部族之间的特殊关系，并为了个人目的，急切地要取得一个新的主权形式时，他所能采用的唯一先例只能是罗马皇帝们的权术。模仿一句谚语来说，就是他变成了一个"不为恺撒，即为庸人"的人。要么他享有拜占庭皇帝的全部特权，要么他就没有任何政治地位。在我们这个时代，当一个新的王朝希望废除被消灭皇朝的名号时，他往往喜欢说它的称号来自人民而不是领土。因此，我们便有了一个法兰西皇帝和国王，还有一个是比利时人的国王。在我们所谈到的这个时期，在类似的情况下，还出现了另外一种不同的观念。一个"首领"如

第四章

果不想再自称为部落国王,必定会要求成为世界的皇帝。这样,当世袭的权臣们和实际上久已废黜的君主们决裂时,他们立即不再自称为法兰克人的国王,这个称号是属于被废黜的墨洛温的;但他们又不能自称为法兰西的国王,因为虽然这个称号不是完全不见经传,但也不是一个特有尊严的称号。因此,他们就立志要成为世界帝国的统治者。他们的动机曾被极大地误解了。近代法国作家们曾认为,查理曼是远远超过他的同代人的,不但在其意图的性质上如此,而且在他实现这些意图的能力上也是如此。不论是否有人在任何时期都能超过他的同代人,有一点必然是真的,即查理曼在瞄准一个没有限制的领土时,的确有效地采取了当时的时代思想所准许他遵循的唯一一种方法。关于他智力上的卓越,当然是毫无疑问的,但这种卓越不是由他的理论而是由他的行为证明的。

主权的思辨普遍忤一盲和王位联系着,而且在日耳曼帝国存续期间,也的确没有和它完全分离过。领土主权——这种把主权与对地球表面上一块土地的占有联系起来的见解——明显是封建制度的一个分支,虽然是一个发展迟缓的分支。这可能是一种先天的预期,因为第一次通过个人权利把个人义务和土地所有权联系起来的是封建制度。对于封建制度的渊源和其法律性质,不论正当见解应该是怎样的,要鲜明地想象封建组织的最好方式,就应该从它的基础开始,先考虑佃农同设定和限制其劳务的小块土地之间的关系——而后通过上层建筑的狭小范围一直上升直到接近这项制度的顶点。在黑暗时代的后期,这个顶点究竟在什么地方,是不容易确定的。也许无论部落主权的概念确实消失在什么地方,这个最高之点始终指向西罗马帝国恺撒的假定继承人。但是不久,当帝国权威的实际影响大大萎缩时,皇帝将他仅有的残余势力集中于日耳曼和北意大利,这时所有在前英墨洛温帝国四周的最高封建主都发觉了在他们上面实际上已经没有一个最高首领了。渐渐地他们就习惯于这种新的形势,而已经免除外来干涉的这个事实,终于把依附的理论消灭掉了;当然有许多迹象表明,这个变化的完成并不是十分容易的;而且我们可以毫无疑问地认为,由于这样一种观念,即根据事物的自然性质,某些地方必然要有一个最高的统治权,于是就产生了不断把世俗的无上权力归属于罗马教皇的倾向。法兰西加佩王朝的继位,标志着思想革命第一阶段的完成。在这个时代到来之前,几个领土封地的占有者(这些封地是英卡罗温帝国现在分裂出来的)开始自称为国王,来代替原来的"公爵"或"伯爵";但是当占有巴黎四周有限领土的封建诸侯夺取了他们王朝的所有权时,他就成了法兰西国王。于格·卡佩及其后人成了一种全新意义上的国王,一个主权者,他和法兰西土地的关系与男爵对于封邑,佃农对于自由产的关系完全相同,尽管在王室官方的拉丁文件中一直保持着这个旧的称呼,在本国语言中却迅速地变

第四章

成了"法兰西国王"。法兰西这种君主制的形式,有力地促使了其他地方向同一个方向转变。盎格鲁－撒克逊王室的王位这时正处于一个部落首领和领土最高统治权的过渡之中。但是诺曼王朝的最高统治权模仿自法兰西国王,很明显是一种领土主权。在以后建立或巩固的每一个统治权,都是根据后一个模式组成的。西班牙、那不勒斯以及在意大利自由城的废墟上建立起来的各个诸侯国家,都由领土主权的统治者统治着。从一种观念逐渐转变到另一种观念的事例中,我认为最最离奇的莫过于威尼斯人。在对外征伐开始时,这个共和国自认为是和罗马共和政治同一类型的国家,统治着许多的属地。经过一个世纪以后,你却可以发现它希望成为一个联合的主权国家,对它在意大利和爱琴海的属地拥有一个封建宗主国的权利。

在这个关于主权问题的各种通俗观念经历着显著变化的时期内,这项我们今天称之为"国际法"的制度,在形式上是杂乱无章的,而且在原则上也不符合它所追求的目的。在罗马—日耳曼帝国内的一部分欧洲土地上,联邦国家之间的关系是由复杂却还未完善的帝国宪法机构约束的;而且也许在我们看来很令人惊异的是,日耳曼法学家所推崇的仍然是:联邦国之间的关系,不论在帝国之内还是在帝国之外,都应该按照以恺撒为中心的纯粹罗马法学来规定,而不应该根据"万民法"来规定。这个学说在边远的国家中并没有像我们先前所认为的那样被大胆否定;

— 83 —

但实际上，在欧洲的其他地方，封建部属已成为公法的一种替代品；当那些封建从属犹疑不定或含糊不清时，至少在理论上，从"教会"领袖的权威上就可以找到一种最高的支配力。尽管如此，仍可以断定，封建和教会的影响在15世纪甚至在14世纪时就已经开始迅速衰败了；如果我们仔细审视一下当时各次战事的借口以及公开的联盟动机，就可以看到，那些在以后被阿亚拉和格劳秀斯所协调和巩固的各种见解，正随着旧原则一步步地被取代而开始有了重要进展，虽然这种进展是无声而缓慢的。来自各个渊源的权威经过融合最终是否成为一项国际关系的制度，以及这个制度是否在实质上和格劳秀斯的构造有什么不同，现在已经无法确定了，因为事实上"宗教改革"已经把它所有的有力要素（除了一点以外）全部消除了。"宗教改革"从日耳曼开始，它将帝国的各个诸侯用深广的鸿沟分裂开来，即使帝国元首保持中立，也无法用帝国的最高统治来重新沟通。于是帝国元首不得不袒护教会以反对改革者；教皇自然也是处于同样的困境中；这样原来这两个在敌对双方之间负有调停职责的当局者自己就成了各国分裂中一个大党的首领。在这时声势已经削弱，并且已经不能作为公共关系的一个原则而加以信任的封建主义，已经不再是足够稳定并可以和宗教联盟相抗衡的一种约束力。因此，在公法几乎混乱的情况下，那些被认为是罗马法学家唯一认可的关于国家制度的各种观念，仍旧继续存在下来。这些观念从格劳秀斯手中获得的形式匀称和卓越性，为每一个学者所熟知。但是《战争与和平法》这篇论文的惊人之处在于它的迅速、完全和普遍的成功。"三十年战争"的惨状，军人毫无拘束的放纵行为所激起的无限恐怖和同情，无疑在某种程度上说明这种成功的原因，但是这还不能作为全部的证明。因为只要对当时的各种观念略微浏览一下，我们就可以深信，格劳秀斯的伟大著作所描绘的国际大厦的基本图样，如果不是在理论上相当完善的话，那么它很可能会被法学家所抛弃，被政治家和士兵们所忽视。

显然格劳秀斯的制度在理论上的完善形式和我们所讨论的领土主权概念是密切联系着的。"国际法"理论所做出的假定是：各个共和政体在相互关系上处于一种自然状态中；但是根据这个基本假设，一个自然社会的各个组成原子必须是相互分离和各自独立的。如果有一个较高的权力由于最高统治权的要求而将它们联结起来，即使这种联结很薄弱也很偶然，但正是这一个共同领导者的概念引进了现实法的观念，排斥了一个自然法的观念。因此如果一个帝国元首的普遍宗主权，即使仅仅在理论上得到承认，格劳秀斯的理论也可能变得徒劳。这并不是现代公法和我试图描述其发展的有关主权的各种见解之间的唯一结合点。我曾经说过，国际法学中有些部门完全是由罗马的"财产法"组成的。那么我们可以得到什么结论呢？结论是：在对主权所做的评价中如果没有出现我所描述的那种变化——如果主权并没有和对地球上一块土地的所有权联系起来,换言之,并没有成为领土的主权——那么格劳秀斯的理论三部分内容将无法适用。

第五章

原始社会与古代法

　　法学这个主题作为科学研究的必要性在近代从没有被忽略过,由于意识到这种必要性而提出来的论文来自于各个不同方面。然而,假如说,这些到目前为止被认为是科学的东西在极大程度上不过是一些推测、一些在前面两章中研究的罗马法学家的推测,我以为这种说法不仅仅是假说。这一系列论述,明确承认和采纳了一些关于一种自然状态以及与这个自然状态相适宜的原则制度的推测性的理论,从这些理论的发明者的时代一直到我们这个时代为止,除了短暂的中断几乎一直被延续着。这些明确的论述,出现在奠定了现代法学基础的注释法学派的注解中,也出现于继承了他们的经院法学家的著作中。它们在寺院法学派的教条中也是显而易见的。它们被那些在文艺复兴那个时代极其活跃的相当博学的民法学家推到一个显著的地位上。格劳秀斯和他的继任者们不仅使它们具有现实的重要性,也使它们更加显赫和备受赞誉。在我们英国的布莱克斯通的《导论》几章中也可以看到它们,他几乎是原封不动地将它们从柏拉马克的著述中抄录下来,而时至今日在各种为学者和实务工作者出版的教科书中也可以轻易察觉,书中开头所讨论的这些法的基本原理就是罗马法假设的一次分解重述。但是,由于这些推测用于掩盖自己的伪装有时候表现得好似其本来就是这样的使得我们对于它们混杂于人类思想中的微妙的思想,有了一个充分的了解。洛克所主张的法律起源于一种社会契约的理论很难掩饰住其实它源自于罗马,事实上,这个理论仅仅是披上了一层外衣,从而使得古代的观点能够更加吸引现今时代中特定的那一代人;可是在另一方面,霍布斯就同一主题所提出的理论则特意否定了罗马人及其信徒所构想的这个自然法的现实。然而尽管这两个理论长久以来将英国认同这两个不同理论的政治家们分为两个敌对的阵营,两者之间有一点却是相当类似的,即它们假设的基础都是存在一个人类的非历史的、无法证实的状态。这两种理论的作者对社会产生前的状态的特性以及人类借以脱离那种前社会状态进入我们所知晓的社会组织的异常活动的性质,存在着分歧。但是他们一致认为处于原始状态的人和进入社会状态的人之间存在着一个巨大的鸿沟使他们区分开来,我们不可否认,这种想法是他们有意识或无意识地从罗马人那里借用过来的。如果法律现象的确像这些理论家所认为的那样是一个庞杂的整体的话,那么就难怪法学家们会下意识地逃避他们所

第五章

担任的工作，转而求助于某种似乎被认为可以调和一切的绝妙又机巧的推测，否则有时候他们会无望于系统化的工程从而放弃。

在和罗马学说有着相同的思想基础的各种法学理论中，有两种非常著名的理论必须除外。第一种和孟德斯鸠的大名联系在一起。尽管在《论法的精神》一书开始部分中的一些含糊的措辞似乎表明作者不愿公开反对那些在当时流行的各种观点，但是整本书的主旨仍然表述出了一种和前人所发表的关于其主题的观点完全不同的概念。在通过对各种假定的法律体系进行广泛调查而搜集起来的大量纷繁复杂的例证中间，我们常常可以看到一种明显的渴望，试图将那些因其粗俗、怪异和猥亵而震惊文明读者的风俗和制度放置在一个特别显要的位置上。在书中不断提出这样一种推论：即法律是气候、当地情况、偶发事件或者欺诈的产物——除了经常出现发生作用的事物以外任何原因的产物。事实上，孟德斯鸠似乎把人类的本性看做是完全可塑的，只是能被动地复制从外界接受的印象以及绝对服从于外界所接受的刺激。毫无疑问，使他的体系不能够成为一个体系的错误就在于此。他太过于低估了人类本性的稳定性。他很少关注或几乎无视种族特征的遗传性质，即代代相传但很少改变的性质。的确，除非对《论法的精神》中所提到的那些变更原因给予应有的考虑，否则想要对社会现象、继而对法律进行一个完整的说明是不可能做到的；

但是孟德斯鸠看起来是过高地估计了这些原因的数量以及它们的影响力。在他所列举的异常的例证中,许多已经被证明为是建立在虚假的报告或错误的解释之上,而那些剩下来的不多的异常的例证不仅没有证明人类本性的易变,相反却更加证明了它的恒久不变,因为它们都是较古时期的人类顽强抗拒了在别处也许会发生作用的各种影响因素而存留下来的遗迹。事实是,在我们智力的、道德的和肉体的构成部分中,稳定的部分占了最大部分,对于变化有着强大的抵抗力,因此尽管这个世界的一部分社会的变化是很清晰明了的,但这种变化不那么迅速也不那么广泛,使得它们的数量、特性以及大致趋向不会变得无法确定。以我们现在的知识所能达到的全部也许只是比较接近真理的理论,但是我们没有理由认为它离真理是非常遥远的,或者以为(其实是同样的东西)它在将来要做很大的修正,因此是完全无用的和不足为训的。

前面所提及的另一种理论是边沁的历史理论。这个理论在边沁的著作的几个部分中晦涩地(甚至可以说是胆小地)提出来,和他在《政府片论》开端、后来由约翰·奥斯丁先生完成的有关法律概念的分析截然不同。把一条法律分解为在特殊环境下适用的一条特殊性的命令,目的不过是为了让我们克服语言上的困难——当然这是最艰巨的一个困难。至于社会之所以把这些命令加诸自己身上的动机是什么,这些命令之间的相互联系是怎样的,以及这些命令对于它们之前的命令和它们所替代的命令的依赖的性质又是怎么样的，这些问题仍然有待解决。边沁提出的答案是，由于社会一直对普遍权宜措施的观念有所更正，因此法律随之变更、而且是不断地变更。很难说这个命题是错误的，但是可以肯定它是没有效果的。因为所谓法律规则的变更对社会而言是权宜的东西、更确切地说对社会的统治阶级是权宜的东西，实际上也就是社会在变更时考虑到的想要达到的目的，而不论这个目的是什么。所谓权宜和最大利益，其实就是推动变更的冲动，只不过名称不同而已；而当我们把权宜作为改变法律或者改变意见的准则时，我们从这个命题中所能得到的只不过是用一个特定的术语来替代另一个当改变发生时我们必然要使用的名词而已。

人们对于现在的各种法学理论存在着非常广泛的不满，并且普遍都确信这种理论并没有像它们宣称的那样解决要解决的问题，以至于产生了某种正当的怀疑：那些作者为了得到一个完美的结果，对必须进行的某些方面的调查要么做得不够完善、要么甚至完全忽略了。确实，也许除了孟德斯鸠之外，在其他所有的构想中都存在着一个不可推脱的显著漏洞。它们都没有考虑到在它们出现的那个特定时期之前的遥远的年代里，法律事实上究竟是怎样的。这些构想的创造者们仔细观察了他们自己的时代和文明的各种制度，也观察了在某种程度上引起了他们理性同情的一些其他时代和文明的各种制度，但是当他们把注意力转向在表面上和他们的时代以及文明有着巨大差别的古代社会状态时，他们便一致停止观察而开始猜测。因此，他们所犯下的错误类似于一个正在观察物质界的规律的人，应该开始于将现存物理世界看作是一个整体，而不是从构成物质最小成分的粒子着手。这种不合乎科学的错误的方法不适用于其他任何思想理论，在法学领域也同样是不可取的。在先前似乎就可以看到我们应当从最简单的社会形态开始，而且其状态越接近其原始情形越好。换而言之，如果我们打算采取这类研究通常所遵循的过程，那我们就应当尽可能地深入到原始社会的历史当中去。早期社会提供给我们的各种现象一开始并不容易理解，但是要掌握这些现象所面对的困难，和思索现代社会组织错综复杂的情况所带给我们的困扰又是不能比的。这种困难只是因为他们的怪异和粗俗而产生的，而不是源于他们的数量和复杂性。当一个人以现代的观点来看待这些现象时所引起的惊讶必定是很难被克服的，但当这种惊奇被克服时，他们就变得很少并且足够简单。但是即使他们引起了很大困难，我们因试图确定某种根源而经历的痛苦也是值得忍受的，因为这些根源将必然会揭示现在控制我们行为以及塑造我们品行的道德规范的每一种形式。

目前，我们所能知晓的社会状态的雏形来源于三种依据：观察者关于同时代的相较于自身比较落后的文明的记

第五章

录；某一特定的种族所保存下来的关于他们早期历史的记载；以及古代的法律。第一种依据是我们期望能得到的最好的证据。各个社会不是齐头并进而是按照不同的速度向前发展的，因此的确有这样的时期，经过系统的观察习惯训练的人们，真正能够有机会观察并且描述人类的幼年。塔西佗就将这样的机会利用得淋漓尽致；但是他所著的《日耳曼》，并没有像其他著名的经典作品一样引起别人去效仿作者的卓越榜样，所以我们所拥有的此类依据的数量非常之少。文明人对于其野蛮的邻邦往往怀有一种傲慢和轻视，以至于对观察邻居这样的行为有明显的轻忽，而这种不关心有时候因为恐惧、宗教歧视、甚至这些名词——文明以及野蛮——的使用而变得更加严重，这些名词的使用给大部分人造成一种印象，即文明人和野蛮人不仅在程度上有区别，甚至在种类上也不同。对于《日耳曼》这本书，有些评论家甚至也怀疑作者为了对比尖锐和叙述生动而牺牲了它的真实性。一些保存在档案中流传给我们的记载了人类早期的史料，也被认为由于种族傲慢或是由于新时期的宗教情绪而被歪曲了。然而对于数量众多的古代法律而言，这些猜疑，不管是毫无依据的还是合理的，都没有发生过，这是值得重视的。许多古代法律能够保存下来传给我们仅仅因为它们很古老。那些执行和服从它的人们不会假装去理解它；在有些情况下，他们甚至嘲笑它、轻视它。除了它是由他们的祖先留传下来给他们的以外，他们并不特别重视它。因而如果我们能够将注意力集中于那些有关于古代制度的法律片段，那些片段还没有理由被怀疑为曾经受到过篡改，我们就有可能获得关于这些片段原本所属的社会的某些重要特征的清晰概念。在这个基础上再向前迈一步，我们可以将我们已经获得的知识运用于像《摩奴法典》那种大致上真实性还有待商榷的一些法律体系；而且，凭借我们已经获得的这个关键，我们能够把那些真正从古代传下来的东西从受到过编纂者的偏见、兴趣或无知的影响的部分中分辨出来。至少应当承认，如果能有充足的材料来从事于研究过程，如果比照能够被精确地执行，那么像那些方法在比较语言学中所获得的令人吃惊的成果一样，我们所遵循的方法也将很少有人能够反对。

　　从比较法学中获得的证据的影响，使我们对人类的原始状态确立起了一种看法，即所谓的"宗法理论"。当然毫无疑问这个理论来自于亚细亚希伯来族长制的圣经史；但是，像前面已经解释过的那样，正是因为它和《圣经》的联系使得人们不把它认同为一个完整的理论，因为直到近来仍然热衷于研究综合社会现象的大部分人，不是一些对希伯来古代的遗物具有最强烈偏见的人，就是一些不想借助于宗教记录非常渴望自己建立一个体系的人。甚至直到现在也许仍然存在着一种低估这些记载的价值的倾向，或者说不愿将它们认同为闪米特人传统的组成部分从而归纳出结论。然而需要注意的是，这种法律依据几乎完全来自于印度——欧罗巴族系，其中很大部分是由罗马人、印度人和斯拉夫人提供；事实上，在目前的研究阶段所要面对的问题是：究竟要了解到什么样的地步为止，有哪一些种族是不允许被认为他们的社会本来是按照父权的模型联合起来的。从"创世纪"的前几章中所能搜集到的有关于这一类社会的主要特征，在这里我就不一一赘述了，因为我们绝大多数人从小就已经很熟悉这些。这是因为洛克和菲尔美之间论战的结果，在英国的文献中已经有专章来论述这个问题，尽管它们不是很有益的。从历史的表面可以看到的要点是：最年长的男性长辈——最年长的男性尊亲属——无疑在家族中拥有至高的地位。他握有生杀大权，对待他的子女和他的家庭就像对待他的奴隶一样没有任何限制；事实上父子关系和主奴关系的差别似乎仅仅在于，亲子由于血缘关系而拥有较高的地位，终有一天他也会成为一个家庭的主宰者。子女的羊和牲畜就是父亲的羊和牲畜，父亲的财产是以他所代表的身份而占有的，而非以一个个体私人占有的，在他死亡的时候，这些财产在其一等卑亲属中平均分配，长子有时会以长子继承权的名义得到双倍份额，但大部分时候是除了荣誉优先权以外不再赋予任何继承优势。在《圣经》的记载中有一个不那么明显的例子，向我们显示似乎父权的帝国第一次出现了破裂的痕迹。雅各和以扫的家庭分裂开来组成了两个国家；但是雅各的孩子们的家庭却结合在一起成为了一个民族。这看起来就像是一个国家或共和政体不成熟的萌芽，同时也像是权利秩序优先于家族关系的要求。

如果要我为了法学家的特殊目的而尝试去简要地说明人类在其历史的黎明时期所处状态的特征，那么我认为只要引用荷马《奥德赛》中的几行诗句就可以了：

τοῖσιν δ' οὔτ' ἀγοραὶ βουληφόροι οὔτε θέμιστες.
θεμιστεύει δὲ ἕκαστος
παίδων ἠδ' ἀλόχων οὐδ' ἀλλήλων ἀλέγουσιν.

"他们既没有评议会，也没有忒米斯特，但是每一个人对他的妻子和子女都拥有审判权，在他们相互之间则是互相没有关系的。"这些诗句是适用于"独眼巨人"的，并且我猜测，"独眼巨人"就是荷马概念中的一个外国人的典型，来自于欠发达的文明，这种猜测也许并非完全是一种幻想；因为一个原始的共同体对于和自己有着极大不同的习俗的人，往往会感到几乎是自然的憎恶，这种憎恶通常表现为将他们描述成怪物，比如说巨人或者甚至是恶魔（在东方神话中几乎所有的情况都是这样）。然而不管怎样，在这几行诗中浓缩着古代法律事物所能给我们的各种暗示的总和。人类最初是分布在完全孤立的群体当中，这种群体因为对家长的服从而结合在一起。法律是家长的话语，但是这个群体还没有达到我们在本书第一章中所分析的忒米斯特的状态。当我们前进到早期的法律概念已经形成的社会状态时，我们会发现，这些法律概念仍然带着专制家长的命令的这一特征所具有的神秘性和自发性，但是在同时，由于他们是来自于一个统治者，这些概念就预示了一个组织广泛、有许多家族集团组成的联合体。下一个问题是，这种联合体的性质是什么以及它所涉及的部分的亲密程度又是怎么样的？正是在这个意义上古代法律给予了我们最大的贡献之一，并且填补了否则只能用猜测来跨越的一个鸿沟。它在各个方面都明显地表示出原始社会不是像我们现在所设想的那样，是一个个人的集合。实际上，在组成它的人们看来，它是一个众多家族的集合体。假如说一个古代社会的组成细胞是"家族"，而一个现代社会的组成细胞是"个人"，那么这个对比也许就能更强烈地表现出来。我们必须明白在古代法律中这个差别有着重大的后果。法律这样组成是为了要适应一种小的独立团体的制度。因而它的数量并不多，因为可以有家长的专制命令来补充。它也十分讲究仪式性，因为它所处理的事务往往是类似于国际关系那样的事情，而迅速处理个人之间交往的事务则少得多。而且很重要的是它还具有一种特性，虽然这种重要性在目前还不能全部表现出来。它所持有的关于人生的看法和发达的法学中所表现出来的截然不同。团体永生不灭，因而原始法律将它处理的实体也即宗法或家族集团，视为是永久的和无法消灭的。这种观点和远古时代道德品性所表现出来的特有方面，有着密切的联系。个体道德的升降往往表现得和其所属的集团的优缺点混同在一起，或是处于次要的地位。如果共产体犯下了罪过，那么这种罪恶比它的成员所犯下的罪行的总合还要大；这个罪行是一个集团行为，其后果所涉及的人员要比实际参与犯罪的人多得多。如果反过来，个体犯下了显著的罪行，那么他的子女、他的亲族、他的族人甚至是他的同胞都要和他一起受罚，有的时候甚至是代替他受罚。因此有关于道德责任和道德报应的观念，在远古时期远较进步时期明白，因为既然家族集团是不朽的，其要承担的惩罚的义务也是无期限的，而原始人就不会像后来被视为完全和集团分离开来的个人那样，被种种问题所困扰了。早期希腊有关遗传诅咒的观念，标志着古老和简单的对于事物的看法开始向后来的神学和形而上学的解释所转变。罪犯的后裔从初始罪行中所获得的诅咒不是受惩罚的义务，而是重新犯下一个罪行并且得到相应的报应；于是家族的责任和新阶段产生的思想，即犯罪后果只限于实施犯罪者的思想，获得了调和。

假如我们能够根据前面所谈及的《圣经》上提供给我们的暗示得到一个一般的结论，并假设，当一个家族的族长死亡而这个家族仍能够继续存在而不是分裂，这时共产体就开始存在了，那么我们就很容易得出社会起源的解释。在希腊和罗马大部分地区，长期存在着一系列上升集团的痕迹，而"国家"一开始就是从这些集团中产生的。罗马人的"家族""氏族"以及"部落"都是这些上升集团的典型，根据它们的描述，我们只能把它们想象成为从同一

第五章

个圆心开始逐步扩张形成的一个同心圆的集合体。而基本的集团是共同从属于最高的男性尊亲属而联系在一起的"家族"。许多"家族"的集合体形成了宗族或者氏族。许多"氏族"的集合体构成了"部落"。而许多"部落"的集合体就构成了"共和政体"。根据这些迹象我们是否可以认为,共和政体是因为原始家族祖先的共同血统而联系在一起的许多人的一个集合体？关于这一点我们也许至少能够肯定的是,即所有的古代社会的成员都认为他们来自于同一个祖先,除此以外,他们虽然十分努力却仍然无法想出他们之所以会在同一个政治团体中的其他任何理由。事实上,政治思想的历史是从这样一个假定开始的,即血缘的亲族关系是共产体的政治作用的唯一可能的基础；也没有其他任何一种我们强调为革命情绪的颠覆,其惊人和完全的程度能够比得上其他原则——比如说所谓的地方毗邻——首次成为共同政治行为的基础的变化程度。因而我们能够肯定地认为在早期的共和政体中,所有的公民都认为他们政体中所有的成员集团都有着相同的血统。凡是对于"家族"而言显然是正确的东西,便会认为首先对于"氏族"、其次对于"部落"、最后对于"国家"而言都是正确的。可是尽管我们发现有以上这样的一个信念,或者我们可以称呼它为这个理论,但每一个共同体所保存的记载和传统却非常明显地表示出这个基本假设是虚假的。不管我们观察的是希腊各个邦国或是罗马,还是提供了尼布

古代法

尔许多有价值的例证的笛脱麻希的日耳曼贵族政治，或是凯尔特的部落联合体，抑或是斯拉夫俄罗斯人和波兰人只在后来才引起注意的奇怪的社会组织，在每个地方我们都能发现在他们的历史中，存在着允许外国血统加入并且最后同化在原来的血统当中的事实。如果单独观察罗马，我们也能够发觉，这个原始集团即"家族"由于收养的习俗而不断地掺杂进不同血统的人，而且也始终不断地流传着各个将原来的"部落"之一驱逐出境以及某个古代国王大量增加各"氏族"成员的故事。国家的组成被一致假设为是自然的，然而实际上其绝大部分却是人为的。这种在信念或者说理论同明显的事实之间的相互抵触乍看起来是极其令人费解的；但它真正想要说明的是"法律拟制"在社会的幼年时期是怎样发挥其功效的。应用得最早和最为广泛的法律拟制是允许以人为的方式来建立家庭关系，而我以为，没有比这个拟制能让人类受惠更多了。要是没有这种拟制，那么不管什么性质的原始集团都没有办法吸收另一个集团，也不管什么样的条件两个集团都不会联合起来，除非其中一方占有绝对的优势而另一方只能被征服。毫无疑问，如果我们用现代的想法来猜想几个独立的共产体的联合，我们能够提出上百种方法来达到这个目的，最简单的方法就是要联合的集团的个体按照地区远近在一起投票或者举行活动；但是如果一群人仅仅因为恰巧居住在同一区域就要行使共同的政治权利，这种想法对于原始的古代

第五章

社会而言十分奇怪而且荒谬。在那个时代想要受到欢迎的权宜之计是，新进来的人群应当假装他们自己是要加入的族群的祖先的后代；而正是这个拟制的善意以及它看上去如此接近于真实，使得我们今天很难理解。但是我们必须记住的一个重要情况是，形成不同政治集团的人有定期集会的习惯，目的在于用共同的祭祀确认他们之间的联系，并且使这种联系神圣化。被同化于这个团体中的异乡人无疑也会被允许参加这些祭祀；而我们可以相信一旦这些异乡人这样做了以后，他们就很容易、或者没有什么困难地就拥有了共同的血统。因此据这个证据可以得出结论，并不是所有的早期社会都是由同一先祖的后裔组成的，但是所有持久的和团结的早期社会，要么来自同一个先祖，要么自己假定为来自同一先祖。原始集团可能被无数的原因粉碎，但是不管怎样当它们的成分重新联合起来时，它们又会以亲族联合的形式和原则来联合。不管事实是怎样的，所有的思想、语言和法律都会为了适合这个假定而进行调整。然而尽管在我看来，就那些我们熟悉其记载的共产体而言，所有这些似乎可以成立，但是他们历史的其他部分证明了前面提出来的论点，即这个最有力的"法律拟制"基本上只起着暂时的和有限的影响。到了某一个时期——也许是一旦他们感觉到自身的力量足以抵抗外来的压力时——所有这些国家就立即停止用扩张血亲范围的方法来增加新成员。因此，当有新的群体由于任何原因而集结在他们周围却不能提出源于同一始祖的理由时，他们在这种情况下必然成为"贵族"。他们严格遵循着一个制度的主要原则，在这个原则下人们除了因为真正的或人为的血缘关系以外，没有办法以其他方式获得政治权利，因而教导了那些弱者另一个已被证明为具有高度生命力的原则，也就是地方毗邻原则，这个原则现在已经被公认为是共产体的政治职能的一个条件。于是一套新的政治观念立即产生了，这些不但是我们自己的观念，也是我们同时代人的观念，而且在很大程度上也是我们祖先的观念，所以就使得我们对于那些被他们驳倒和废黜的旧理论的理解变得模糊不清。

我们所能想象的古代社会虽然多种多样，但是"家族"是它的典型；这里所说的家族，和现代人理解的家族含义并不完全相同。为了明白古代的概念，我们就必须把我们的现代观念做些重要的增加和重要的限制。我们必须把家族看做一个因为吸收外部人口而不断扩张的一个团体，也必须把收养的拟制看成和真正的血缘关系是非常类似的，因此不论在法律上还是在人们的观念中，真正的血缘关系和收养关系之间没有丝毫区别。从另一方面来说，在理论上由于共同血统而混合在一个家族中的人们，在实际中联合起来的方法是他们共同服从于一个最年长的尊亲属如父亲、祖父或者曾祖父。一个族长所享有的宗法权，是家族集团观念中的一个必要因素，和家族集团是由他所产生的事实（或者假定事实）同样的必要；因此我们必须明白，不论什么人，尽管由于血缘关系应当包括在同族之内，但如果他们在事实上离开了其统治者的支配范围，那么早在法律创建伊始他们就被认为已经不属于这个家族了。我们在原始的法学的发轫时期所遇到的就是这种宗法的集合体——近代的家族就是这样一方面在缩小而另一方面又在扩张。家族也许比"国家"、比"部落"、比"氏族"更加古老，但是它在"始祖"和"部落"已经被长久遗忘、在血缘早已和国家的组成没有什么关系以后，仍然在私法上留下了自己的痕迹。在法学的各个部门中都有烙印可以发现它；而且我以为，它可以被称作这些部门中诸多最重要和最长久的特征的真正渊源。从一开始我们就可以从最古老的法律的各种特征中得出这样一个结论，即在权利和义务制度上，有关于家族集团的观点和我们现在在全欧洲流行的有关于对个人的观点完全相同。即使在现在我们仍然能够观察到这样的社会，除非它们的法律和习惯被假定为还没有脱离这种原始状态，否则就很难加以说明；但是在环境较为幸运的共产体中，法学的结构已经开始逐渐解体，而如果我们足够仃细地观察解体过程的话就可以看出，这种瓦解主要发生在受家族原始概念影响最深的那部分制度中。在一个非常重要的例证——罗马法中，变化发生得非常缓慢，以至于从一个时代到另一个时代我们可以观察到变化所遵循的路线和方向，而我们甚至可以稍稍说出这些变化所趋向的最终结果。并且在进行这个最后的研究时，我们本身也不会受到把现代社会和古代社会分隔开来的想象屏障的阻挠。经过提炼的罗马法在同原始的野蛮惯例混合后，形成了我们所知的以名不副实的封建制度为名的混合物，而这个混合物的后果之一就是使在罗马世界早已消亡的许多古代法学的特性开始复兴，因而那似乎已经终止的分解过程又再度开始，并在某种程度上延续到了现在。

最古老的社会的家族组织在少数法律制度学中留下了清晰又显著的标志，表明了"父亲"或是其他祖先对于卑亲属的人身和财产享有终身的控制权，为了方便起见，我们用它后来在罗马的名称也就是"家长权"来称呼它。在人类的原始联合中，没有哪种特征会像这种权力一样被这样大量的证据所证明；同样也没有哪种特征像这种权力一般更为普遍地迅速从进步社会的惯例中消失。在安东尼时代写作的盖尤斯认为这个制度是罗马所独有的。确实，如果他看看莱茵河或者多瑙河沿岸那些曾经引起和他同时代一些人的好奇心的野蛮部落，他将会看到最粗野的宗法权形式的例子；在远东有一支和罗马人来自于同一个种族的族群，也正按照其最精巧的细节在重复施行着"家长权"。但是在公认的包括罗马帝国境内的各个民族中，除了在亚细亚迦拉太，盖尤斯不可能再找到像罗马"家长权"那样的制度了。在我看来，祖先的直接权威之所以在大多数进步社会中会在短期内减少，少于其在最早的状态中所拥有的程度，是有许多理由的。未开化的人们对于他们的父亲绝对顺从，这无疑是一个主要的事实，如果只说这样对他们有利并不能轻易地解释清楚这个事实；但是同时，假如说儿子服从父亲是一种天性，那么儿子希望父亲拥有超凡的体力或者卓绝的智慧同样也是出于天性。因此，当社会的环境仍然是体力和智力都具有特殊价值时，就会有一种影响力使得"家长权"限制在那些强壮并且有能力的人手中。我们看到有组织的希腊社会的第一印象也许是非凡的智慧能让体力已衰退的人仍然保有其家长权；但在《奥德赛》中，尤利西斯和莱安第斯似乎可以表明，当儿子兼有非凡的勇猛和睿智时，年已衰老的父亲的家族首领的地位是可以被废黜的。成熟的希腊法学中的规定又比荷马史诗中所暗示的实践向前迈进了几步；尽管仍然保留了许多严格的家族义务，但是父亲的直接权威在欧洲的法典中同样被限制，只能用于未成年的子女，或者换而言之，被限制在这些子女的体力和智力还未成熟的特定时期内。但是这时罗马法有一个显著倾向，就是为了迎合共和政体的急需而改革古老的惯例，在我看来它一方面保持了原始制度，另一方面却保持了它曾经有的自然限制。当涉及有关有生命的事情时，家庭之子或"在父权下之子"就能够得到和他父亲一样的自由。在罗马法学中有这样一个格言，"家长权"并不抵触"公法"。父亲和儿子在城市中一同选举，在战场上并肩作战；的确，当儿子作为一个将军的时候可能会指挥他的父亲，作为一个地方法官的时候可能会审判他父亲的契约案件和惩罚他父亲的失职行为。但是在"私法"创造的一切关系中，儿子却必须生活在到最后还保持着严酷的家庭专制之下，而且这种家庭专制持续了很多个世纪，从而成为法律史中最奇怪的问题之一。

罗马的"家长权"必定是原始父权的典型，但是不管是出于对人的影响的考虑还是出于对物的效果的考虑，我们都很难将它作为文明生活的制度来理解。遗憾的是，在它的历史上曾经存在的那个鸿沟到现在已经更加无法完全填满了。按照我们得到的材料，在人身权上父亲对儿子掌握有生死之权，更不用说无限制的肉体惩罚权了；他可以按自己的喜好来变更他们的个人身份；他可以为儿子娶妻，也可以将女儿嫁出去；他可以命令他的子女离婚；他可以用收养的方式使子女成为其他家族的成员；甚至他可以出售他们。后来在帝国时期我们仍然可以发现所有这些权力的痕迹，只是已经缩小在极其狭小的范围内。毫无限制的家庭惩罚权已经变成把家庭犯罪移交给民事地方法官审判的权利；主导婚姻的特权已经下降成为一种有条件的否定权；出售子女的自由在实践中已经被废除，至于收养在查士丁尼的改良制度中几乎丧失了它在古代的重要性，如果没有得到子女的同意就没有办法将权利转移给养父母。简而言之，我们已经非常接近最后盛行于现代世界的各种观念的边缘了。但是在这些相隔遥远的年代间存在着一个阴

第五章

暗的间隔，而我们也只能猜测"家长权"之所以能这样长期持续，原因在于它比看上去的较为能够容忍。就算不取消父亲的权威，儿子积极完成他对国家肩负的各种义务里最重要的义务也会使这种权威被削弱。我们很难说服自己，如果对一个成年的高级民事官员行使父权专制不会引起极大的丑闻。不过在较早的历史中，这种在实践中父权不起作用的事例，要远远少于在罗马共和国时期因不断发生战争而引起的事例。那些在早期战争中每年有四分之三的时间奔波于战争的军事护民官和士兵，以及后来统治一个省的地方总督和驻扎的军团兵，实在没有任何实际理由能让他们认为自己是一个专制主人的奴隶；而在当时，所有这些从"家长权"中逃离的道路有不断增加的趋势。胜利迎来征服，征服带来占领；以殖民的方式来占领改变了在各省配驻常备军的制度。而每向外扩张一步，就需要召唤更多的罗马公民移居国外，就需要在成员不断减少的拉丁民族进行一次新的征募。我认为我们可以推定，等到帝国建立、四海平靖之时，一定会有要求改革"家长权"的强烈情绪。最早大力打击这个古代制度的是早期的几个恺撒，而图拉真和汉德林所做的几次独立干涉似乎又为后来一系列明确的立法做好了准备，尽管我们没有办法断定这些立法的时间，但我们知晓这些立法在限制了家长权的同时又增加了主动放弃这种权利的种种便利。一种较为古老的消灭"家长权"的方式是儿子已经被出卖过三次，我以为，

| 古代法

这是个证据证明在很早以前人民就感觉到没有必要延长这种权利。这一条规定宣告儿子在被父亲出卖过三次以后就应当获得自由,其本意是为了惩罚这种连道德观念还不是很完善的原始罗马人都厌恶的实践行为。但是就算在《十二铜表法》公布之前,由于法学家的机智,如果父亲同意终止家长权的话就能利用这个方法消灭它。

毫无疑问我们没有办法在历史的表面中找出许多帮助减轻了父权对子女人身权严酷执行的原因。我们无法断定公共舆论到底能使一种法律所确定的权威瘫痪到何种地步,或者亲子之情的道德能使它被忍受到何种程度。然而,尽管对人身的控制权力在后来可能都变得有名无实,但直到现在还残留的罗马法学的所有要旨都在暗示,父亲对于儿子的财产所享有的权利,则是自始至终毫无折损地在法律所能允许的限度内被行使着。这些有关财产的权利的涉及范围之广没有什么可令人惊讶的。古代罗马法禁止"父权之下的儿子"和父亲分开持有财产,或者(我们宁可说)绝对不考虑儿子有可能主张一种独立的所有权。父亲有权得到儿子的全部取得物,并且享受儿子契约的利益而不承担任何赔偿责任。我们从最古老的罗马社会的组成中只能得到这些,因为除非我们假设原始家族集团的成员应当把他们的各种收入放在共有财产中,同时他们又不能用事前没有考虑过的个人债务拘束它,否则我们很难建立原始家族集团的概念。"家长权"真正让人费解的地方其实并不在

第五章

这里，而在于父亲的这些财产特权被剥夺得太慢了，以至于在这些特权被大刀阔斧地缩减之前，全部的文明世界就已经被卷入这些特权范围之内了。这种情况一直没有做过任何改变，直到帝国初期士兵的取得物才可以不受"家长权"的影响，而这一结果无疑是推翻自由共和政体的军队的报酬的一部分。在三个世纪以后，同样的免除也扩张适用在国家文官的收入报酬上。这两种改变在应用时当然是有限制的，而且它们在技术上采用了尽量避免触及"家长权"原则的形式。罗马法在过去一向承认有某种有限的和非独立性的所有权，奴隶以及在"父权下的儿子"的津贴和储蓄并不强制在家庭的账目之内，这种特许财产有其专有名称"特有产"，适用于从"家长权"中解除出来的取得物，而属于军人的称为"军役特有产"，属于文官的则称为"准军役特有产"。以后对家长权的其他变更在表面上看来对古代原则已经不像过去那样尊重了。在采用"准军役特有产"制度以后不久，君士坦丁大帝便取消了父亲对儿子从母亲那儿继承来的财产拥有的绝对所有权，把它缩小为一种用益权或者终身的收益。在西罗马帝国还有少量不是很重要的变化，而最大的变化发生在东罗马帝国的查士丁尼大帝时代，他制定的法律规定，除非儿子的取得物是来自于父亲本身的财产，否则父亲对这些取得物享有的权利只能限制在他活着的时候产生的孳息范围内。罗马的"家长权"虽然已经变得极度宽松，但是罗马的制度仍然远较现代世界中的任何相似制度严格和丰富。法学最早的现代作者认为，只有较为残暴和粗鄙的罗马帝国的征服者、特别是斯拉夫民族的各国才会有类似《学说汇纂》和《法典》中叙述的这种"家长权"。所有的日耳曼移民好像都承认一个家族团体在门特或者族长权的控制下；但族长的权利很明显只是一种腐朽的"家长权"的遗迹而已，和罗马人的父亲所能享有的权利是远远不能比的。在这里要特别提一下法兰克人，他们没有受到这种罗马制度的影响，因此上了年纪的法国法学家在用罗马法规则填补野蛮习惯的空隙、忙得不可开交时，还必须要用一句有名的格言"在法兰西父权是不能替代的"来保护自己，不至于让"家长权"侵入。罗马人很顽强地保存着他们这个最古老状态的遗迹这一点本身是值得注意的，但更值得注意的是"家长权"在一度绝迹后又在全部文明世界广为流行这个事实。当"军役特有产"还不过是父亲对儿子的财产行使权力的唯一例外以及父亲对于儿子的人身控制权还是极为广泛的时候，罗马的公民权以及随之产生的"家长权"正在被传播到帝国的每一个角落。每一个非洲人或者西班牙人、每一个高卢人、不列颠人或者犹太人，因为赠与、购买或者继承而得到了这种公民权的光荣时，也同时表示他将受到罗马"人法"的管辖，而尽管我们的权威学者暗示，那些在取得公民权前生下的孩子是不能违背他们的意愿用"家长权"来管制他们的，但是在这以后出生的子女以及所有他们之后的卑亲属的地位都应当是罗马家庭之子。后期罗马社会的构成本不在本书的研究范围之内，但我不妨在这里说明，有些人认为安托宁那·卡茨卡拉规定的把罗马公民权赋予其所有臣民的举措并不重要，这种观点是没有根据的。不管我们怎么解释这个行为，它必定无疑在很大程度上扩张了"家长权"的范围，而且在我看来它使得家族的联系更加紧密，而这正是一种我们应当比以前更关注的、能说明正改变着世界的浩大道德革命的媒介。

在离开我们主题的这个问题之前，应当观察到"家长"应对"在父权下的儿子"的不法行为（或者侵权行为）负责。他同样也对他的奴隶犯下的不法行为要负一样的责任；但在这两种情形下，他最初享有一种特别的权利，就是把犯罪者本人交出去作为损害赔偿。这样的"家长"因为儿子的原因而承担责任，加之父亲和"在父权下的儿子"两者互相之间不可以提出控诉，因此有些法学家认为用"家长"与"家庭之子"之间存在着一种"人格统一"的假设来说明这种情况是最佳的。在"继承"一章中，我将会说明这种"统一"在什么意义和什么限度内可以被认为是一种现实。而目前我只需要说明："家长"的这些责任以及以后要讨论到的一些其他法律现象，在我看来都是与原始的族长所享有的权利相对应的某种义务。我认为，假如他有绝对处分他的部族同胞的人身和财产的权利，那么为了和这种具有代表性的所有权相适应，他也应当有用共同基金供养同族所有成员的责任。困难在于，当我们想象"家长"这种责任的性质时，必须充分摆脱我们习惯性的联想。这不是一种法律义务，因为法律还没有渗透到"家族"中来。而要把它称作为道德上的也还言之过早，因为道德观念是属于后来阶段的智力发展；对我们而言称其为"道德义务"就已经绰绰有余了，但是应当被理解为自发服从的、依靠本能和习惯去履行而非靠明文制裁强制实行的义务。

"家长权"从它的正常状态而言，不是而且在我看来也不可能是一种大体上能够持久的制度。因此我们如果仅仅从它本身来思考的话，说它以前就具有普遍性的证据是不完全的；但是如果研究一下古代法律中的其他法律部门，会发现它们在本质上依赖着它、被一条不是每个人都能从它所有方面看到的线索联系着，就能够获得更多的证据。我们可以试着拿亲属关系作为例子，或者换句话来说，以古代法学中衡量亲属间亲疏远近的亲等为例。在这里最方便的方法又是运用罗马的术语，即"宗亲"和"血亲"关系。血亲关系就是为现代观念所熟悉的亲属关系的概念；这种亲属关系由一对夫妇生出共同的后裔而发生，不管这后裔来自于父系还是母系。宗亲关系和这个完全不一样；许多在我们今天看来理所当然是我们亲属的人却不被包括在内，而同时却又包括了更多我们今天绝不会计算在亲属关系内的人。这是一个最古老的时代的观念而真实地存在于家族成员之间的一种关系。这种关系的范围远远不同于现代亲属关系的范围。

因此,"血亲"指的是能从血统上追溯到一个单独的男性和女性祖先的一切人;或者我们用罗马法中精确的专门意思来说,他们是一切从血统上追溯至一对具有合法婚姻的夫妇的人。"血族"因此是一个相对的术语,它所表示的血缘关系的远近要视被选为计算起点的特定婚姻而定。假如我们从父亲和母亲的婚姻开始计算,"血族"只包含了兄弟和姐妹的亲属关系;但假如我们从祖父和祖母的婚姻开始计算,则叔伯姑母及其后裔也要包括在"血族"的概念之内。按照同样的方法,只要在族谱上选择的起点越高,那么我们将得到更加多的"血亲"。一个现代人很容易就能理解这些。但是"宗亲"又是哪些人呢?首先,他们是从父系方面追溯到的"血亲"。为了画出一张"血亲"世系表,当然要一次只选择一个直系祖先,并且把他所有的男女两性的卑亲属都包括在一张图表内;那么如果在追溯这张家系表或家系树的不同支脉时,每看到一个女性的名字时就会立即停下来而不继续在该特殊的支脉或分支上追溯,排除了女性的所有卑亲属以后所遗留下的人就是"宗亲",而他们之间的相互关系就是"宗亲"关系。我之所以要稍微提一下这个在实际上把他们从"血亲"中排除出去的过程是为了说明一句著名的法律格言"一个女性是家族的终点"。一个女性名字出现的地方,家系中的有关支脉或分支就将终结。在原始观念中女性的后裔不包括在家族关系中。

如果我们研究的古代法律体系是一个允许收养的体系，那么"宗亲"中还必须将家族中人为扩大的范围计算到人口中去，不管是男性还是女性。但是这些人的卑亲属如果能满足上面所提及的各种条件，那么他们只会是"宗亲"。

那么是什么原因决定了这种专断的包含和排除？为什么这个"亲属关系"的概念在一方面非常富有弹性，连因为收养而进入家族的陌生人都可以接受，另一方面却又是那么狭隘，把所有女性成员的后裔排除在家族之外？要想解决这个问题我们必须又回到"家长权"。"宗族"的基础并不是"父亲"和"母亲"的婚姻，而是"父亲"的权威。被同一"父权"所统治的所有人，或者曾经被它所统治的所有人，如果他们的直系祖先的寿命长到足以建立起他的王国，那么所有这些人都因为是"宗族"而联系在一起。事实上在原始的观点中所谓的"亲属关系"就是限制在"家长权"下的。"家长权"开始存在了，"亲属关系"也开始；因此收养关系被包括在亲属关系中。当"家长权"结束了，"亲属关系"也结束；所以一个被父亲所解放的儿子就丧失了一切身为"宗亲"的权利。这也就是为什么女性后裔不在古代亲属关系范围之内的理由了。假如一个女性还没有结婚就死亡，那么她就不可能有合法的卑亲属。而在她结婚以后，她所生的子女便在她的丈夫而不在她父亲的"家长权"的管辖范围内，这样她的子女就不属于她自己的家族了。很显然，如果有人自称是他母亲的亲属的

第五章

亲属，那么原始的社会组织就会变得一团混乱。这就意味着一个人可能会被置于两个不同的"家长权"之下；但是不同的"家长权"有不同的管辖范围，那么这个同时属于两个管辖权的人必将生活在两种不同的统治之下。既然"家族"是帝国内的一个主权体、是共和政体下的一个共产体，由它本身以父亲为源头的制度所统治，那么将亲属关系限于"宗亲"，正是避免在家庭法庭上发生冲突的一个必要保障。

"父权"本身因父亲的死亡而消灭，但是"宗族"好像是一个模具一般在"父权"消亡以后还留下印记。这就是为什么研究法律史的人会对"宗族"感兴趣的原因。只有在少数几块古代法律的纪念碑上才能发现"父权"，但是几乎在所有地方都能看到意味着父权曾经存在过的"宗亲"关系。在隶属于印欧体系的各个共产体的土著法律中，其最古老的结构部分显示出明显能归于"宗族"的特性。比如在有浓厚家族依附原始概念的印度法中，亲属关系全然是"宗亲"式的，据我所知在印度的家谱中，所有女性的名字一般而言都是被完全省略的。在许多蹂躏罗马帝国的民族的法律中普遍存在着对丁亲属关系的相似见解，就好像真的是它们原始管理的一部分；而且我们不妨假设要不是后期罗马法对现代思想产生的重大影响，只怕到现在它还会在当代欧洲法学中被保存得更久。"裁判官"很早就认为"血族"是天然形式的亲属关系，并且不辞辛劳地想把他们制度中的旧观念清理掉。他们的思想流传给了我们，但是仍然可以在许多现代的继承法规定中看到"宗亲"的痕迹。女性及其子女不能担任政府职务的做法，一般人以为是来自于撒利族法兰克人的惯例，但这确实是由"宗亲"关系而起，起源于古日耳曼人关于自主财产的继承规则。在英国法律中有一个直到最近才被废止的特别规定，即只有一半血统的兄弟相互之间不能继承土地，也可以在"宗亲"中找到解释。在诺曼底的习俗中，这个规定只适用于同母异父兄弟，也就是同一个母亲但是不同父亲的兄弟；这种限制是严格从"宗族"制度中推理出来的，因为在这个制度下同母异父的兄弟间的关系根本不算亲属。而当这个规定传到英格兰时，由于英国的法官并不了解原则的来源，所以把它理解成为普遍禁止半血统的继承，并且把它推导适用于同血统兄弟、即父亲相同而母亲不同的几个儿子之间。在所有伪装成为法律哲学的著作中，布莱克·斯通有篇诡辩的文章试图对半血统被排斥的现象进行解释并证明它的正当性。这篇文章十分古怪。

我认为因此可以知道这个由"家长权"联系起来的"家族"是孕育出所有"人法"的摇篮。在"人法"的所有篇章中最为重要的是关于女性身份的一章。刚才已经提及"原始法学"尽管没有确认一个妇女能把任何"宗亲"权利传给后裔，但是她本人确实包括在"宗亲"范围之内。事实上，一个女性和她出生的家族之间的关系，应当比她

第五章

和男性亲属联系在一起的关系更加严格、亲密和持久。我们曾经几次说过早期的法律只重视"家族";也就是说它只重视行使"家长权"的人;因此父亲死亡后解放儿子或者孙子所遵循的唯一原则,是这个儿子或者孙子有没有能力成为一个新家族的首领和一套新的"父权"的根本。一个女性当然不具备这种能力,因而她也就没有办法获得法律所赋予的自由的权利。因此,古代法学用一种奇特的设计使她终生留在"家族"的范围内。这就是最古老的罗马法中提及的"妇女终身受监护"的制度,这个制度规定一个"女性"虽然因为父亲的死亡从父权中解脱出来,但仍应当继续终身服从于最亲近的男性亲属、或者她"父亲"的继任者,并以他为"监护人"。"终身监护制"很显然是"家长权"不折不扣的一种人为延续,虽然当时"家长权"的其他方面已经被完全取消了。这个制度在印度被完完整整地保存了下来,并执行得非常严格,以至于一个印度母亲常常被自己的儿子所监护。甚至在欧洲,直到不久以前所有斯堪的纳维亚各国的法律中有关妇女的规定还保留着这种制度。西罗马帝国的入侵者在其土著习俗中普遍有这种制度,他们所有有关"监护制"这个主题的观念,实际上是他们带入西方社会的各种观念中最为倒退的一种。但是这种制度在成熟的罗马法学中已经完全消失。假如我们只能参考查士丁尼所编纂的法律的话,我们将几乎全然不知这种制度的存在;但是发现盖尤斯的手稿令我们看到了这

古代法

个制度，而且是它面临完全失信和濒于消亡最有趣的时代。这个伟大的法学家嘲弄了一般用于替这个制度狡辩的所谓女性的智力低劣的说法，并且在他的著作中有很大一部分用来说明罗马法学家提出的使"妇女"能够反抗古代规定的方法手段，而这些方法中的一些是具有独创性的。这个时期的法学家在"自然法"理论的指导下，明显地以性别平等作为其衡平法的一个原则。我们能够观察到他攻击的是对妇女处分财产的限制，因为在那时妇女处分财产仍然要取得其监护人的正式同意。至于对其人身的支配权很显然已经早就废止了。

"古代法"使妇女从属于她的血缘至亲，而现代法律的主要现象是把她从属于她的丈夫。这种变化的历史很不寻常。这个历史远在罗马的纪年史中就开始了。在古代按照罗马的习俗有三种缔结婚姻的方式，一种是用宗教仪式，另外两种是按照世俗的仪式进行。宗教婚姻叫做共食婚；民间婚姻的高级形式叫做买卖婚；低级形式叫做时效婚，丈夫通过这些婚姻取得了多种有关妻子的人身和财产的权利，总体而言，这种权利超过任何现代法学的制度能够给予他的。然而，究竟是什么能力使他获得了这些权利呢？他不是以丈夫而是以"父亲"的能力取得的。通过"共食婚"、"买卖婚"和"时效婚"，妇女处在丈夫的监护下，也就是说，在法律上她成了她丈夫的"女儿"。她被包括在她丈夫的"家长权"中。她承担着"家长权"存在时产生以及消亡后仍然存在的所有义务。她的一切财产绝对地属于她的丈夫，在他死亡后她便由丈夫的遗嘱所指定的监护人来保护。但是这三种古代的婚姻形式渐渐被废弃不用，在罗马最强大光辉的时期它们几乎完全被另外一种婚姻所取代——显然是老式的婚姻，但是到现今还没有什么好名声——一种低级的经过修正的民间婚姻。我想没有必要详细说明这种已经成为现在普遍流行的制度的专门结构，需要描述的只是：在法律上它不比把妇女当做暂时寄存在家族中的物品好多少。家族的权利没有受到丝毫损失，妇女继续在其父亲指定的监护人的保护之下，而监护人的支配权在很多实际问题上甚至比她丈夫的低级权力还要大。结果是，不论已婚的罗马女性还是未婚的罗马女性，成为在人身权和财产权上都有了巨大的独立地位的人，因为像我前面已经暗示过的，后期法律趋向于将监护人的权力逐渐削减到无，而流行的婚姻形式也并没有把补充的优先权赋予她丈夫。但是基督教似乎从一开始就想要压制这种明显的自由倾向。起初出于对腐朽的异教世界的放荡行为的合理厌恶，而后来则被禁欲主义的热情所催促，信仰这个新兴宗教的专家们很不喜欢这种婚姻，它实际上是西方世界所仅见的最松散的一种婚姻关系了。而最后的罗马法因为曾经和基督教皇帝的宪令接触过，因此带有反对这些伟大的安东尼法学家自由学说的某些痕迹。但是流行的宗教情绪可以解释，历经蛮族征服的熔炉锻造并由罗马法学和宗法习俗的融合所形成的近代法学，为什么会在其初期过多地吸收一些不甚文明的社会中有关妇女地位的规定。在开启了近代史序幕的混乱时代里，日耳曼和斯拉夫移民的法律对外省居民来说像是重叠在罗马法上的隔层，这些统治民族的妇女到处都在各种古代监护制之下，丈夫要从他本族以外的任何家族娶妻都必须交纳聘金给她的亲属作为代价，这样才能从他们那里取得监护权。而当我们继续往前看中世纪时，已经形成了合并了两种制度的法典，其中有关妇女的法律也就带上了双重渊源的印记。对未婚女性来讲罗马法学的原则占主导地位，一般来说（尽管在有些地方这个规则不适用）都已经不受家族的束缚；但是已婚妇女的地位是根据蛮族的古代原则规定的，丈夫能以夫的身份取得过去曾经属于妻子的男性亲属所有的各种权力，不同的是他已经不再需要购买他的特权了。因此到了这个时候西欧和南欧的近代法律开始因为一个主要特征而出名，就是在一方面未婚妇女和寡妇拥有相对较多的自由，另一方面却又使主妇们有着沉重的无力感。这种因为婚姻而使妇女处于从属地位的情况要经过很久才能明显消失，而查士丁尼法典化的法学始终是欧洲这种野蛮主义复活的主要和有力的溶剂；因为凡是研究查士丁尼的法学的地方通常都会唤起一种狂热，这种狂热隐秘、但最有效地瓦解了那些在表面上它仅仅是在解释的习俗。但是有关已婚妇女的法律章节的绝大部分不是根据"罗马法"而是"寺院法"

的见解来解释的,"寺院法"对因婚姻而发生的关系的见解和世俗法学的精神之间有着巨大的差别,其程度远较其他方面明显。这多多少少是不能避免的,因为凡是保留着一些基督教制度色彩社会里,很少有已婚妇女能够恢复中期罗马法所能赋予她们的个人自由,但是已婚妇女在财产上丧失能力和在人身权上无能力是建筑在完全不同的基础之上,而寺院法的解释者保留和巩固了前者,因而深深阻碍了文明的发展。有许多迹象表明曾经在世俗原则和教会原则之间发生过斗争,但寺院法几乎在每个地方都得到了胜利。在法国的某些省,地位比贵族低的已婚妇女已经取得了罗马法学所允许的处分财产的所有权力,这些地方性法律的大部分在后来都被《拿破仑法典》采纳了;但是苏格兰法律的状况表明,谨慎顺从罗马法学家的理论不一定能够提高妻子的地位。不过对已婚妇女最严厉的制度一直是那些严格尊重"寺院法"的制度、或者是由于和欧洲文明接触较晚从未废除古代制度的制度。丹麦和瑞典的法律在数百年来一直对所有女性还很苛刻,直到后来仍然比大陆上的法典严苛得多。英国普通法中规定的对财产的无能力的严厉程度也不遑多让,而普通法中的绝大部分基本原则都是来自于"寺院法学家"的法学。普通法中有关已婚妇女法律地位的那部分规定,真的可以让一个英国人对作为本章主体的伟大制度有一个明确的概念。我们只要回想一个纯粹的英国普通法赋予丈夫的种种特权,以及回想一下普通法没有被衡平法或制定法修正的那部分中，妻子在权利、义务和救济几个方面在法律上都必须严格顺从的见解，那么我们就能得到鲜明的有关于古代"家长权"运用和性质的印象。"在父权下的儿子"这一问题在最古老的罗马法和最晚的罗马法之间的差距，与普通法和衡平法学中关于妻子的规定的差距，几乎能被视为是一样的。

如果我们没有看到这两种形式的"监护权"的真正渊源，而在这些话题上采用了普通用语，那么我们一定会以为，"妇女的监护"果真是古代法律制度把权利暂停的拟制推到过分极端程度的例子，而古代法律制度为"男性孤儿监护"所订立的规则恰好是反方向上的错误例证。这些制度都在非常早的时候停止了"男性的监护"。按照其典型的古代罗马法的规定，因为"父亲"或"祖父"死亡而免受"家长权"管辖的儿子应当仍然处在监护之下，直到他满15岁；但一旦到了这个年纪，他就能立刻享有完全的人格权和财产独立。因此，他的未成年时期短促得不合理，就像妇女无权力的持续期间长久得荒谬一样。但是实际上，在形成这两种监护的本来形式的环境中，并没有过分也没有不足的成分。在这两者中，不论哪一方面都丝毫没有考虑公共或私人的便利。男性孤儿的监护本来只是为了庇护他们直到他们拥有自己的判断力，就像妇女的监护的目的在于保护女性不因为她本身的柔弱而受到伤害。父亲的死亡之所以能够使儿子摆脱家庭束缚，原因在于儿子已经有能

第五章

力成为一个新的家族的首领和一个新的"家长权"的建立者；妇女没有可能具备这种能力，所以她就永远不能被释放。因此"男性孤儿监护"不过是一种用来保持其从属于"父亲"的家族假象的手段，直到假定儿童自己能够成为父亲为止。这就是把"家长权"延续到儿子的体力刚刚达到身体成熟时为止。因为严格的理论更当要求它做出直到青春期结束才终止的规定。但是因为它并不要求把受监护的孤儿一直照看到智力成熟或者能处理事务的年纪，那么就没有办法达到一般便利的目的；而这一点罗马人似乎在其社会进步的很早阶段就已经发现了。罗马立法中最早的碑文之一雷多利亚法或柏雷多利亚法，它就设立了一种针对所有成年的和有完全权利的自由男性的暂时管制，这种新类型的监护被称为保佐人，取得保佐人的认可是一切行为或契约有效的必要条件。年轻人的年龄要满26岁是这个法定监督的期限；罗马法中所采用的"成年"和"未成年"这个名词是专门用于25岁这个年龄的。在现代法学中，未成年或者受监护几乎一致专门用于保护那些体力和智力尚未成熟的少年人。等到少年人自己有判断力和辨别力时，未成年或者受监护的状态便自然终止了。但是罗马人对体力虚弱和智力幼稚的保护，分为理论上和形式上全然不同的两种制度。和这两种制度有关的看法已经在近代和对监护的看法重合在一起。

现在为了我们的目的有必要引用"人法"中的另外一

章。在各种成熟的法学体系中，有规定了奴隶主和奴隶的关系的法律规定，但并没有很明显的迹象表明这种原始状态是所有古代社会都有的。但是有理由相信存在着这种例外。在"奴隶制度"中似乎总有一些东西让人震惊或者迷惑，而不论人类是多么不善于回忆，也不论人类的道德本能培养进步得多么微少。古代共产体几乎是在无意识中体验到道德的谴责，其结果往往会产生一些想象的原则来为奴隶制作辩解，或者产生一些至少能作理性辩解的基本原理。在希腊人的历史初期，他们用某个民族天资低劣、天然适合这种奴役状态来解释奴隶制度的基础。罗马人用了同样有特色的精神来解释，他们认为这是胜利者和战败者之间一种假定的协议，前者要求敌人永远为其服役，而后者获得它在法律上已经失去的生命作为交换。这些理论不仅不充分，而且明显与它想说明的事实情况不符。但是这些理论仍然在许多方面有着深刻的影响。它们使"奴隶主"心安理得。它们使奴隶制度一直延续下去并且在某种程度上使"奴隶"的地位变得更低。它们自然有助于将奴隶同家族制度其他方面原本的关系变得隐蔽。这种关系虽然不明显，但是在原始法律的许多部分特别是有代表性的制度——即古罗马的制度中，不经意地表现了出来。

在美国，人们花了很多精力研究早期社会中"奴隶"是否被认为是"家族"成员的问题。存在着这样一种看法，认为答案一定是肯定的。从古代法和很多原始历史资料提

第五章

供的证据里，可以很明显地看到"奴隶"在特定条件下可以称为"奴隶主"的"继承人"或"概括继承人"。这种重要的权利，像我将在"继承"一章中说明的那样，意味着"家族"的管理权和代理权在某种特定的环境状态下可以留传给奴隶。但是美国的论证中似乎存在着这样一个假定，即如果我们承认"奴隶制"曾经是原始的"家族"制度之一，那么这个认识事实上意味着承认现在的"黑奴制"在道德上有辩护依据。然而所谓的"奴隶"本来就包括在"家族"之内究竟代表了什么呢？这并不是在否认奴隶的处境可能是促使人们行动的最卑鄙动机的结果。"奴隶制"的基础毫无疑问就是来自这种简单的欲望，希望利用他人的体力让自己舒适愉悦的一种手段，而这已经存在了很久，就像人类的天性那样古老了。当我们说"奴隶"在古代的时候就属于"家族"的一部分，目的并不是想说明那些将奴隶带进"家族"并留下他们的人们的动机；我们仅仅是在暗示，把奴隶和奴隶主绑在一起的联系，与把集团中的每个成员和族长绑在一起的联系，是属于同一种普遍存在的性质。事实上上述论断造成的后果之一就是在前面已经提过的在人类原始观念中，很难理解除了家族关系以外的个人之间存在任何关系的基础。"家族"首先包括因为血缘关系而属于它的人，其次包括因收养而被接纳的人；但是还有第三种人，他们就是仅仅因为共同属于族长而加入了家族的"奴隶"。因为出生和收养而从属于族长的人的地位在"奴隶"之上,因为按照正常的发展情形,他们会从这种束缚中解脱出来,并且得到他们自己的权力;至于"奴隶",并不会因为他地位卑微而被排除在家族的范围之外,也不会因而使他的地位低到成为无生命的财产,我认为很多遗留下的迹象可以明显证明这一点,比如说在实在没有办法时他们所拥有的继承的古老权利。但是如果因为在早期社会"父系"帝国曾经为奴隶保留过一定的地位,就随便臆测"奴隶"的命运能够得到改变,这种想法是很危险的。更加可能的情形是儿子在实际上被同化为奴隶,而不是"奴隶"分享任何后期社会儿子所得到的那种温情。但是我们有理由相信在那些规定了奴隶制的比较进步和成熟的法典里,"奴隶"生活在保留着某些奴隶制早期状态的制度下所得到的利益,要远远多于那些生活在采用其他降低奴隶社会地位的理论的制度下的奴隶。由此可见,法学对奴隶抱有的态度始终对他们有着巨大的影响。由于"自然法"理论的影响,罗马法中将奴隶被视为一件财产的趋势得到了扼制,因而在所有深受罗马法学影响并存在奴隶制的地方,奴隶的状态从来没有不幸到不堪忍受过。我们有大量证据能证明在美国凡是以高度罗马化的路易斯安那州法典为法律基础的州,因为恐慌的影响联邦法被新的制定法所覆盖,黑人的命运和前途都得到了较多的尊重。而那些生活在以英国普通法为基础的制度下的奴隶的命运则悲惨很多,因为根据最近的解释,在英国普通法上"奴隶"

没有真正的地位，因此也就只能被视为一件动产。

到现在为止，我们已经研究了古代"人法"中所有属于本书范围的部分，而我相信得到的结果可以进一步明确我们有关于法学萌芽时期的有关观点。各国的民法在最初出现的时候，是拥有宗法主权的"忒米斯特"，而且我们现在可以看到这也许只是人类更早时期的状态中一种不负责任的命令的发展形式，这种命令是由每个独立家族的族长向他的妻子、儿子和奴隶任意提出的。但是就算在国家建立之后，法律的使用仍然是极其受限的。不管是还保留着"忒米斯特"这种原始状态的法律，还是已经进步到"习惯或法典化文本"的状态的法律，他们的拘束力只针对"家族"而不是个人。用一个不是很合适的比喻来说，古代法学就像"国际法"一样，目的不过是为填补作为社会基本微粒的人集团之间的缝隙而已。在处于这种境地的共产体中，议会的立法和法院的审判只对家族的领袖有效，至于对家族中的其他个人而言，家庭的法律才是他们的行为准则，家长是立法者。然而民法的范围在一开始的时候虽然很小，后来就渐渐不断扩大。拟制、衡平和立法等法律的手段依次开始改变原始制度，每一个发展的过程中必定有大量的人身权利和大量的财产权从家庭法庭的管辖之下转移到公共法庭的管辖权里。政府的法令逐渐对私人问题像对国家事务那样取得了相同的效力，不再被每个家庭所崇拜的专制命令所践踏。我们可以在罗马法的纪年史中看到

古代法

一段几乎完整的历史，有关于一个古代制度是如何被逐渐毁灭的以及各种材料又再次形成了各种新的制度，这些新制度有的保持了原来的状态一直流传到现代世界，也有的在黑暗时期接触到蛮族而被摧毁或侵蚀直到最近才重新被人所恢复。自从罗马法学在查士丁尼时代经历了最后的一次解释，只有一条条款为活着的"家长"保留了广泛的权力，其他古代制度的迹象已经很难找到。到处都能看见便利、对称或者简化的原则——不管怎样都是新的原则——夺走了那些能满足古代道德的枯燥空洞的思想的权威地位。到处都用一种新的道德观念来代替和古代习俗相一致的行为规则和默许理由，因为在事实上这些规则和理由都是从古代习俗中产生的。

所有进步社会的运动在某一方面都是一致的。在它的发展过程中有一个特点很明显，就是家族依附被逐渐消灭而对它个人义务不断增长。"个人"稳定地代替了"家族"成为民事法律考虑的对象。这种发展以不同的速度完成，有些社会表面上看来停滞不前，但事实上却不是那个样子，只要观察这些社会所反映的各种现象，就能看出社会中古代组织正在瓦解。但是不管前进速度是怎样的，这种变化从未遭到过反击或者后退，只有在吸收了全然异国的古代观念和习惯的特殊时刻，才会发生明显停滞不前的现象。我们也不难看出来到底是什么样的个人和个人之间的关系，逐步取代了源于"家族"的关于权利义务的互惠形式。这种关系就是"契约"。作为历史的一个界标，从"人"的一切关系都被包括在"家族"关系的社会状态开始，我们似乎就不断地向一种新的社会秩序阶段移动，在新的社会秩序里所有的关系都是产生于个人的自由合意。在西欧，这个发展方向上的进程是十分明显的。奴隶的身份被取消——取而代之的是主仆之间的契约关系。在"监护下的妇女"的身份中，妇女的监护人只能是她的丈夫而不能是其他的人；从她的成年到她的婚姻，所有她能形成的一切关系都是契约关系。"父权下的儿子"的身份也是同样的，它在所有现代欧洲社会的法律中已经没有真正的地位了。如果有一种把"家长"和成年的儿子联系在一起的民事责任，那么这种民事责任必然是通过契约得到它的法律效力的。有一些明显的例外，但这种例外又被烙上了这个规定的印记。"人法"上规定，不具备判断力的孩子、在监护下的孤儿及已经被法律上用的精神病患者，他们在有些方面具备行为能力，而在一些其他方面则不具备。这是为什么？各个不同制度的传统语言提出了不同的理由，但是在本质上各种说法所指向的效果是完全相同的。绝大多数的法学家都承认这样一个原则，上述三类人之所以要受到监护，唯一的理由是他们本身不具备为他们的利益做出正确决定的能力；用其他的话来讲就是他们缺乏用"契约"进行约定的必要条件。

"身份"这个词也许能够有效地形成一个表示进步规律

的公式,而不管这个公式有没有价值,至少在我看来是足够确定的。在"人法"中提到的所有形式的"身份"都来自古代属于"家族"的权力和特权,而且在某种程度上直到现在还带有这种色彩。如果我们因而按照最优秀学者的用法把"身份"这个词用来表示一种人格状态,并且避免把这个术语用于合意直接或间接结果的状态,那么我们也许可以说,所有进步社会的运动到这里为止,都是一个"从身份到契约"的运动。

第六章

遗嘱继承的早期史

如果我们想要证明在英国研究"法学",历史的研究方法比其他任何流行在我们中间的方法都要优越,那么"遗命"或者"遗嘱"将会是一切"法律"部门中最好的例证。历史悠久、内容繁多决定了它拥有这种能力。社会状态刚开始开化的时候遗嘱就存在了,当时所有的概念因为其古老的形式需要费些力才能够理解;而当历史走到了它的另一个端点的时候,也就是现在,我们又有许多相似的概念被现代措辞和思维方式所隐蔽起来了,所以遇到的另一种困难就是,很难相信那些形成了我们部分日常知识的观念是否真的需要分析和研究。我们能够很清楚地看到"遗嘱法"在这两个端点之间的发展痕迹。和许多其他法律部门的历史不同,遗嘱法在封建制度开始的年代里的发展很少受到阻碍。事实上就所有的法律部门而言,如果说它们曾经被古代史和近代史的划分、也就是罗马帝国的解体中断过,这种说法其实是非常夸张的。懒惰使得很多作者不愿意花些力气去寻找那些因为六个多世纪的混乱而变得迷惑和模糊的联系的线索，而其他的研究者尽管本性中并不缺乏耐性和勤奋，但是他们对本国的法律体制抱有无谓的自尊心，不愿承认曾经受惠于罗马的法学，因此他们就走入了歧途。但在"遗嘱法"领域这些不利的因素没有发生什么影响。蛮族显然不明白任何和"遗嘱"类似的概念。最权威的学者们都承认，蛮族们在原本的居留地和后来罗马帝国居留地上施行的各种包括他们习惯的成文法典中，完全找不到"遗嘱"的痕迹。但是不久以后当他们和罗马各省的居民混居在一起，他们就从帝国的法学中引入了"遗嘱"的概念，起初只是引入一部分，而到后来就引入了全部。教会的影响和这次迅速的同化有着莫大的关系。教会的实力在很早以前就继承了某些异教神庙所拥有的保管和登记"遗命"的特权；甚至早期宗教基金中的世俗财产几乎都来自私人遗赠。因此最早的"省议会"的法令都有关于将否认"遗嘱"神圣性的人驱逐出教的规定。在我们英国这里普遍认为，教会的影响是"遗嘱法"的历史没有被中断的主要原因，而其他部门的"法学"史却被确信真的发生过这种中断。有一种"遗嘱"的管辖权过去是被授权给"宗教法院"的，这些法院表面上始终没有明确地使用过罗马法学的原则，但在事实上他们确实运用过；而且，尽管"普通法院"和"衡平法院"都没有任何义务必须遵循"宗教法院"的判例，但是它们最终还是没法不被自己身边所使用的规定明白的制度所影响。于是英国（人）的与人格相关的遗嘱继承法就变成了罗马公民处分遗产所遵循的规则的一种改良方式。

我们用历史的方法来研究这个问题所能得出的结论，和我们不靠历史单凭表面印象进行分析所得到的结论，两者之间有着极大的不同。我认为，不管从"遗嘱"的通俗概念还是从它的法律概念出发，没有人会想不到遗嘱必然有它的特性。比如他可能会说一份"遗嘱"必须在死亡发生时才产生效力——也就是说它是秘密的，和它的规定有利害关系的人是不应当知道其内容的——它又是可以取消的，即始终可以被一个新的立遗嘱的行为所代替。但是我能够证明在某一段时期，"遗嘱"完全没有这些特性。在最初，演化出我们现在"遗嘱"的"遗命"一经执行立刻生效；它不是秘密的；它也不可以被取消。事实上，很少有作为历史媒介产物的法律媒介能够比一个人用书面的方式控制其死后的财产处分更加复杂。"遗命"缓慢地但是逐渐地聚起了我前面提及的各种特性；造成这种后果的原因完全是偶然的，造成这个后果的事件的压力也完全是随机的，这些原因和事件的压力除了曾经影响过法律的历史之外，和我们现在没有什么利益关系。

在一个法律理论远比现在丰富的时期——尽管这些理论的绝大部分是毫无价值和十分幼稚的，但是这些理论仍然将法学从我们所知道的糟糕的和比较无耻的情况下挽救出来，在当时的情况下我们没有办法期待概括之类的东西出现，而法律也只不过被认为是基于经验主义的研究——我们在知觉上能够马上明显地察觉出来的"遗嘱"所具备的某些特性，当时流行的解释说法是，这些特性它天然就具有，或者具体来说，"自然法"给了它这种性质。我猜想，如果认为历史的记忆里有这些特征的所有渊源，那么可能就没有人会主张着这种学说了；与此同时，这个理论学说的痕迹，仍然存在于我们惯用的还不知如何舍弃的表现形式中。我能用17世纪法律文献中一个共同的论点来说明这个问题。那个时期的法学家普遍认为"立遗嘱"的权力本身来自于"自然法"，是被"自然法"所给予的一种权利。并不是所有人都能立即看出这些学说中的联系，但实际上这些学说在后来有一些追随者，他们认为，制定或控制死亡以后财产的处分的权利，是财产所有权本身延伸出去的一种必然的或是自然的结果。每一个专门法学者一定还遇到过在非常不同的学派的语言中出现的同一个观点，认为在这个法律部门中，死亡者的财产首先应当遵循的转移方式是遗命继承，其次才能用法定继承的方式来转移。而后者不过是一种补充规定，履行因为财产所有者因疏忽或不幸而未能留下遗嘱时转移财产的职能。这些见解实际上就是将遗嘱处分是"自然法"的制度之一这种简要的学说，用详细的方式加以表述而已。当近代思想开始对"自然"和"自然法"进行反省时，武断地认定近代思想所包

第六章

含的范围有多广是很不稳妥的；但我相信大多数主张"遗嘱权"来自于"自然法"的人，也许只是想表示他们认为这种权力在实践中是普遍存在的，或者认为各国一致认可这种被原始的本能和冲动而鼓动的权力。我以为上述论点中的前者在经过这么多的解释后，绝不能使人满意，特别在这个时期，我们能够看到拿破仑法典中对"遗嘱权"有诸多严格限制，而同时也可以目击到以这个法兰西法典为范本的法律体系正在一天天增多。对于第二种说法，我们也必须反对，因为它和早期法律史中最可靠的事实是不一致的，而且我敢大胆地说，在所有自然发展而来的社会中，早期的法学不允许或者根本没有考虑过"遗嘱权"，只有当法律发展到后来的阶段，才允许在一定的条件下让财产所有者的意志优于其他血亲的主张。

"遗嘱"或者"遗命"的概念不能仅从其本身考虑。它是一系列概念中的一个、但不是第一个的。从其本身来说，一份"遗嘱"不过是遗嘱人用来申明其意思表示的手段。我认为在讨论这种手段前，必须对几个问题先加以研究——比如说一个死亡者在死亡时到底转移了什么，是哪一种权利或利益？用什么方式、转移给什么人？以及死亡者为什么有在死后支配其财产的处分权利？如果用术语来表示和"遗嘱"观念有关的各种概念，那么它们有以下依存关系："遗嘱"和"遗命"是手段，用来规定继承权的转移。继承权是概括继承的一种形式。概括继承是继承的法律上的集合物，或者权利和义务的集合体。那么颠倒这个秩序，我们必须研究什么是法律上的集合物；什么是概括继承；被称为继承权的概括继承的形式究竟是怎么样的。另外还有两个更深入一点儿的问题，在某种程度上与我要讨论的问题并无关系，但是为了彻底解释"遗嘱"这个主题，因此必须要解决。这两个问题是，为什么继承权在任何情形下都要受遗嘱人的意志的控制，以及用来控制继承权的手段的性质是什么？

第一个问题和法律上的集合物有关；也就是说，和一个集合（或者说一捆）的权利和义务有关。所谓法律上的集合物是各种权利和义务的集合体，因为在同一个时间属于同一个人这种仅有的情况而集合起来。它可以看做某个特定的个体的法律外衣。它并不是把所有权利和所有义务堆积在一起形成的。它只能由属于同一个特定的人的所有权利和所有义务组成。把这些财产权、通行权、遗赠权、特别清偿义务、债务、损害赔偿责任——这些法律权利和义务联系在一起成为法律上的集合物的纽带，实际上就是它们附在某一个能行使这些权利和义务的个人身上这样一个事实。没有这个事实，就没有权利和义务的集合体。法律上的集合物这个表述并不是古典的，但是法学中会有这个概念应当归功于罗马法；同时这个表述也不是完全那么难理解。我们应该想方设法将我们之中每一个人和世界上所有其他人的全部法律关系，统合在一个概念里。不管这些法律关系的性质和结构是什么样子的,这些法律关系在聚集起来以后,就成为一个法律上的集合物;我们只要仔细记住在这个概念中不仅包括权利同时也包括义务,那么我们误解的危险就会少很多。我们要承担的义务可能超过我们得到的权利。一个人也许欠债很多而拥有的东西很少,因此假如用金钱价值来衡量他的法律关系的总和,那他很可能是一个所谓的破产者。但是以他为中心包含的整个权利和义务的集合仍然叫做"法律上的集合体"。

其次我们要研究的是"概括继承"。概括继承是继承一种法律上的集合体。当一个人得到了另一个人的法律外衣,在同一时间内他既承担其全部义务、又享有其全部权利时,就发生了概括继承。为了让这个概括继承真实而且完整,必须像法学家说的那样一次就要完成转移。当然我们也可以设想一个人在不同的时间段内获得另一个人的全部权利和义务,比如说通过连续的购买;他也可以通过不同的资格比如说部分作为继承人、部分作为购买者、部分作为遗产受赠人,来获得这些权利和义务。但是尽管实际上这样组合起来的权利和义务的集合体确实等同于一个特定个体的全部法律人格,这样取得却不算是概括继承。真正的概括继承的发生,必须在同一时间段内一次性地将所有权利和义务进行转移,而且接受人必须以同一个法律身份来接受。在法学中,概括继承的概念和法律上的集合物的概念一样是永久的,尽管在英国的法律体系中,因为取得权利的身份的多样性，尤其是英国财产区分了"不动产"和"动产"两大部分，使得这种概念变得模糊不清了。然而，一个受让人在被继承人破产的情况下继承了他所有的财产，这属于概括继承，尽管受让人只在遗产限度内偿还债务，但这不过是对原本的概念的一种修正。如果我们之中有人在接受另一个人的所有财产时同时也偿还其所有债务，那么这种转移就完全类似于最古老的罗马法中的概括继承。当一个罗马公民收养一个儿子、即把原来不在"家长权"管辖内的人变成其收养的孩子，那么他就概括地继承了养子的财产，也就是说他取得了其所有财产和承担了其所有的义务。我们还在原始的"罗马法"中发现了几种其他概括继承的形式，其中最为重要和长久的一种，就是我们最为关心的"汉来狄塔斯"或者"继承权"。"继承权"是一种在死亡时发生的概括继承。而概括的继承人是"汉来斯"或"继承人"。汉来斯立刻取得死亡者的所有权利和所有义务。他立刻披上了他全部法律人格的外衣，而且不管他是在"遗嘱"中被提名的还是因为"无遗嘱的死亡"而继承的，不需要再解释的一点就是"概括继承人"的特殊性质是不会变的。"汉来斯"这个名词不只是强调用于"无遗嘱的继承"，而且也能够用于"遗嘱继承人"，因为一个人的法律特质和他成为"汉来斯"的方式没有任何联系。不管是因为"遗嘱"发生的继承还是"无遗嘱"的继承，死亡者的概括继承人都是他的"继承人"。但是"继承人"却不

第六章

一定只有一个人。在法律上被视作一个单独个体的一群人，也能够成为"继承"的共同继承人。

现在让我引用一下"继承"通常具有的罗马定义，那么读者就能够理解这些不同术语的所有含义了。继承就是继任了死亡者的全部法律地位。意思是说，虽然死亡者的身体人格已经消亡，但是他的法律人格继续存在并且在传给其"继承人"或"共同继承人"的时候丝毫没有被削弱，（从法律上来讲）他的身份在"继承人"和"共同继承人"身上延续了下去。在我们自己的法律中，授权"遗嘱执行人"或者"遗产管理者"成为死亡者个人财产范围内的代理人能够说明它自发的理论；但是尽管能够例证、它却不能解释这一点。甚至在后期的罗马法中仍认为在死亡者和继承人之间存在着相对应的紧密地位，但是英国的代理人却不具备这一特征；同时在原始的法学中每一样东西都依赖于继承的延续性。除非在遗嘱中有规定遗嘱人的权利和义务要马上转移给"继承人"或者"共同继承人"，遗命才丧失其效力。

在近代的遗嘱法学中，和在后期的罗马法中一样，执行遗嘱人的意志的重要性是第一位的。在古罗马的法律中相对应的主题是"概括继承"的给予。在这些规定中，在我们看来有一些原则来自于常识，而另一些原则看上去就像是个无聊的幻想。然而如果没有第二类规定就不会有第一类规定的产生，这是任何此类命题必须面对的。

古代法

为了解决这种明显的自相矛盾、并使我想要尽力说明的那些观点变得更加清晰，我必须借助于前一章开始部分的研究结果。我们在社会的幼年时期会看到有一个特性总是非常显著。人们不是被看做一个个体，而始终被看做一个特定团体的成员。每一个人首先是一个公民，于是，作为一个公民，他必然是他所属阶级的成员——要么属于贵族政权的贵族阶级，要么属于民主政权的平民阶级；或者，在某些由于运气不好其发展过程遭遇了特殊逆转的社会中，成为某个种姓的成员。其次，个人是家族、宗族或部落的成员；最后，他是一个家族的成员。这最后的一种是他栖身的最为狭小和最为个人的关系；这看上去也许自相矛盾，但是他从不把自己看做是一个单独的个体。他的个性被他的家族所淹没。我再把前面提过的原始社会的定义重复一遍。社会的单位是人的集团而不是个人，它是由真实或拟制的血族关系联系的人的集团所组成的。

在未开化社会的特性中，我们首次发现了概括继承的迹象。和现代的国家组织相比，原始时期的共和国更像是一系列小的专制政府的集合，每一个小政府之间完全没有关系，而且每一个小政府都处于独一无二的君主特权的绝对统治之下。但是尽管族长——在此时我们还不能称他为"家长"——拥有这么广泛的权力，但我们很难相信他承担了相同宽广的义务。如果他支配一个家族，这是为了家族的利益。如果他是所有家族财产的主人，那么他是作为子

第六章

女和族人的受托人而持有这些东西的。除了因为他和他统治的"小政府"的关系而得到的权力和地位,他没有任何其他的特权或特别地位。实际上一个"家族"就是一个"法人",而他就是它的代表人,或者我们也可以说,他是它的"公务员"。他享有权利,承担义务,但是这些权利和义务在他的同胞看来以及从法律上来说,既是他个人的权利和义务,也是集体组织的权利和义务。让我们花片刻时间思考一下当这样一个代表人死亡以后会产生的后果。从法律上来说,根据民事地方法官的看法,支配者的死亡是一个完全无关紧要的事件。代表家族集体组织和对市政审判权负有主要责任的人换了一个名字;而这,就是所有的后果了。原来在死亡的家族领袖身上的权利和义务,将马上转移到他的继任者的身上;因为在事实上这些权利和义务是家族的权利和义务,而家族则具有法人的明显特征——永远存在。债权人可以向对旧的族长那样向新的族长要求一样的赔偿,因为这种责任是属于一直存在的家族的,那么这种责任必定是不变的。家族的所有权利在族长死亡后和在他死亡前是完全相同的——除了这个法人——假如在那么早的年代真的有人能恰当使用这种精确又专门的术语——必须依法稍微修改一下名字。

如果我们想要知道,现在构成社会的原子是如何逐渐而又缓慢地分解而来的——经过了怎样的不知不觉的过程,人和人之间的关系才代替了个人和家族以及家族与家族相互之间的关系的，那我们就一定要探寻一下法学历史的全部过程。我们现在应当注意的是，哪怕变革显然已经彻底完成，哪怕在很大程度上地方法官已经取代了"家长"的地位、民事法庭也已经取代了家族法庭，但是司法当局所掌管的整个权利和义务体系仍然深受已经被废止的特权的影响，而且在它的每一个部分都反映出了这种特权色彩。所以，被罗马法全力支持作为遗嘱或者无遗嘱继承首选方案的"法律上的集合物"的转移，毫无疑问是较为古老的社会的特点之一，人们的思想没有办法把这个特点和新的社会分离开来，尽管它和新的状态之间没有什么真正的或恰当的关联。个人通过一个继承人或诸多共同继承人延长了自身的法律存在，似乎就等同于将家族的特性通过拟制转移给了个人。法人的继承必须是概括的，而家族就是一个法人。法人永远不会消失。个别成员是否死亡对集合的团体的集体存在没有任何差别，而且也不会以任何方式影响集体的法律附带、法律能力及其法律责任。于是在罗马人的概括继承这个观念中法人所具有的所有这些特性，似乎都转移到了个体公民的身上了。个人肉体的死亡将毫不影响他在法律上所占有的地位，显然这根据以下原则：他的地位应当尽可能类似于家族的地位，而家族既然具有法人的性质，那么就不会发生肉体死亡。

我观察到有不少的大陆法学家，在理解混杂于概括继承中各种继承之间的关系的性质的时候，感到有困难，同

第六章

时一般而言在法哲学中也许没有哪个主题会像他们思索的这个主题一样没有价值。但是英国法的学者应当不会在我们正在研究的概念的分析中犯下错误。在我们自己的制度中有一个所有法学家都熟悉的拟制可以很好地说明这一点。英国法学家把法人分为"集体法人"和"单独法人"。"集体法人"是真正的法人,但是"单独法人"是一个个人,是一系列个人中的成员之一,通过拟制得到了"法人"的性质。我可以不用援引国王或教区中的教区牧师作为"单独法人"的例子。在这里,这种职能或这个公职与占据这个职位的独特的人是没有什么关系的,而且,由于这种职能是永久的,因此占据这个职位的一系列的个人便也具有了这层"法人"的首要特征的外衣——即"永久性"。现在在较为古老的罗马法理论中,个人和家庭的关系,与英国法学原理中"单独法人"和"集体法人"的关系是完全一样的。这两种观念的出处和联系是完全相同的。事实上,如果我们能够认为在罗马的遗嘱继承法学中,每一个公民就是一个"单独法人",那么我们不仅能够充分地理解继承的全部概念,而且能够时时掌握住作为概念来源的假设的线索。我们有这么一个公理:国王作为一个"单独法人"永远不会死亡。他的职能能够马上被他的继承人所行使,统治的延续自然也被认为是从来没有中断过的。对于罗马人而言,把死亡的事实从权利和义务的转移中排除出去,似乎也是一个同样简单和自然的过程。遗嘱人在他的继承人或诸多共同继承人身上继续存在下去。他和他们在法律上是同一个人，假如有任何人在他的遗嘱中违背了将他的实际存在和死后的存在结合起来的原则，那么法律就会因为这个遗嘱有瑕疵而排除其效力，并且将继承权给予与他有血缘关系的族人，而这些有血缘关系的族人是否有得到继承资格的条件，是由法律本身规定的，而不是由任何可能有错误的文件来决定的。

当一个罗马人在死亡时没有立下遗嘱或者留下的遗嘱无效时，他的后裔或者亲族将按照以下亲等成为其继承人。继承人或者同一亲等的继承人不仅仅代表死亡者，而且根据刚才提及的理论，他们还将死亡者的民事生活和法律存在继续演绎下去。当继承的顺序是由"遗嘱"决定的时候也能得到同样的结果，但是死亡者和继承人之间具有同一性的这个原理，肯定比任何形式的"遗命"或者任何阶段的遗嘱法学要来得古老。现在是一个合适的时机来提出一个会因为我们对这个问题研究得越深入而对我们产生越大压力的问题——假如没有这些和概括继承有关的值得注意的概念，遗嘱是否根本就不会出现呢？遗嘱法所使用的原则可以用多种似是而非的哲学假设来说明；这个原则和现代社会的每个部分都交织在一起，并且可以用广泛存在的一般权宜来为它辩护。但是在这里必须再次重复我们的警告，假如以为我们目前为维护一个现存制度而提出的理由，一定和这个制度产生时的情绪有一定的共同之处，那么这

第六章

种想法是错误的,而且这种印象是法学上各种问题的错误的最大根源。我们可以肯定,在古罗马的"继承法"中,遗嘱或遗命这个概念,和一个人死后存在于他的继承人的人格中的理论是混合在一起的,我甚至可以说,两者是混淆在一起的。

概括继承这个概念虽然已经深深扎根于法学之中,但并不是由每一部法律的制定者自发想到的。在现在每一个发现了这个概念的地方都可以表明它是来自罗马法;而且与它一起流传下来的还有诸多以"遗命"和"遗嘱"为主题的法律规定,现在的实务者运用这些规定,可是竟完全没有察觉到它们和作为其根源的理论的关系。然而,在纯粹的罗马法学中,一个人在他的继承人身上继续存在的原则——如果我们可以这样说,排除了死亡的事实——是遗嘱继承和无遗嘱继承的所有法律所围绕的中心,这一点是很确定的,不可能被误解。罗马法坚持服从于这个支配性的理论的坚定、严格的程度,足以说明这个理论是从罗马社会的原始组织中生长出来的;然而除了这个假定我们还有更加有力的证据。在古罗马最早的"遗嘱"制度中恰好有一些术语偶然被保存到了现在。我们可以在盖尤斯的著作中看到创立了概括继承权的公式。我们可以看到一个古代的名称,这个名称后来被一个被称为"继承人"的人给预先占用了。在《十二铜表法》中我们可以看到明确承认了"遗命"权力的著名条款,而规定了"无遗嘱继承"的条款也被保存了下来。所有的这些古代词句都有一个显而易见的特点。它们都指出,"遗嘱人"转移给"继承人"的是家族,也就是"家长权"所包括的以及由"家长权"产生的各种权利和义务的集合体。在所有的三个场合下都没有提及物质财产;在其他两个场合中,物质财产被明确称为"家族"的附属物或附加物。因此原始的"遗嘱"或者"遗命"只是一个手段,或者是(因为在起初也许是不成文的)一个程序,通过这个程序来规范家族的转移。这是一种宣告谁有权利继承"遗嘱人"来成为族长的方式。当我们这样理解"遗嘱"的本来目的时,我们也就马上能够看到为什么"遗嘱"会同古代宗教及法律最奇怪的遗迹之一的家祭联系在一起了。这些家祭是罗马形式的一种制度,凡是没有完全脱去其原始外衣的社会都存在着这种制度。它们是用来纪念家族的同胞情谊的祭祀和仪式,是家族永存的誓言和见证。不论家祭的性质是什么——不管是真的或是假的,它们在所有情况下都是对某些神话般的祖先的崇拜——它们被到处用来证明家族关系的神圣性;因此每当家族的族长发生更替危及到家族的持续存在时,家祭的重要性和意义就表现得更加突出了。因此在家族的统治者死亡时我们能够更常听到它们。在印度,继承死亡者财产的权利和履行其举行葬礼的义务是同样广泛的。假如葬礼没有按照规定举行或者是由术语人举行的,那么死亡者和仍生存的继承他的人之间不能认为已经建立了任何关系;

"继承法"不能够适用,没有人可以继承财产。在一个印度人的一生中似乎每一件大事都和这些庄严的仪式有关。如果一个印度人结婚,是为了要有子女在他死亡以后祭祀他;假如他没有子女,他便有最大的义务从其他家族中收养一个子女,"其目的在于",正如印度博士所写,"获得葬饼、水以及庄严的祭祀"。西塞罗时代罗马家祭保存下来的范围也并不比印度的范围小。它包括了"继承权"和"收养"。如果不在养子原来的家族举行适当的家祭,"收养"就不允许进行,如果祭祀的费用不在不同的共同继承人中严格地平均分摊,就不准用"遗命"来分配"继承权"。最后能观察到家祭的时代的罗马法,和现存的印度制度之间的差别,对我们是非常有用的。在印度人中间,法律中的宗教因素获得了完全的优势地位。"家族"的祭祀成了一切"人法"和大部分"物法"的要旨。因为一种常与祭祀观念相关的印象,即人类的血液是最珍贵的祭祀品这种印象的影响,使得家祭甚至到达了畸形的地步,印度人开始在原始的家祭上作了一些补充,产生了寡妇应当在其丈夫的葬礼上殉葬的似是而非的观念,印度人一直将这个实践持续到了有史可查的时代,而在几个印度欧罗巴民族的传统中也可以看到。而罗马人恰恰与此相反,他们的法律责任和宗教义务不再混合在一起。隆重举行家祭仪式的必要性不再是民事法律理论的一部分,它们改在了"教长会"的单独管辖之下。西塞罗写给阿提格斯的许多信中充满了和家祭有关的暗示，使我们深信它们已经对"继承权"产生了一种难以容忍的重负；但是它们在这方面的发展已经超出了法律从宗教里分离出来的时期，而我们期待的是它们整个从后期的法学中消失。

在印度法律中，没有什么东西是真正的"遗嘱"。"遗嘱"地位被"收养"所占据。现在我们可以看到"遗嘱权力"和"收养能力"之间的关系，以及他们的行使都会引起举行家祭的奇特渴望的原因。"遗嘱"和"收养"都是会使"家族"承继的正常过程变得不确定的威胁，但是当亲族中没有人可以继承的时候，它们显然都是为了防止这种承继完全中断而想出的办法。在这两个权宜之计中，人为地创设血亲关系的"收养"是唯一会在绝大部分古代社会中自发产生的手段。印度人的实践无疑比古代更加往前了一步，因为假如丈夫忘了而没有做、寡妇也准许收纳养子；而且在孟加拉的某些地方习俗中已经有一些"遗嘱权力"的模糊痕迹了。但是发明了"遗嘱"的卓越功劳应当属于罗马人，"遗嘱"，仅次于"契约"，对人类社会的转变产生了最为巨大的影响。我们必须注意的是不能把它最近才有的一些功能加在它最早时期的形态中。在开始的时候，"遗嘱"并不是分配死亡者财产的一种方法，而是将家族代表权转移给一个新的族长的诸多方法中的一种。毫无疑问财产也传给了"继承人"，但是这是因为公有财产的处分权随着家族统治权的转移而一起转移的。我们还没有到达"遗

第六章

嘱"史上"遗嘱"作为变更社会有力工具的阶段，即它们一方面刺激着财产的流转，另一方面它们又在财产所有权中产生了可塑性。甚至是最晚期的罗马法学家也没有在实际上把这些后果和"遗嘱权力"联系在一起。在罗马社会中，"遗嘱"从未被看做分离"财产"和"家族"的方法，或者是创设各种各样利益的手段，而只是被看做使家族成员都能获得比在"无遗嘱"继承的规定下更好的保障的手段。我们可能会怀疑，当时一个罗马人关于订立遗嘱的实践的所有想法是不是和我们今天所熟悉的想法极端不同。将"收养"和"立遗嘱"作为延续"家族"的方式的习惯，必定和罗马人对统治权继承的观念特别松弛有关系。我们不可能看不到，早期罗马的几个皇帝之间的继承秩序在当时看来是合理且正常的，而且尽管当时发生了一些事情，但像狄奥多西或查士丁尼这样的诸侯自称为恺撒或奥古斯都，也没有被认为是荒谬的。

当原始社会的各种现象显现出来以后，17 世纪的法学家本来认为存在疑点的一个命题，即"无遗嘱继承"是一个比"遗嘱继承"更为古老的制度的观点，已经变得无可争辩了。当这个问题解决以后，另一个更有趣的问题被提了出来，即最初究竟在怎样和什么条件下遗嘱的指示被允许用来规定家族权力的转移，以及后来又是在怎样和什么条件下规定了财产的死后分配。这个问题之所以难以解决，是因为在古代共产体中"遗嘱权力"很罕见。除了罗马人之外，其他原始社会是否有真正的立遗嘱的权力还是个问题。尽管它的萌芽形式到处可见，但是其中的绝大部分都没法逃脱其渊源来自罗马的嫌疑。雅典的"遗嘱"无疑是本土发展而来的，但是我们不久就可以看到它不过是没有成熟的"遗命"。至于那些征服了罗马帝国的蛮族通过法典流传给我们的一些用法律规定的"遗嘱"，几乎肯定都是罗马的。最为敏锐的德国评论界最近也将注意力放到了这些蛮族法典上来，他们调查的主要目的是将每个制度中有原来的本部落习惯所组成的部分，从罗马法中借来的外来因素中分离出去。在这个过程中总是出现的一个结果是，在古代法典的核心中并没有"遗嘱"的痕迹。凡是含有"遗嘱"的法律，都是来自于罗马法学。同样地，（据我获悉）在希伯来语的犹太法中所规定的未发展的"遗命"，也应该归因于和罗马人的接触。唯一可以合理地假设为土生土长的、不属于罗马或希腊社会的遗命形式，是被孟加拉的一个省的习俗所承认的一种；而孟加拉的遗命不过是一种"遗嘱"的萌芽。

我们似乎可以从上述证据得出这样一个结论，即"遗命"最初只是在无人能因为真正的或拟制的血族权利而得到继承权时才产生效力。因而，当梭伦法第一次将"遗命"的权利赋予雅典公民时，他们禁止剥夺直系男性亲属的继承权。同样地，孟加拉的"遗嘱"只在和家族特定的优先权相一致的时候才被允许用于继承。此外，犹太人本来的

第六章

制度里面并没有规定"立遗嘱"的特权，但是后来自称用遗漏之件来补充"摩西法"的希伯来语法学，承认根据摩西制度的规定有继承权的亲族都无法继承或无法发现时，可以行使"立遗嘱"的权力。古日耳曼法典中一些用来保护与它结合的遗嘱法学的限制也是很有意义的，并且也指向了相同的方向。我们所知道的这些日耳曼法律的绝大部分以一种唯一的形式表现出了这样一个特点，即除了每户人家所拥有的自主地或领地之外，法律还承认几种次要的财产，每一种次要的财产都表示着一次独立的移植，即罗马法原则移植到原始的日耳曼惯例中。原始的日耳曼的完全保有地产所有权的财产只能保留给亲族。它们不但不能用遗命来处分，也不能够在生前用转让的方式来让渡。古日耳曼法和印度法学一样，规定男性后裔和他们的父亲是财产的共同所有人，除非得到全部成员的同意，否则家族的赠予是不能进行的。但是其他晚于自主物产生并且不怎么贵重的财产，就较为容易转移，而且转移的规定也远为宽松得多。妇女和女性的后裔也可以继承这种财产，显然是因为这样一个原则，即这些财产是不包括在宗亲的神圣范围之内的。从罗马借用来的"遗命"，最初被仅仅允许使用在最后这个种类的财产上，而且现在也是这样。

以上的一些说明，能够使我们对古罗马"遗嘱"史的确定的事实所作的解释显得更为可靠。我们有充分的理由可以相信，在罗马国家的原始时期，"遗命"是在"特别民

古代法

会",也即"贵族民会"或"罗马贵族市民议会"为"私人事务"召开集会时执行的。这种执行的方式,成为民法学家世代相传的一种主张的来源,它们认为在罗马史的某个时代里每一个"遗嘱"都是一个严肃的立法行为。但是我们实在没有必要去依靠一个对古代议会的程序作了极不精准的说明的解释。想要适当地解答有关在"特别民会"中执行"遗嘱"的故事,毫无疑问应当求之于最古老的罗马无遗嘱继承法。在还没有被"裁判官"的"告示法令"改变之前,原始罗马法学中规定的亲属之间互相继承权的原则按以下顺序生效:——首先,由正统的或没有解放的直系卑亲属继承。在没有正统的继承人时,由"最近的宗亲"替代继承,即由过去曾经和死亡者一起在同一个"家长权"下的最亲近的人或最亲近的同一亲等的一群人替代。第三也就是最后一个亲等的继承人,是把继承权交给同族人,也就是死亡者氏族或者大氏族中的集体成员。我已经在前面解释过,"大氏族"是家族的拟制扩大,凡是具有相同的姓氏以及因为有相同的形式而被假设成为来自于共同的祖先的所有罗马"贵族"公民都包括在内。被称为"贵族民会"的"贵族议会"是一个完全由"氏族"或者"大氏族"的代表组成的"立法机关"。这是罗马人民的代表议会,是根据"氏族"是国家的组成单位这一假设而组建起来的。正是由于这个必然的推论,"民会"受理"遗嘱"的行为是和"同族人"的权利有关系的,而且其目的在于保证"同族人"可以行使他们的最后继承权。如果我们假定，只有在遗嘱人发现不了同族人或者同族人放弃权利的条件下才可以立下遗嘱，并且假定每份"遗命"都应当提交给"罗马氏族大会"，以便可以让那些因为遗嘱处分而受损害的人随时提出否决，但在大会通过"遗命"后则可以推定这些人已经放弃了其继承权，如果这样假设的话，那么就可以排除所有的反常例证了。这种否决权在《十二铜表法》公布的前夕就可能已经大为缩小了，或者仅仅是偶然地和不经常地使用着。虽然很容易就可以说明将这个管辖权交给"特别民会"的意义和渊源，但是想要追溯它是怎样逐步发展或渐次衰亡的却没有那么容易。

然而所有现代的"遗嘱"可以追溯到"遗命"，并不是在"特别民会"中执行的"遗命"，而是另一种与之竞争且最终取代了它的"遗命"。这种早期的罗马"遗命"在历史上有很重要的意义，而且可以通过它将很多古代的思想解释清楚，因此我认为有必要将它加以详细阐明。

当"遗嘱"权第一次出现在法律史上时，就和差不多所有伟大的罗马制度一样，成为"贵族"和"平民"之间争辩的主题。当时有一条政治格言，即"一个平民不能成为一个大氏族的成员"，其影响是完全将"平民"排除在了"贵族民会"之外。有些评论家因此推想"平民"的"遗嘱"没有可能在"贵族议会"中宣读，因此"平民"也就根本没有"遗嘱"的权力。另一些评论家只是指出，在一个没有"遗嘱人"代表的不友好的议会里,要提交一个被审议的"遗嘱"是有困难的。不管真正的观点是怎样的,某种形式的"遗命"被使用了,它具有意图规避某些令人不悦的义务的所有特征。这种被议论的"遗嘱"是一种生前的让与,将"遗嘱人"的家族和财产完全地和不可取消地转让给他中意的继承人。罗马法的严格条款必定一直准许这种转移,但是,当这种行为的目的在于产生死后的效力时就会产生争论,因为没有"贵族议会"的正式认可它是否是一个有效的"遗嘱"还是个问题。如果当时罗马人民的两个阵营在这一点还存在着分歧意见的话,那么后来通过伟大的十人团的和解,它和许多其他不满的原因一起被消灭了。《十二铜表法》的文本还保存着,它说,"法律规定家长可以使用他资产的监护权"——这一条法律的目的除了使"平民遗嘱"合法化以外不可能是其他意思。

学者们都知道,在"贵族议会"停止作为罗马国家立法机关后的几个世纪,它依然会因为私人事务的利益而继续召开正式集会。因此我们有理由相信,在《十二铜表法》颁布后的很长一段时期内,"特别民会"仍然为了使"遗命"产生效力而集会。也许把它称为"登记法院"能够最为恰当地表明其职能,然而需要明白的是,展示的"遗嘱"并没有真正登记入簿,只是向它的成员朗读,而这些成员应当注意到其要旨并且记在心里。这种形式的"遗命"很有可能从来没有过书面形式,但不管怎样,就算"遗嘱"

本来是书面的,"民会"的职责无疑只限于听取这高声的朗读,在这以后"遗嘱"文件由遗嘱人保管,或者存放在某些宗教团体那儿由其保护。这种朗读也许是"特别民会"执行"遗命"的附带条件之一,因此使得大众并不喜欢这种方式。在帝国的初期,"民会"仍然召开会议,但是这些会议似乎已经衰落到只有形式了,很少甚至没有"遗嘱"会在这个定期会议中被提出来。

古代的"平民遗嘱"——上述"遗命"的替代物——才真正对现代世界的文明有着深远的影响。它在罗马获得了所有声望,而"遗命"因为需要提交给"特别民会"而失去了这种声望。它之所以有这些特征,关键在于它来自于曼企帕因、或者古罗马的让与,我们坚定地认为这种程序是两个伟大的制度即"契约"和"遗嘱"的母体,如果现代社会没有了这两个制度就很难保持其统一。曼企帕因或者后来在拉丁文中所谓的"曼企帕地荷",将我们带回到文明社会早期时代。由于它的产生远在文字发明、至少是在文字广为流传之前,因此手势、象征的行为和神圣的习语便被用来代替了文件的形式,而冗长复杂的仪式的目的在于提醒各方都要注意到交易的重要性,并且令证人们印象深刻。口头证据和书面证据比起来不那么完美,因此必须增加的证人和助手的人数,远远超出了后人认为合理或可以理解的范围。

罗马的"曼企帕地荷"首先要求当事人各方、即卖方和买方到场，假如让我们用现代的法律语言来说的话，我们更倾向于说要求让渡人和受让人到场。除此之外，还至少要有五个证人；以及一个不同寻常的显赫之人，即"司秤"，他随身带一副天平用来称古罗马未铸成硬币的铜钱的重量。现在我们所研究的"遗命"——即铜衡式"遗命"，作为一个术语它一直被这样长期称呼着——就是一个普通的在形式上甚至在用语上都毫无改动的"曼企帕地荷"。"遗嘱人"是让渡人；五个证人和司秤都到场了；受让人的位置由一个在术语上被称为遗嘱执行人的人占据。于是一个普通的"曼企帕地荷"的仪式就这样进行。在这个仪式上还要做出正式的手势和宣告一些话语。遗嘱执行人用一枚钱敲打天平表示支付款额，最后"遗嘱人"就用被称为"交易宣告"的一套话语来认可刚才的行为，这些法学家所熟悉的惯用语在遗嘱法学中已经有了长久的历史。必须特别注意那个被称为遗嘱执行人的性质。毫无疑问在一开始他就是"继承人"本人。"遗嘱人"当场将所有的"家产"，即他对家族的以及通过家族所得到的一切权利转移给他，包括他的财产、他的奴隶以及他所有的祖传特权，从另一方面来说也连同他所有的义务和责任。

根据上述资料，我们可以注意到作为原始形式的"曼企帕地荷"式的"遗命"和现代遗嘱之间的几个显著不同。因为"曼企帕地荷"式的"遗命"是"遗嘱人"财产的彻底转让，所以这种行为是不可撤销的。因为一个权利在用

第六章

尽之后是不可以重新行使的。

此外，它又是不秘密的。既然"遗嘱执行人"本身就是"继承人"，那他就完全知道他的权利的内容，并且也知道他将会必然享有继承权，于是就算在秩序最好的古代社会中也会不可避免地发生暴乱，因此这种知识极端危险。但是这种"遗命"和"转让"关系所能发生的惊人的后果，也许在于把继承权立即给予了"继承人"。不少民法学家都觉得这一点不可置信，他们认为"遗嘱人"的财产的转移要以"遗嘱人"的死亡为条件，或者会在某个不可确定的时候、即让渡人死亡的时候才转让出去。但是一直到罗马法学的最后时期，某些种类的交易绝对不允许被一个条件直接改变，或者被一定的时限所限制，或者用一定的时间来起算。用术语来说，就是不允许附有条件或期限。"曼企帕地荷"就是其中的一种，因此，尽管似乎很奇怪，但我们还是被迫得出了这样一个结论，即原始的罗马"遗嘱"是立即生效的，就算"遗嘱人"在他"立遗嘱"的行为后依旧活着也是一样。很有可能罗马公民本来只在临死的时候订立"遗嘱"，而一个处于中壮年的人"家族"延续作准备时就往往宁愿采用"收养"而不是采取"遗嘱"的形式。我们仍然只能相信，如果"遗嘱人"竟然真的恢复了健康，那他也只能在其"继承人"的容许下继续支配他的家族。

在我解释应当怎样弥补这些不方便以及"遗命"为何

会具有现在普遍认为和它有关系的特点之前,我要首先说明两三个问题。"遗命"不一定必须是书面的:在一开始,"遗命"似乎总是口头的,而且就算在比较后面的时期,宣布遗嘱的证书也不是"遗嘱"的主要组成部分,而只是偶然地和"遗嘱"联系在了一起。事实上它和"遗嘱"的关系,等同于旧英国法律中准许使用的证书和罚金、回复的关系,或者等同于"封土授予状"和封土授予的关系。在《十二铜表法》颁布之前,书面的东西确实很少有什么作用,因为"遗嘱人"没有权利将他的遗产遗赠给任何人,唯一可以从遗嘱中获得利益的人是"继承人"或"共同继承人"。但是《十二铜表法》中的条文的极端普遍性在不久之后产生了这样一个教条,即不管"遗嘱人"对他有什么样的指示,"继承人"必须接受继承权,换而言之,必须接受具有遗赠限制的继承权。于是书面的遗嘱手段得到了一种新的价值,即用来作为防止继承人出于欺诈而拒绝满足受遗赠人的一种保证手段;但是到了最后,"遗嘱人"还是可以任意决定只依赖证人的证言就可以,并且用口头的方式宣告遗嘱执行人必须支付的遗赠物。

必须要注意家产的买方这个表述。"买方"说明"遗嘱"可以说是一种买卖,而"家产"这个词,在和《十二铜表法》遗嘱条款中的措辞相比较时,能够使我们得到有益的结论。"家产"在古典拉丁文中的意思一直是指一个人的奴隶。但是在这里以及一般在古罗马的语言中,它包括了在他的"家长权"下的所有人,至于"遗嘱人"的物质财产或财富则被看做是家族的附属物或附加物而转移。再转而想一下《十二铜表法》,就可以看到其中谈及"他的资产的监护权",这种表述恰恰和刚才所研究的习语的意义相反。因此我们就不可避免地得出这样一个结论,即哪怕在较为近代的十人团的和解时代,指代"家庭"和"财产"的两个名词在流行用语中也是混杂在一起的。假如把一个人的家庭说成是他的财产,也许就可以将这个表述解释为"家长权"的范围,然而,因为这两个术语可以相互交换使用,所以我们必须承认这种说法将我们带回到了原始的时代,在当时财产是属于家族的,而家族被公民所管理,因此社会的成员并不拥有他们的财产和家族,而是通过他们的家族来持有他们的财产的。

在某一个还不能被精确确定的时期,罗马"裁判官"处理"遗命"的订立仪式习惯于按照法律的精神而不是法律的文字。临时的处分在不知不觉中成为确定的惯例,直到最后一种完全新型的"遗嘱"成熟了,并且和"告令法学"有规律地结合在一起。新的或裁判官的"遗命"的全部稳定性继承自大法官法或罗马的衡平法。有一年某个"裁判官"肯定在他的"就职宣告"中加入一个条款,说明他决定支持所有通过某种特定仪式而执行的"遗命";在发现这种改革的有利之后,继任的"裁判官"再次引用有关的条款,并且他的后任又重复采用,直到最后因为这种持续的采用,这些规定被称为"常续告令"或"永续告令",成为这部分法学的公认部分之一。如果研究一下一份有效的"裁判官遗嘱",明显可以看出这些条件由"曼企帕地荷遗命"的要求决定,进行改革的"裁判官"显然只在旧的程序可以保证其真实性或预防欺诈时才保留它们。在执行"曼企帕地荷遗命"时,到场的除了"遗嘱人"还有七个人。所以"裁判官遗嘱"必须有七个证人:其中两个相当于司秤和遗嘱执行人,他们的性质不再是象征的,提供证言是他们在场的唯一目的。这个时候象征的仪式不再举行;仅仅把"遗嘱"朗诵一遍;但是为了永久保存"遗嘱人"处置的证据,很有可能(尽管不是绝对肯定)需要一个书面的文件。不管怎么样,我们可以明确知道,当一个书面文件被朗诵或被确定为某个人的最终"遗嘱"时,"裁判官法院"不会用特别干涉支持它,除非所有七个证人都另外在外面加盖其印章。这是第一次在法学史上看到用印章作为证明的方式。然而,印章就和简单的系结物一样,毫无疑问拥有更加久远的历史,因为它在新约希伯来书中就出现过了。我们必须注意的是,罗马的"遗嘱"和其他重要文件上的印章不仅只是证人到场或同意的标志,而像其字面意思的确确是一种封签,在能够阅读文件之前必须破坏掉的。

因此只要有七个证人的封签证明,"告令法律"强制推行的"遗嘱人"的处分就可以取代"曼企帕地荷"的形式。

第六章

但是我们能够得到这样一个一般性的命题,即除非将它假定和"市民法"的渊源同时代,否则罗马财产最主要的性质是不能传授的。因此,"裁判官"没有办法把继承权给予任何人。他不能使"继承人"或"共同继承人"获得像"遗嘱人"和他自身的权利义务之间的关系那样的相同关系。他所能做到的事,就是使"继承人"在事实上享有遗赠的财产,并且对"遗嘱人"的债务有清偿的力量。当"裁判官"为了这些目的而行使他的权力时,在术语上他被称为传授财产占有。在这些情况下的"继承人"或者"财产占有者"可以享有"市民法"上"继承人"所能享有的一切财产权。他取得财产的收益,也可以将这种收益让渡,但是,在请求损害赔偿的时候,他不应当像我们所说的求诸"普通法",而是应该求诸"裁判官法院"的"衡平法"。假如我们说他在继承中拥有衡平的财产,可能不会有什么错误;但是为了不被这样的类比所迷惑,我们必须一直记得,财产占有是在某一年根据一条叫做"时效取得"的罗马法原则而获得其法律效力的,因此"占有者"就成为构成了遗产的所有财产的"公民"所有人。

因为我们对古代的"民事诉讼"法知道的太少,因此没有办法——比较"裁判官法院"提供的各种救济方法的利弊。但是可以肯定的是,尽管这种马上完全转移法律上的集合物的"曼企帕地荷遗命"有很多缺点,但是没有全部被这种新的"遗嘱"所取代;在一个并不盲目执著于古代形式或者说这些古代形式不怎么被重视的时代,法学家的所有智慧就用在了改进这种更加神圣庄严的工具。在盖尤斯即安东尼·恺撒时代,"曼企帕地荷遗命"的主要瑕疵都已经被修改。最初,就像我们看到的那样,正式程序的主要特点要求"继承人"本身也是"家产的买方",而结果是他不仅取得对"遗嘱人的财产"的既得利益,而且被正式告知他的权利。但是到了盖尤斯时期就允许一些无关的人来担当"家产的买主"。因此继承人就不会被通知他已经被指定为继承人;从那以后"遗嘱"就获得了它秘密的特性。让一个陌生人代替真正的继承人来行使"遗嘱执行人"的职责还有其他较为隐蔽的后果。当这种罗马"遗命"一旦取得其合法性,它就包括了两个部分或者阶段——一个是纯粹形式意义上的转让,另一个是口头宣布或者公布。在这个程序的后半个过程中,"遗嘱人"要么口头向他的助手宣布在他死后应当被执行的遗愿,要么制作一份写有他的愿望的书面文件。直到人们不再把注意力放在想象中的"转让"上而集中于"宣告"、并且把"宣告"当做该过程的基本部分时,"遗嘱"才有可能成为可撤销的。

这样,我已经在法律史上研究了"遗嘱"的家谱。它的根源就是建立在"曼企帕地荷"或"转让"的基础之上的古代"铜衡式"遗命。但是这个古代的"遗嘱"有很多瑕疵,尽管这些瑕疵已经间接地被裁判官法修正了。与此同时,在"普通法遗嘱"或"曼企帕地荷遗命"中,法学的足智多谋使得可能同时会由裁判官在"衡平法"中达到的种种改进得以实现。然而这些最后的改进完全是依靠了法律上的技巧,所有我们应当看到盖尤斯或是乌尔比安时代的"遗嘱法"仅仅是过渡性质的。我们无法知道以后接着发生了些什么变化;但是到最后,就在查士丁尼法学复兴之前,我们发现东罗马帝国使用的一种"遗嘱",它在一方面可以追溯到"裁判官遗嘱",而在另一方面可以追溯到"铜衡式"遗命。像"裁判官的遗命"一样,它不需要"曼企帕地荷",而且必须有七个证人的封签才具备法律效力。但是又和"曼企帕地荷"一样,它转移的是"继承权"而不仅仅是财产占有。但是它最重要的特点中的几个是由现实法律所附加的,并且正是因为它有三个渊源,即"裁判官告令"、"市民法"以及"帝国宪令",因此查士丁尼就将他的时代的"遗嘱法"称为三重法。这种新的"遗命"就是一般人知道的"罗马遗嘱"。但是这个只是东罗马帝国的"遗嘱";萨维尼的研究显示,在西欧,旧的"曼企帕地荷遗命"连同转让、铜币以及天平等工具,一直到中世纪仍然继续使用着。

第七章

古今有关遗嘱与继承的各种思想

尽管现代欧洲的"遗嘱法"中的许多地方和以前人们实施的最古老的遗嘱处分有着密切的关系,但是古代和现代的思想观点在"遗嘱"和"继承"这个主题上有着重大的分歧。在本章中我将详细说明这些分歧中的部分观点。

在距离《十二铜表法》颁布时代几个世纪后的某一段时期内,我们可以发现在"罗马市民法"中增加很多目的在于限制剥夺子女继承权的规定;我们可以看到"裁判官"的审判权也在努力地执行这些规定;我们在那个时候还发现了一种新的救济方式,其性质非常反常,而且其来源也不确定,这种新的救济方法被称为"遗嘱违背道义之诉",目的在于恢复儿子被父亲不公正的"遗命"所剥夺的继承遗产的权利。有的作者在比较这个法律规定和《十二铜表法》中承认订立"遗嘱"的绝对自由的文本时,试图把大量戏剧性的偶然事件混入他们的"遗嘱法律"史中。他们告诉我们族长可以毫无限制地任意剥夺子女的继承权,告诉我们这种新的实践会对公共道德造成的耻辱和损害，更告诉我们一切善良的人们对"裁判官"阻止父权进一步堕落的勇气进行的赞美。这些故事从其所叙述的主要事实来说并不是完全没有依据的，但是严重误解了这些故事所反映的法律史上的各项原则。《十二铜表法》的法律应当根据它所颁布的时代的特性来解释。它不会允许在将来会出现一种思想跳出来反对它本身，它只会根据这样一个假定继续前进，即认为这种倾向是不存在的，或者我们可以说，根本不考虑这种倾向存在的可能性。罗马公民不太可能会立即开始大量地运用这种剥夺继承权的权力。我们知道，尽管在当时人们被家族奴役的束缚的压力非常残酷地压迫着，但人们仍然很有耐心地服从于家族，在这种情况下，如果以为在那时候就能丢弃我们现在这个时代不受欢迎的某些东西，这是违背了一切理性和一切对历史的合理评价的。《十二铜表法》只在它认为遗嘱可能被执行的情况下准许执行，也就是说，只限于没有子嗣和近亲属的情况下。它没有禁止剥夺直系卑亲属的继承权，是因为当时的罗马立法者不可能预见到这种偶然事件，因此也就没有办法在立法中加以明文规定。毫无疑问，当家族友爱的职责逐渐失去了本来所具有的个人义务的一面时，就偶尔会发生剥夺子女继承权的事件。但是"裁判官"会进行干涉并不是因为这种陋习普遍发生，最初无疑是因为以下事实的推动，即这种违背自然的任性事例在当时很少发生而且是异常的，

第七章

并且也和当时的道德观念相抵触。

这一部分罗马"遗嘱法"所提供的暗示在性质上是完全不同的一个种类。值得注意的是，罗马人并没有把"遗嘱"作为剥夺"家族"的继承权的一种手段，也没有把它作为不公平分配遗产的手段。随着这部分法学的逐渐发展，阻止它向这一方向发展的法律规定的数量不断增加而且也变得越来越严密；这些规定毫无疑问是和罗马社会的一贯情绪相吻合的，并不完全是源于个人情绪的偶然变更。遗嘱权的主要价值似乎在于它能够帮助一个"家族"做好准备，并且使得继承财产的分配比按照"无遗嘱继承法"分配更加公平不偏不倚。如果当时在这一点上普通大众的情绪的确是这样的话，它在某种程度上说明了一种罗马人始终具有的特点，即对"无遗嘱"死亡怀有的特殊的恐惧。比之失去遗嘱特权，没有哪种不幸是更沉重的天罚；没有哪种诅咒比说一个敌人会无"遗嘱"而死更加残酷的了。在我们今天所存在的各种形式的意见中，没有这种相似的情感，或者是很不容易找到这种情感。所有时代的所有人毫无疑问都更加希望他们能计划好其财产的归宿，并且由政府机关按照法律为他们完成这个任务；但是罗马人对于留有遗嘱的热情，从其强烈的程度来讲，并不像是仅仅出于放任随便的愿望；当然，它和家族的骄傲更加没有共通之处，因为家族的骄傲纯粹是封建制度的产物，它将财产积聚在一个单独的代表人手中。也许是因为"无遗嘱继承"

中的某些规定,而先天地造成了这种强烈想用"遗嘱"分配财产而不是根据法律而分配的偏好。但是,困难在于,我们看到的罗马的"无遗嘱继承"的法律,是在查士丁尼将它改为现代几乎普遍采用的继承顺序的前几个世纪中一直具有的那种形式,这种形式的法律完全没有给人以明显不合理或者不公平的感觉。正相反,它规定的分配方法非常公平合理,而且和现代社会普遍满意的分配方法没有多少不同之处,因此,我们实在没有理由来说明它为什么会这样不受欢迎,特别在这样一种将有子女要抚养的人的遗嘱权限范围削减得非常狭小的法律中。我们可以预料,就像在当时的法兰西那样,族长一般都不会愿意自找麻烦去执行一份"遗嘱",他宁可让"法律"来处理他的财产。但是,我以为如果我们可以较为仔细地观察一下查士丁尼以前的"无遗嘱继承"的亲等,我们就能发现秘密的关键。这个法律的结构由两个不同的部分组成。一部分规定来源于"市民法",即罗马的"普通法";另一部分来源于"裁判官的告令"。我在其他场合已经提到,"市民法"规定的有继承权的继承人按照继承顺序只有以下三类人;未解放的孩子,宗亲中亲等最近的人,以及"同族人"。在这三种顺序中,"裁判官"添加了各种不同亲等的亲族,这些亲族"市民法"是完全不理会的。最后,"告令"和"市民法"结合形成了一张继承顺序表,这张顺序表在实质上和传下来的大部分现代法典中的规定没有太大区别。

第七章

必须注意的一点是，在古代一定有一段时间"无遗嘱继承"的顺序完全是由"市民法"决定的，不存在"告令"的安排，或者说"告令"的执行不是持续的。我们相信"裁判官"法学在它的幼年时代不得不和强大的阻力相抗争，而且更有可能的是，在大众情绪和法律观点默认了它很久之后，它周期性引进的各种修改并不是根据某种确定的原则，而是因为续任的地方法官的不同成见而摇摆不定。我以为，在这个时期中罗马人施行的"无遗嘱继承"的规则，可以说明——而且不仅仅是说明——为什么罗马社会长期以来保持着对"无遗嘱死亡"的激烈嫌恶。当时的继承顺序是：当一个公民死亡时，如果没有遗嘱或者遗嘱无效，那么他"没有解放"的儿子将成为他的继承人。他已经解放的儿子不能分享继承权。假如在他死亡时没有直系卑亲属，就由亲等最近的宗亲来继承，但是通过女性后裔和死者产生亲戚关系的亲族（不管血缘多近）不能享有继承权。家族的其他支脉全部被排除在继承之外，因此继承权就归于同族人、也就是和死者继承了同一姓氏的所有罗马公民所有。因此在我们观察的这个时代，如果没有一个有效的"遗命"，罗马人的已经解放的儿子就完全丧失权利，与此同时，假定他在死亡时没有儿子，那么他的家族就有完全失去其财产而将这些财产转移给其他一群人的迫切危险，这些人只是因为祭司的拟制而假定为因为同族所以和他来自同一个祖先。这种情况本身就几乎可以说明上述的大众情绪为什么会产生了；但是事实上，如果我们忘记了我描述的情况很有可能发生这样一个时期，即罗马社会正处于其家族分离的原始组织过渡的第一个阶段，那么我们仅仅只理解了一半。承认"解放"是合法的惯例是对父权王国的最早打击，但是虽然法律仍旧认定"家长权"是家族关系的根本，被解放的儿子却始终被视为"亲属关系"权利之外的陌生人和血缘之外的外人。但是我们不能因此就认为法律上的迂腐规定会像对家族的种种限制一样对家长的自然情感有影响。家族依恋一定仍然保持着"宗法"制度下那种近乎难以想象的神圣和强烈；而且家族依恋很少可能因为解放行为而消失，可能性正好完全相反。我们可以毫不犹豫理所当然地认为，从父权下得到解放不仅不是情感上的断绝，相反更是情感的体现——这是对最深爱和最尊重的子嗣给予的一种仁慈和宠爱的标志。如果在所有子嗣中这么受到宠爱的儿子会因为"无遗嘱死亡"而被绝对剥夺继承权，那么他的不情愿不用多解释就可以明白。我们也许可以先天地假定，人们"立遗嘱"的热情来自于"无遗嘱"继承的规定所导致的某种道德上的不公平；在这里我们可以发现，这种"无遗嘱"的继承规定和古代社会借以团结在一起的天性是不一致的。我们可以把上述的一切用一种简洁的形式表现。原始罗马人每一种处于支配地位的情绪，都和家族的各种关系缠绕在一起。但是"家族"是什么？法律对它进行了定义——自然情感上却有另一种定义。这两者的冲突产生了我们将要分析的这种情感，它用其热情的形式欢迎一种制度，这种制度允许人们根据感情的指令来决定对象的命运。

因此在我看来，罗马人对于"无遗嘱死亡"的恐惧，说明了在和"家族"有关的主题上，古代法律和古代情感的缓慢改变两者之间很早就发生了冲突。在罗马"制定法"中的一些规定，特别是有关限制女性继承能力的那个条款，必定是这种情感存在的重要原因；大众一般都相信，"信托遗赠"制度就是为了规避这些规定强加的无能力而创设的。但是这种情感本身令人瞩目的强烈程度，似乎已经说明了在法律和人们的观念中存在的某种更深的对抗；而"裁判官"对法学的修正没办法消灭这种情感，也是毫不稀奇的。熟悉观念哲学的人都知道，一种情绪必定不会因为产生它的环境消失了而必然消亡。它可能会比环境存活得更加长久；不，它也可能达到一个在环境存续期间从来没有达到过的激烈的顶峰和高潮。

将一份"遗嘱"看成是授予把财产从家族中转出来的权力，或是把财产根据"遗嘱人"的偏好或机智而分成许多不平均的部分，这种观点在封建制度已完全巩固的中世纪的后半期出现。当现代法学最初以简陋的形式出现时，很少会允许用遗嘱来绝对自由处分一个死亡者的财产。在这段时期内无论在什么样的情况下，财产的遗传由"遗嘱"控制——在大部分欧洲，遗嘱处分的主体是动产或个人财

古代法

产——遗嘱权力的行使不能妨碍寡妇获得一定份额的遗产的权利,同样不能妨碍子嗣取得固定比例份额的权利。子嗣获得的份额根据罗马法的规定用数量表示出来。关于寡妇的规定应当归功于教会的努力,它始终不放松对失去丈夫的妻子的利益的关怀——经过两到三世纪的坚决要求之后,才赢得了也许是所有的胜利中最艰难的一个胜利,即丈夫在结婚时就明确地保证赡养他的妻子,到最后成功地把"亡夫遗产"的原则列入了全西欧的"习惯法"中。很奇怪的是,以土地作为扶养寡妇的财产的制度,比起类似的和更古老的为寡妇和子嗣保留的固定份额动产的制度,被证明为更加稳定。这种权利在法兰西有些地方风俗中,一直保持到了"革命"时代,在英国也有类似习惯的痕迹;但是基本上,根据盛行的学理,动产可以由"遗嘱"自由处分,而且,尽管寡妇的要求得到继续尊重,但子嗣的特权则被从法学中删除了。我们可以毫不犹豫地将这种变化归结于"长子继承制"的影响。封建的土地法为了一个子嗣几乎剥夺了其他所有儿子的继承权,甚至不再将平均地分配那些可以平均分配的财产视为一种义务。"遗命"是造成不平等的主要手段,而在这种情况下产生了古代人和现代人对于"遗嘱"的不同的概念。然而尽管使用"遗命"的手段而享有的遗赠的自由权是封建主义的偶然产物,但是在自由"遗嘱"处分制度和像封建土地法制度那样的其他制度之间,存在着相当巨大的区别,因为在封建土地法制度之下，财产必须按照规定好的遗传顺序而移转。"法兰西法典"的著者似乎忽略了这个事实。在他们决定要破坏的社会组织中，可以看到"长子继承制"主要是建筑在"家族"财产的授予的基础之上，但同时他们也察觉到，"遗命"也常常为长子保留了和在最严格的限定继承下完全一样的优先权。因此，为了确定他们的工作，他们不仅使长子在婚姻协议中不能优先于其他几个儿子，而且把"遗嘱继承"排除在法律之外，防止它的适用会使他们的基本原则，即在父亲死亡时财产应当由诸子平均分配的原则无法成立。其结果就是他们建立了一个小范围的永久限定继承制度，这种制度非常接近于欧洲的封建制度而不是完全的遗产自由权。英国的土地法，即"封建制度的赫鸠妻尼恩城"，比之任何大陆国家的土地法无疑更加类似于中世纪的土地法，而我们的"遗嘱"也就经常被用来助长或效法长子和他那一支的优先权，这几乎成为不动产婚姻财产授予中的普遍特色。然而这个国家的感情和舆论都受到过自由遗嘱处分的实践的重大影响；在我看来，在大部分的法兰西社会关于由家族保存财产这个问题的情绪，和英国人目前的观念比起来更加类似于二三世纪以前流行于欧洲的情绪。

说到"长子继承制"问题就提出了历史法学中一个最困难的问题。虽然我还没有开始解释我的观点，但我常常谈到在罗马继承法上，数量众多的"共同继承人"总是和

古代法

一个单独的"继承人"具有相同的立足点。事实上，我们从来没有在罗马法学上的某个时期看到过，集体的共同继承人不能够取得"继承人"或"概括继承人"的地位。这个集体作为一个单一的单位进行继承，继承的财产在以后通过另一个单独的法律程序在他们中间进行分配。当"继承"是法定继承时，这个集体都是由死者的子嗣所组成，他们中的每一个人都取得了相等份额的财产；虽然在某个时期男性比女性占一些优势，但在这里完全没有"长子继承制"的任何痕迹。在全部古代法学中分配的方式是完全一样的。当然，当民事社会开始并且各个家族在许多代以后已经不再结合在一起时，自发地就产生了要把领地在每一代的所有成员中平均分配的想法，并且不再为长子或他那一支保留任何特权。我们可以在比罗马制度更古的一些制度中，看到一些有关这种现象和原始思想之间的密切关系的某种特别意味深长的暗示。在印度人中，儿子刚出生时就马上对他父亲的财产取得一种既定的权利，这种财产没有得到他这个共有人的承认是不能出卖的。在儿子成年时，他有时甚至可以不用得到父亲的同意强迫分割财产，并且如果得到了他父亲的同意，就算其他儿子不愿意，一个儿子也能进行分割。在这类分割发生时除了取得的份额是两份而不是一份以外，父亲并不能比儿子得到更多的优待。日耳曼部落的古代法非常相似。"自由地"或家族领地是父亲和儿子的共有财产。但是在习惯上这种共有财产在

第七章

父亲死亡的时候也是不分割的,同样的,虽然一个印度人的财产在理论上是可以分割的,但事实上却很少分割,因此往往经过了许多世代的继承却从不分割,因此,印度的家族就有不断扩张为"村落共产体"的倾向,我将在以后阐述这种情况。所有这一切都很明显地说明,在死亡时在男性后裔中将财产绝对平均分配,是家族依附开始瓦解的第一个阶段中社会上最为常见的实践。因而在这时候"长子继承制"就成为历史上的难题了。封建制度在形成的过程中,一方面从罗马各省的法律中获得要素,另一方面从蛮族的古代习惯中得到要素,除此之外在世界上已没有其他渊源,但是我们知道罗马人或蛮族在财产继承中都没有把任何优先权给予长子或其亲系的习惯,因此当我们对这些知道得越多,我们就会在刚接触时感到越多的困惑。

蛮族刚刚在罗马帝国境内定居下来时,他们所实行的各种"习惯"中并没有"长子继承制"。我们知道它的渊源是入侵族长的采邑或受益。这些在开始时只是由迁入的国王偶尔封赐、但后来为查理曼大量分封的"采邑",是授予有军功的受益人拥有的罗马各省土地。自主地所有人似乎并不跟随他的君主进行远征或艰难的冒险,所有法兰克的首领们和查理曼所进行的历次远征的随行人员,要么是依附于王家的士兵,要么是因为租佃土地而被迫服役的士兵。但是采邑在开始时一点都没有世袭的意味,"采邑"的持有根据分封者的好恶而定,而且最多拥有到受封人的死亡为止；但在一开始的时候，受益人似乎没有想要努力延长采邑的占有期限，也没有尝试在其死后把土地继续保留给他们的家族。由于查理曼的继承人软弱无能这些企图普遍获得成功，"采地"就渐渐地变成可世袭的"封地"。但是尽管封地是世袭的，但却不是必须传给长子的。这些"封地"所遵从的继承规则完全由分封者和受益人之间协商的条件决定，或者由其中一方强加于较弱的一方的条件所决定。因而最初土地的占有形式的种类是非常多的；因为到现在为止所提到的各种土地租借条件都是为罗马人和蛮族所熟悉的继承方式的某些结合，所以并不像有时所声称的那样可以任意地变化，但其形式仍旧是非常多样化的。在某些土地占有条件中长子和其支系毫无疑问可以优先于其他子嗣继承封地，但是这种继承远远不那么普遍，甚至一般很少采用。这种完全相同的现象再次发生在欧洲社会较为近期的一次变化中，即当领地的（或罗马的）和自主地的（或日耳曼的）财产形式完全被封建的财产形式代替的时候。自主地完全被封地所吸收。较大的自主地所有者有条件地将部分土地移转给属下从而成为封建主；较小的自主地所有者为了逃避那个恐怖时代的压迫，就把他们的财产献给某些强大的族长，并以战争时为其服役为条件从其手中领回其土地。与此同时，西欧数量众多的处在奴隶或半奴隶的状态的人民——罗马和日耳曼的个人奴隶，即罗马的土著农奴和日耳曼的农奴——也同时为封建组织所吸收，他们中的一小部分人成为封建主的奴仆，但大部分人则以那个时代被认为降格的条件来得到土地。在这普遍分封土地的时代中所创设的各种租借土地条件，因为佃户和新地主拟定的条件或是新地主强迫佃户接受条件的不同而不同。在作为采邑的情况下，有些但并不是全部的财产按照"长子继承制"的规定发生继承。然而，一旦封建制度在整个西欧普遍施行以后，"长子继承制"就立即显示出比其他任何一种继承方式更大的优势。于是"长子继承制"就以令人震惊的速度传到欧洲每一个角落，它流传的主要手段是"家族财产授予"，在法兰西被称为 Pactes de Famille，在日耳曼称为 HausGesetze，它普遍规定凡是因为战功而占有的土地都应该传给长子。到最后，法律竟不再适用，反倒开始遵循这根深蒂固的习惯，我们可以发现在逐渐建立起来的所有"习惯法"里，长子及其支系有优先继承自由租地和军役租地的财产的权利。至于因为佃役租地而占有的土地（最初，所有的租地都是佃役的，佃户必须支付金钱或提供劳役），各国和各省的习惯所规定的继承制度有很大的差异。比较普通的规则是，所有人死亡时这些土地在所有的子嗣中平均分配，但在某些例子中长子仍然享有优先权，在某些例子中则是幼子获得优先权。但是对于像英国的"停役租地"这样的租地发生的时期较其余各类的租地迟，并且既不是完全自由的，也不是完全佃役的，这类佃户持有的在某些方面看起来最重要的财产的继承，通常就适用

"长子继承制"。

一般认为"长子继承制"之所以广为流传，是因为一种被称为封建分配的原因。据声称，假如在封地的最后占有者死亡时将封地传给一个单一的人而不是在多数人中间进行分配，封建主就可以得到更好的他所需要的军役的保证。不可否认这种想法可以部分地说明"长子继承制"为什么逐渐成为一种偏好，但我必须指出的是，"长子继承制"之所以能成为欧洲的一种习惯，更多的是由于它为佃户所欢迎，而不是因为它对封建主有利。此外，上述理由完全没有办法说明其来源。法律中不可能会有哪种规定完全是出于一种便利的想法而制定的。在便利的想法发生作用之前一定先存在着某种观念，而法律规定所能做的也只是把这些观念重新结合而已；在目前的情形下，问题就在于寻找这些观念。

在一个这类迹象很多的地方我们得到了一个很有价值的暗示。在印度，尽管父亲的财产可在其死亡时加以分割，并且甚至可以在生前就在所有男性子嗣中平均分割，而且这个财产平均分配的原则推广到了印度制度的所有部分，但当最后一个"在职者"死亡时，他所留下的公职或政治权力却差不多都普遍按照"长子继承制"的规定进行继承。因此，统治权是传给长子的，在把印度社会集体单位的"村落共产体"的事务限制给一个单独的管理者管理时，一般而言父亲死亡以后就由长子继续管理。事实上在印度所

第七章

有的职位都有世袭的倾向,而且在其性质许可的情况下,这些职位就归于最古老的支系的最年长的成员。对比印度的这些继承和某些在欧洲几乎一直存在到现在的尚未开化社会组织的继承,我们可以得到这样的结论,当宗法权不仅是家庭权力而且也是政治权力时,它在父亲死亡时并不会在所有子嗣中分配,而是长子生来就有的权利。例如,苏格兰"高地"部落的酋长职位就是按照"长子继承制"的顺序继承的。这里似乎的确有一种比我们从有组织的民事社会的原始记录中所知的任何一种家族依附都要古老的家族依附。古罗马法中亲族的宗法联盟以及大量相似的迹象,指出在某个时期家族的所有支系都结合在一个有机的整体中;当亲族用这种方式形成的集团本身就成为一个独立社会时,这个集团就由最古老的亲系中最年长的男性来管理,这不是一种自大的推测。的确我们并不知道任何此类社会的真实知识。据我们所知就算在最原始的共产体中,家族组织最多也不过是政府中的政府。但是有一些部族特别是凯尔特部族的地位从有历史记载以来都是近似于独立的,这使得我们不得不相信在过去它们一度是单独的政府,其酋长的职位是按照"长子继承制"来继承的。但是,我们必须注意的是,不要把它和法律术语的现代意义联系起来。我们现在所谈到的家族关系比我们所知道的印度社会或古罗马法中任何家族关系更为迫切和紧密。假如罗马的"家长"显然是家族财产的管理者,而对印度人来说父亲和他几个儿子一样只是财产的共同享有者,那么可以更明显地看出真正的宗法首领不过是一个公共基金的管理人。

因此,在"采邑"中所发现的"长子继承制"的继承例子可能是模仿了入侵种族的某种宗族政府制度,入侵种族知道这种家族政府制度、但并不普遍适用这种制度。有些野蛮的部落也许还在实行着这种制度,或者更加可能的是,他们的社会还刚刚离开较为古老的状态,因此当人们在制定一种新形式的财产继承规则时,就自然地回想起了这种"长子继承制"。但这里还有一个问题,为什么"长子继承制"会逐渐取代了其他一切继承原则?我以为答案应该是欧洲社会在加洛林帝国瓦解期间很明显在退化。它甚至比早期蛮族王朝时期的悲惨低等的状况还要落后一些。这个时期的最大特点是国王权力软弱无力甚至中断,也就是对内权威的软弱无力和中断;因此社会内部并不团结,人们也普遍地倒退到比民事共产体开始时更加古老的社会组织中去。在9、10世纪时,封建主连同其属臣也许都属于同一个宗法家族,这种家族不像原始时代那样用"收养"补充成员,而是用"分封土地"的方式来补充成员;"长子继承制"的继承方式对于这样一种结合而言是力量和持久性的渊源。只要这些在土地上建筑了机构的所有组织能团结起来,它就可以进行有力地攻击和防卫;分割土地也就是分割这微小的社会,也就是在到处都是暴力的世纪里为侵略创造机会。我们完全可以断言,优先采用"长子继承制"并不是为了一个儿子而剥夺其余儿子的继承权。分裂封地将会使每一个人受到损害。封地的巩固能够让每一个人得到好处。"家族"的力量可以因为权力集中在一个人手上而变得更加强大；得到了继承权的领主并不会比他的同胞和亲属在占有、利益或享受上获得任何有利条件。如果我们用英国严格的财产授予下长子所处的地位，来估计一个封地的继承人所继承的特权，这将是一个奇异的时代错误。

我曾说过我认为早期的封建联盟来自一种"家族"的古代形式，并且和它非常相似。但是在古代世界以及在一些还没有经过封建制度严酷考验的社会中，当时似乎流行过的"长子继承制"还没有演变成后期封建制欧洲的"长子继承制"。当亲属集团经过许多世代不再被一个世袭的族长统治时，过去为所有人管理的领地也就被平均分配给全部的人。为什么封建世界中没有发生这种情况呢？假如在最初的封建时期的混乱中，长子拥有土地是为了全家的利益，那么当欧洲的封建制已经巩固、正规的社会生活已经再次确立的时候，整个家族为什么没有重新恢复罗马人和日耳曼人过去曾经拥有的平等继承权的能力？这个问题的关键很少能被那些专心致力于追溯封建制度的家系的著者所开启。他们察觉到了封建制度的原始材料，但是却没有注意到结合后的成品。蛮族的和古代的观念和社会形式毫无疑问有助于这个制度的形成，然而，当法院和法学家被要求为它做解释和定义时,他们却用最后期的罗马法学的原则来解释它,因此这些原则是非常精确和成熟的。在一个由宗法统治的社会中,长子继承"宗亲"集团的政府,并且拥有绝对处分家族财产的权力。但是他并没有因而成为一个真正的所有者。他还肩负着不包括在所有权概念内的有关义务,这些义务十分不明确而且难以下定义。可是就像我们自己的法律那样,后期的罗马法学将财产上无限制的权利看成和财产所有权一样的权利,并且没有、事实上也不可能会注意到这种类型的所有权的义务,而在正规法律产生之前有关这类义务的概念就已经存在着。在这种精确的想法和野蛮的观念接触后,不可避免地导致了使长子成为了遗产的法定所有者的后果。从一开始教会的法学家和世俗的法学家就这样确立了长子的地位;而本来能够和其兄长以平等的地位共享祸福的年轻兄弟,则在不知不觉间沦落为神职人员、冒险的军人或是官邸的食客。这种法律革命和最近在苏格兰高原大部分地区发生的小规模的革命一模一样。在苏格兰法学必须决定酋长在供养其部族的领地上具有哪些法律权力时,同族人能够将模糊限制强加于完全支配权之上的时代已经过去了很久,因此,原本属于很多人的祖传财产也就不可避免地变成了一个人的财产。

为了简单起见,我将一个单独的儿子或后裔继承了家族或社会的权力的方式,称为"长子继承制"的继承模式。

第七章

然而值得注意的是，在少数遗留给我们的有关这种继承的古老事例中，不一定总是我们所熟悉的意义上的长子获得代理地位。一度在西欧流行的"长子继承制"的形式也曾在印度人中存在了很久，所有的理由都让我们相信这是正常的方式。在这种形式下，通常不仅是长子，而且是长子的那一支具有优先权。假如长子无法继承，则长子的长子不仅对其兄弟，而且对其叔父也有优先权；假如他也无法继承，则再下一代也同样适用这一规定。但如果继承的不仅仅是民事权力、而且也是政治权力的时候，也许就会出现一个难题，当社会的凝聚力越弱这个难题就越大。一个行使权力的酋长可能会比他的长子活得久，而本来有继承权利的孙子又可能因为太过年轻和不够成熟的缘故，无法担负起实际指导社会以及管理其事务的责任。在这种情况下，较为稳定的社会通常会采取一种权宜之计，即派人监护年幼的继承人直到他长到可以执政的年龄。一般由男性宗亲掌握监护权；但是值得注意的是，一些偶然事件显示，在古代社会的某些罕见情况下妇女也被允许行使这种权力，毫无疑问这是出自于对母亲的庇护要求的尊重。在印度，一个印度统治者的遗孀曾经以她稚子的名义统治国家，并且我们也不禁想起规定法兰西王位继承的习惯——不论这种习惯的渊源是什么，但无疑是非常古老的——这个习惯规定比起其他所有申请者，"王的母亲"具有优先获得"摄政权"的权力，但与此同时它又严格排除所有女性对王位的继承权。然而，还有另一种方法可以回避这种因为把统治权传给一个年幼的继承人所产生的种种不便，毫无疑问这种方法会自发地在简单组织起来的共产体中发生。这个方法就是完全将年幼的继承人放在一边，而把酋长的职位授予第一代人中还活着的年纪最大的男性。在许多从民事和政治社会还未初步划分的时期中保留下来的现象中间，凯尔特的部族组织就有着这样的继承规定，并且把这种规定一直带到了有历史记载的时期。在这些部族组织中，似乎还存在着这样一种实际的规则，即在长子不能继承时，他年纪最大的兄弟可以优先于所有的孙辈而获得继承，而不管在发生继承时孙辈的年龄有多大。有些著者用来解释这个原则的假说是这样的，他们认为凯尔特的习惯是把最后一任酋长看做是一个树根或是主干，然后把继承权给予和他血缘最亲近的卑亲属；因此叔父因为比较接近于共同的树根而获得优先权。如果这个假设只是用来说明继承制度，那便没有什么可以反对的；但是如果以为第一个采取这种规定的人在运用一个推理过程，这个过程显然从法学家开始辩论封建继承体制的时候就存在着，那么这会是一个严重的错误。叔父之所以能比孙辈优先的真正原因无疑是出于原始社会中原始人们的一种简单考虑，即由一个成年的酋长来统治总比一个孩子好，而且年纪较轻的儿子似乎会比长子的任何子嗣更快成年。同时，我们有一些证据可以证明我们最为熟悉的那种"长子继承制"的形式是一

第七章

种原始的形式,其传统是必须先得到部族的同意才能忽略年幼的继承人而让其叔父优先获得继承权。在苏格兰的麦克唐纳氏纪年史中有着关于这种仪式的经过鉴定的相当不错的例子;而且在最近一些调查者的解释中可以知道,爱尔兰的凯尔特遗迹中也透出相当多类似事件的迹象。用选举的方式让一个更加有价值的宗亲亲属取代较为年长的候选人的例子也可以在印度村落共同体的制度中看到。

在也许保存着某种古代阿拉伯习惯的穆罕默德法中,财产的继承在几个儿子中平均分配,女儿可以取得半份;但是如果在继承权分割前有任何一人死亡且生育了子女,那么这些孙子女将全部被他们的叔父和姑母所排斥。与这原则一致的是,在移交的是政治权力时就按照凯尔特社会中的"长子继承制"的形式进行继承。在西方两大穆罕默德家族中,继承依据的规则是,叔父优先于侄儿继承王位,就算是长兄的儿子也是一样;但是尽管这个规则在埃及和土耳其直到最近仍在适用,但是据我所知,土耳其君权的移转是否仍然适用这个规则还是存在疑问的。事实上苏丹们的政策一直在防止适用这个规则的情况发生,他们成批屠杀他们的弟弟很有可能一方面是为了其子孙的利益,另一方面也是为了将王位的危险竞争者消灭。不过很显然,在一夫多妻的社会中"长子继承制"的形式一直趋向于变化。继承的主张可以由许多因素构成,比如母亲的地位或她受父亲宠爱的程度。因此,有些信奉伊斯兰教的印度君主不敢觊觎任何明显的遗嘱权,但主张提出继承之子的权力。在《圣经》上以萨克和他的儿子的历史中所提到的祝福,有时被认为是一种遗嘱,但似乎更应该是一种指定长子的方式。

第八章

早期财产史

《罗马法学阶梯》在对各种各样的所有权进行定义之后,进而开始讨论"取得财产的自然方式"。对于不熟悉法律中的人而言,这些所谓取得的"自然方式"在一看之下似乎没有办法令人产生理论上或者是实践上的兴趣。猎人捕获或者杀死的野兽,我们的田野上由于河流中的沙不知不觉沉积而新增加的土地,和生根在我们土地上的树木,这一些都是罗马法学家称之为我们可以自然地取得的东西。较为年长的法学家毫无疑问可以观察到,这类取得普遍地是由他们所处的小型社会的习惯所认可的,而后一时期的法学家就会发现这些取得已经在古代的《万民法》中被归类了,并且他们将它们视为是最简单的一种取得,因而就在"自然"法令中给他们分配了一个位置。这种取得在现代所受到的礼遇正在继续不断增加,甚至完全超过了它本身所具有的重要性。理论使得它们成为最美味的食物,并使它们有能力在实践中产生最严重的影响。

我们有必要只研究这些"自然取得方式"的其中一种,也即"先占"。"先占"是可以占有在当时还无主的财产,目的(这是在专门的定义中加上的)在于将取得的财产占为己有。罗马法学家称其为无主财产的物品——就是在现在没有或者过去从来没有过一个所有者的物品——只可以用列举的方式来加以确定。从来没有过一个所有人的物品可以包括野兽、鱼、野鸡、第一次被挖掘出来的宝石,以及新发现或者从来没有被耕种过的土地。现在没有所有人的物品可以包括,抛弃的动产、荒废的土地以及(一个最惊人也最可怕的项目)敌人的财产。在所有这些物品中,完整的所有权属于第一个占有他们、并且意图保留它们作为己有的占有人——这种意图在某些情况下必须用特殊的行为表示出来。我以为想要理解"先占"的普遍适用性并不困难,它促使某些罗马法学家将"先占"的实践列入"所有国家共有的法律"中,而它的朴实性使得另外一些法学家认为应当将其归于"自然法"。但对于它在现代法律史中的命运,我们并没有先验的考量。罗马人关于"先占"的原则,以及法学家把这个原则扩展而来的规则,是所有现代"国际法"中有关"战利品"以及新发现国家取得主权等问题的来源。它们又提供了一种被称为"财产起源"的很受欢迎的理论,这种理论通过这个或那个形式被绝大多数理论法学家所默认。

我已经说过罗马关于"先占"的原则决定了"国际

第八章

法"中关于"战利品"这一章的要旨。"战争掳获法"中的有关规定有这样一个假定前提,即敌对状态的开始使得社会回到一种自然状态,而这种人为的自然状态使得交战国的私有财产制度处于一种中止的状态。"自然法"的后期论述者们竭力主张私有财产在某种意义上是他们所阐述的体系所认可支持的,因此在他们看来敌人的财产是无主物这种说法,是邪恶的和令人震惊的,他们小心翼翼地将它污蔑为仅仅是法学上的一种拟制。但是一旦我们把"自然法"溯源到"万民法",我们就可以看出为什么敌人的财产会被看做是无主财产,并因而被第一个占有人取得。当胜利瓦解了征服者的军队组织,并且使得士兵四散开来不加选择地劫掠时,从事古代形式的战争的人们自然而然地会产生这种观念。然而,掳获者在一开始很有可能只允许取得一些动产。我们根据可靠的权威可以知道在古意大利,流行着一种非常不同的规则以获得被征服国家的土地上的所有权,我们可以因此推测把先占原则适用于土地(这始终是件艰难的事情)开始于"万民法"成为"自然法典"的时期,而且这是黄金时代法学家所作出的一种普遍性的结论。在查士丁尼的《学说汇纂》中保存了他们关于这一点的教条,这些教条无条件地主张就交战的对方而言敌人所有类型的财产都是无主物,而"先占"作为"自然法"的一种制度使得敌人的财产为劫掠者本身所有。国际法学从这些见解中得出的规则有时被诬蔑为一种对战斗人员的残暴和贪婪不必要的纵容，但我认为只有那些不熟悉战争历史的人才会做出这种指责，因为这些人不知道要强迫人们服从于任何一种规则是一件多么伟大的功绩。当现代的"战利品"法采纳了罗马的"先占"原则时，一些附属的法规也随之被采纳，使其执行变得更加精确，而且如果把在格劳秀斯的论文成为权威后发生的战争和其之前一段时期的战争作比较，我们可以看到一旦接受了罗马的格言，"战争"马上呈现出一种比较可以容忍的性质。如果指控有关"先占"的罗马法律对现代"国际法"的所有部分产生有害影响，那么因为某种理由我们可以说受到有害影响的是国际法的另外一章。国际法学家在新国家的发现上使用了罗马人关于发现宝石的相同原则，这样就在他们的理论中强加上了一条完全不能完成其期待任务的学理。这条学理因为15和16世纪伟大航海家的发现，而被提高到了极端重要的位置上，但是它引起的争议远远比它所解决的争端来得多。不久以后在两个最需要明确的问题上发现了最为严重的不确定，即发现者为他的统治所要求获得的领土的范围，以及完成主权占有的假设所必须完成的行为的性质。除此之外，这个原则本身竟能赋予一个幸运的事件以如此庞大的好处，因此某些最喜爱冒险的欧洲国家如荷兰、英国以及葡萄牙就本能地反对它。我们英国人虽然没有清楚地否认"国际法"上的规定，但是实际上从来没有认可西班牙人独占墨西哥湾以南所有美洲的主张，也没有认可法

第八章

兰西国王独占俄亥俄和密西西比流域的主张。从伊丽莎白即位到查理二世即位为止，可以说在美洲的海域内从来没有过完全的和平，而"新英格兰殖民者"对法兰西国王的领土的侵犯几乎持续了一个世纪。这条法律原则在适用中所遇到的混乱状况使边沁受到很强烈的冲击，以至于大失常态而去颂扬那有名的教皇亚历山大六世的"训谕"，该"训谕"在亚速尔群岛以西一百古海里处划出了一道分界线，把世界上还未发现的国家分给了西班牙人和葡萄牙人；边沁的颂扬在乍看之下好像很是荒诞可笑，但教皇亚历山大的安排在原则上究竟是否比"国际公法"的规则更为可笑，还是一个问题，因为"国际公法"把半个大陆给予一个国王的理由，竟然是他的仆人们的行为正好符合罗马法学中规定的关于取得一件用手就能覆盖的贵重物件的条件。

对于所有从事本书主题的研究的人们来说，他们之所以对"先占"很有兴趣主要是因为它对纯理论法学所作出的贡献，即它提供了一个有关于私有制起源的假设说明。"先占"所包括的程序，和一开始时将共有的土地及其果实转变成为个人拥有财产的程序，在过去曾经被普遍认为是完全相同的。如果我们掌握了在"自然法"中古代的概念和现代概念之间的区别，那么就不难理解导致了这个假设的思考过程。罗马法学家认为"先占"是一种取得财产的"自然方式"，而且他们坚定地相信假如人类真的可以在"自然"制度下生活，"先占"一定会成为他们的实践之一。

古代法

至于他们是否真的相信这种状态的民族曾经存在，就像我在前面说过的那样，是他们论文中无法确定的一个问题；但是他们有一个猜想确实一直被认为是有理的，即财产制度并不是自有人类以来就存在的。现代法学毫无保留地接受了他们的所有教条，甚且在这种假定的"自然"状态上所抱有的好奇心比他们更加急切。从此以后由于这个论点被现代法学所接纳，认为土地及其上的产物曾经一度是无主物，同时也因为它对"自然"的特殊见解使得它毫不犹豫地设想，在民事社会的组织存在的很久以前人类就的确实行过无主物的"先占"，我们可以立刻得到一个这样的推论：即通过"先占"这个程序，在世界历史中，原始世界的"无主物件"就成为了个人的私有财产。把那些以某种形式赞同这个理论的法学家列举出来将会是件令人厌烦的事情，而且也没有必要这样做，因为布莱克斯通，这个始终作为他那个时代一般意见的可靠表征的人，曾经在他的第二本书的第一章中写下以下一段概括。

"土地，"他写道，"以及在土地上的所有物品是人类直接受'造物主'的馈赠而得到的一般财产。就算在最早的时代，财物共有似乎也从未在实物以外的部分适用过；也不能扩大到物品的使用。因为按照自然法律和理性，凡是第一个开始使用该物品的人就获得了一种暂时的所有权，只要他还在使用着它，这种所有权就一直存在，但是一旦不使用就会消灭；或者更确切地来讲，占有的权利只和占

第八章

有的行为同时继续存在。于是，土地是共有的，没有哪个部分可以成为特定个人的永久财产；但是如果有人为了休息、居住或其他类似目的而占据了它的任何特定的场所，通过这种行为他暂时取得一种所有权，如果有人用武力赶走他是不公平而且是违背自然法的，但是只要当他停止了这种占有的状态，其他人才可以马上占领这个场所而不会有何不公正之处"。他因而进一步表明，"随着人类数量的不断增加，有必要采纳较为长久的支配权的概念，而且不仅要把直接的使用权、也要把将被使用的实物拨归个人所有"。

这一节中的某些模糊的表述，使人怀疑布莱克斯通似乎并不是那么明白他在他权威著作中所发现的命题，也即在"自然"法下由占有人第一个取得所谓的地面所有权的命题；但是他有意地或是出于误解而加在这个理论上的限制，使它变成一种很少呈现的形式。许多比布莱克斯通更出名的作者用更加精确的语言说明，在事物的一开始，"先占"最初甘冒天下之大不韪给予占有者一种排它的但又只是暂时享有的权利，到后来，这种权利在保持其排他性的同时又变得很长久。他们如此展开他们理论的目的在于，使"自然"状态下的无主物通过"先占"而成为财产的学理，和他们从圣经史中所得出的推论取得一致，即在一开始族长们并没有永远占有牧养其牛羊的土地。

能够直接适用于布莱克斯通理论的唯一批评，在于研究那个拼出了他的原始社会图景的情况，是否比其他能同样容易被想象的情况更加接近现实。为了使用这种研究方法，我们可以公平地询问，是不是占据（布莱克斯通显然使用的是这个名词的一般英语意义）地表一定场所用来休息或居住的人能够被准许保留它且不受打扰。这样的话必须拥有同样程度的力量才能保住这种占有权，并且他也很可能时常受到垂涎这块土地并自以为有能力将所有者驱逐掉的新来者的干扰。但真实的情况是，所有针对这些论点的挑剔根本没有价值，因为这些论点本身毫无依据。把人类在原始状态中做什么当做研究的题目也许并不是毫无办法的，但我们很可能就无法知道他们这样做的动机。有两种假定影响了这些关于世界上最古老年代的人类状态的描写，被剥夺了如今生活中他们所能享有的大部分环境资源，其次是假定在这种想象出来的条件下他们仍然会保留着到现在还激励着他们的相同情绪和偏见，——尽管在事实上，这些情绪很有可能是因为假设中认为他们应当被剥离的环境产生和造成的。

萨维尼的一个箴言有时候被认为在支持一种有关财产起源的见解，这种见解和布莱克斯通所概括的某些理论很相似。这个伟大的日耳曼法学家宣称：一切"所有权"都是建立在因"时效"而成熟的"相反占有权"之上的。萨维尼作出这样说明仅仅是针对罗马法来说的，在我们可以全部理解其含义之前还必须花费很多精力在解释和定义术语上。然而,他的意思可以得到充分正确的说明,假如我们认为他想要表明的是:不管我们如何深入地研究关于罗马人所接受的有关所有权的观念,也不管我们在追溯这些观念时如何密切贴近法律的幼年时代,我们在法规中所能得到的关于所有权的概念不外乎以下三个要素——"占有","相反的占有",即不是一种任意的或是从属的占有、而是一种可以对抗所有其他人的占有,以及"时效",也就是"相反占有"的状态不间断地持续着的一段期间。这个箴言非常有可能用比萨维尼所允许的更大的普遍性来表达,但假如我们所观察的任何法律制度早在这些组合观念构成所有权观念之前就产生了,就很难指望得出一个合理且有把握的结论。同时萨维尼的经典著作不但确立了关于财产起源的通论,它的特殊价值还在于为我们指出了它的弱点。在布莱克斯通和他的追随者的观点中,神秘地影响了我们种族祖先的心理的,是其取得独家享有的方式。但是这个并不是它神秘的地方。所有权开始于相反的占有,这一点没有什么好奇怪的。第一个所有者应当是个拥有武器、强大到能安然无恙地持有他的财物的人,这也没有什么好意外的。但是为什么一定要随着时间的流逝才能产生一种尊重他人的占有的情绪——这正是为什么人类对实际上存在了很久的东西普遍加以尊敬的真正根源——这个问题才真正值得深入研究,但是却远在我们目前的研究范围之外。

在指出我们从什么地方能够多多少少搜集到一些有关

所有权早期历史的知识之前,我斗胆提出自己的意见:一般关于"先占"在文明第一阶段所处的地位的印象,正好和事实相反。"先占"是一种通过对实物的占有而进行的经过仔细考虑的承担行为;至于这种行为能够使人们对"无主物"享有权利的看法,不仅不是早期社会的特征,而且极有可能是一种精准的法学和一种在安定情况下法律发展的结果。只有在长期的实践中财产权利的不可侵犯性得到了认可之时,以及绝大多数的享乐物品已经归私人所有时,才可以准许通过单纯的占有使首个占有者在从未被主张过所有权的物品上取得支配权。引起了这个学说的情绪,以及作为文明开始时期特征的所有权的罕见和不确定,这两者之间是完全不能调和的。它真正的基础似乎并不在于本能地对这种"财产权"制度的偏好,而在于因为这个制度长期存在而产生的一种假设,即每一件物品都应当有一个所有者。当一个"无主物"、也就是当一个还没有或从来没有被支配过的物品被占有的时候,之所以允许占有者成为支配者是因为这样一种感觉,即所有的贵重物件必定被排他地占有,而在特定的情况下,除了"占有人"之外财产权从来没有被授予任何人。简而言之,"占有人"之所以能够成为所有人,是因为所有的物品都被假设为应当是某个人的财产,同时也是因为没有人能比占有人更有权利拥有对这特定物品的所有权。

即使对我们已经讨论过的自然状态下的人类的描写没

有什么异议，但是有一点描述与我们所掌握的权威证据有根本的不同。我们可以观察到，这些理论假设各种行为和动机是出于"个人"的行为和动机。每一个"个人"自己签署了"社会契约"。这就像是某个移动的沙洲，"个人"是沙洲中的沙粒，按照霍布斯的理论，这些沙粒经过武力的锻炼变得坚硬成为社会的岩石。在布莱克斯通所描绘的图画中，"为了休息、居住或其他类似目的而占据了一块确定的土地"的也是"个人"。它的缺点是必定会撼动从罗马"自然法"所传下来的所有理论，罗马"自然法"和"市民法"最大的不同之处在于它对"个人"的重视，也在于它对人类文明所做出最大的贡献，即它将个人从古代社会的权威中解放了出来。但是有必要再一次说明的是，在"古代法"中几乎完全没有"个人"的存在。它所关心的是"家族"而不是"个人"，是集团而不是单独的个人。即使"国家"的法律已经成功地渗透入它本来无法进入的亲族的小圈子，它对"个人"的看法还是明显不同于法学成熟阶段的看法。公民的生命没有限制在出生到死亡的时间段内；公民的生命只是他的祖先存在的延续，并且随着其后裔的存在继续延续。

罗马人对"人法"和"物法"的区分虽然极其方便，但纯粹是人为的，这个区分显然使得我们在研究当前主题的时候偏离了真正的方向。在讨论"物权法"的时候就忘记了从"人身权法"中得来的教训，而当考虑到"财产"、

古代法

"契约"以及"侵权行为"的时候，又好像无法从关于"人"的原始状态的确定事实中获得有关其原始性质的暗示。假如把一个纯粹古代法律制度放在我们面前，并且用罗马的分类方法做试验，很显然可以看出这个方法的无益。我们马上就可以看出，在法律的早年时期把"人法"从"物法"中分离出来的行为没有任何意义，因为属于这两个部门的规定混杂在一起难以分开，而后期法学家的区分只能在后期法学中运用。在本书前面的部分中已经说过，如果只把我们的注意力放在个人的所有权上，那么就可以推断出我们将先天地无法获得有关早期财产史的任何线索。真正的古代制度很可能是共同所有权而不是分开的所有权，而且提供给我们指示的所有权的形式，则是那些和家族权利以及亲属集团的权利有关联的形式。罗马法学在这一点上不能给我们什么启示，因为恰恰是被自然法理论改造过的罗马法学遗留给我们现代人以下的印象，即个人所有权是所有权的正常状态，而由人的集团所共有的所有权只是一般规则的例外。然而，所有想要探索任何已经消失的原始社会制度的人，都应当去仔细研究一种共产体。一支在印度定居了很多个时代的印度—欧罗巴家族的原始制度即使发生过重大变化，它也绝少会完全废除它原来发展时期的外在形态。在印度人中间我们的确发现了一种应当立即引起我们注意的所有权形式，这种形式完全符合我们在研究"人法"中有关财产原始状态时所指出的各种观念。印度"村落共产体"在作为一个有组织的宗法社会的同时又是一个共同所有人的集合。组成这个社会的人们之间的个人关系和他们的财产所有权混杂在一起、无法区分开来,英国的官吏曾经想把这两者分开的企图被认为是英国人在印度的统治中最大的失误。印度的"村落共产体"被认为是非常古老的。不管从哪个角度、一般历史或者地方史来深入研究印度历史,在这些历史发展的最早时期往往都能发现这种"共产体"的存在。许多聪明且善于观察的著者中的大部分人没有任何类型的理论来支持这种"共产体"的性质和起源,但他们却一致认为这种社会制度最不容易被摧毁,这种制度从来不乐意改变它的任何一个惯例。征服和革命像是对它横扫而过,但却没有扰乱过或取代过它,在印度,最佳的政府制度始终是那些将它承认为行政管理基础的政府制度。

成熟的罗马法律以及随着它而发端的现代法学认为共有制度是财产权中一种例外的、短暂的状态。一句在西欧普遍流传的格言可以明显地表现出这种观点:没有人能违背其意愿而被保留在共同所有制中。但是在印度这种观点正好完全相反,可以说是个别所有制始终在向共同所有制的方向发展。前面已经谈到过这个过程了。儿子在一出世的时候就已经从父亲的财产中获得了一种既得利益;当他成年时,在特定的偶然状态下,法律的条文甚至给予他要求分割家族财产的权利。然而在事实上,就算在父亲死亡的时候也极少会发生分家的情况，财产往往过了好几代还保持着没有被分割的状态，尽管每一代的每一个成员对财产中未经分割的份额都拥有合法的权利。这些因而被共有的领地有时候由一个选出来的管理人进行管理，但更普遍的处理方法是，由年纪较大的宗亲、即家族中长房最年长的代表来管理，而在某些省份中甚至全部采用这种方式。这种共同财产所有人的集合，一个持有一份共有领地的亲族的集团，就是形式最为简单的印度"村落共产体"，但这种"共产体"不仅仅是亲人之间的手足之情，也不只是合伙人的联合。它是一个有组织的社会，它不但规定了共有基金的管理，并且通过一整套的官员机制规定了内政、警务、司法以及赋税和公共义务的分摊。

我在上面叙述的"村落共产体"的形成过程，可以视为典型。但是我们不能因此推测，在印度所有的"村落共产体"都用这样一种简单方式结合起来。尽管据我所知，在印度北部，保存下来的记录几乎总是显示"共产体"建立在一种简单的血亲集合之上，但记录中也提供了这样一种信息，即拥有不同血统人也始终可以随时加入，并且在特定条件下，纯粹作为一个份额财产的购买人一般也可以被准许加入这个家族。在印度半岛的南部，通常有些"共产体"似乎不是由一个家族而是由两个或更多的家族发展而来；也有些"共产体"被认为完全是人为构成的，有时候不同家族的人聚集在同一个社会中的情况对于一个共同

第八章

祖先的假设确实是致命的打击。但是在所有这些同族中，要么保留着来自于一个共同祖先的传统，要么有着来自一个共同祖先的假定。蒙特斯图亚特·埃尔芬斯通曾经对"南方村落共产体"进行过特别详细的描写（在他英文版《印度史》第126页中）："一般人认为村落的土地所有者都是开拓这个村落的一个或几个人的后人；而通过向原本的族人购买或其他方法从本来的家族那儿获得权利的人，是仅有的例外。下列事实可以证明这个推论，即直到现在为止，小村落的土地所有者往往只是一个唯一的家族，大村落中的土地所有者通常也只有少数几个家族；但是每一个家族都有许多成员，以至于所有的农业劳动一般来说都由土地所有者自己承担，不需要佃户或工人的帮助。土地所有者的权利属于他们集体所有，尽管他们几乎一直能够获得其中或多或少的一个完整的部分，但他们从来没有进行过完整的分割。例如，一个土地所有者可以出售或者抵押他的权利；但他必须先获得'村落'的允许，而买受人就严密地取代他的位置并负担他所有的义务。如果一个家庭没有后裔，它的份额便返还到共有财产中。"

我相信本书在第五章中提到的一些设想可以帮助读者理解埃尔芬斯通所谈的重要性，除非通过某种充满生气的法律拟制而获得其本来的性质所不具备的弹性，否则没有哪种原始社会的制度能够保存到今天。因而"村落共产体"不一定是一种血亲的集合，它或者是一种集合，或者是一个按照亲属联合的模型构成的共同财产所有者的集体。和它可以做类比的典型显然不是罗马的"家族",而是罗马的"氏族"或"大氏族"。"氏族"也是根据家族的模型组成的集团;这些家族通过各种类型的拟制而扩大,但这些拟制的确切性质已经在古代历史中消失了。在有历史记载的时期内,它的主要的特点恰好就是埃尔芬斯通在"村落共产体"中谈及的两点。在过去始终存在着有一个共同祖先的假定,这个假定有时候显然和事实有出入;让我们再一次重复这个历史学家的话,"如果一个家庭没有后裔,它的份额便返还到共有财产中"。在旧的罗马法中,无人主张的遗产重新归"同族人"所有。凡是研究它们这段历史的人都会产生怀疑,认为"共产体"会像"氏族"那样一般都因为允许外族人的进入而变得混杂,但是现在已经没有办法确定"共产体"吸收外族人的真实模式。现在根据埃尔芬斯通告诉我们的,"共产体"在取得族人同意后通过接受购买者的方法补充成员。然而,这个被接纳的成员取得的权利的性质属于概括继承的性质;与他购买的份额一起,他同时也继承了卖主对聚合的团体所担负的所有责任。他作为"家产的买主"开始取代了某个人的地位,也继承了他的法律身份。必须取得所有族人的允许之后他才能被接纳,这使我们想起了"贵族民会"这个由那些自称是同族者的较大的家族所组成的"议会",这个古代罗马共和政体竭力坚持这种同意是使"收养"行为合法化和使一份"遗

第八章

嘱"获得确认的必要的条件。

我们几乎可以在印度"村落共产体"的每一个特征中都发现一种极其古老的象征。我们有那么多的不受约束的理由怀疑，在法律的早期时期，共同所有制是因为人格权和财产权的混杂不清以及公法义务和私法义务混淆在一起而流行的，因此，就算在世界的任何其他地方都无法再发现类似的混杂的社会，我们还是有正当的理由从对于这些持有财产的血缘集团的观察中推导出诸多重要的结论。在欧洲的部分地区财产权很少受到封建制度的变化的影响，而且在很多其他重要的方面像和西方世界那样它与东方世界也有密切的关系，在这些地区恰巧有一系列类似的现象在最近吸引了许多热切的好奇心。哈克索森、顿戈波斯基以及其他人的研究告诉我们，俄罗斯的村落并不是人们因为偶然的原因而聚集起来的，也不是根据契约而组成的联合体；它们和印度的那些村落一样是天然组织起来的共产体。诚然在理论上这些村落始终是某些贵族所有者的世袭财产，农民从有历史记载的时期起就已经变成了属于领土的附属于土地的农奴，而且在很大程度上是领主个人的农奴。但这高级的所有制的压力从来没有摧毁过古代的村落组织，而且俄罗斯沙皇，这个被认为把农奴制介绍进俄国的人，倾向于防止农民抛弃那种合作，因为没有这种合作旧的社会秩序是不可能长期维持的。村民之间被假定存在着一种宗亲关系，人格权和所有权混杂在一起，在内政方面有多种多样自然产生的规定，以上三点使俄罗斯"村落"几乎和印度"共产体"完全一样；但是这两者之间有一个重要的不同之处是我们非常感兴趣的。印度村落共同所有人的财产虽然混杂在一起，但是他们拥有的权利是分离开来的，而且这种权利的分割是完整的，并无限地延续下去。在俄罗斯村落中，权利的分割在理论上是完整的，但只是暂时的。在一段特定的时期结束以后，个别的所有权即告消灭，村落的土地再次集中在一起，然后按照人数在组成共产体的家族中重行分配，但不是所有的情况都是这样。家族和个人的权利在这种再分配发生以后又被分为若干个支系，在下一次分配时期到来之前被继续遵循着。在某些国家中还存在着一种更为奇异的所有权的变化形式，这些国家是土耳其帝国和奥地利皇室领土之间长期存在的一块争议之土。在塞尔维亚、克罗地亚以及奥地利的斯拉文尼亚，各种村落也是由既是共同所有人又是亲属的人们聚合而成的；但是这些共产体的内部安排和以上两个事例中所提到的安排又有所不同。在这个例子中，作为共有财产的物品不仅在事实上不加分割，并且在理论上也被认为是无法分割的，所有的土地由全部村民一起劳作共同耕种，农产品每年在各家各户中分配一次，有时候按照各家推算的需要分配，有时候按照规定以一定份额的用益权分配给单独的个人。东欧的法学家们认为所有这些实践都可追溯到一个据说能在最古老的斯拉夫法律中找到的原则，即家族

第八章

财产永远不能分割。

在目前的研究中发现的这些现象之所以会引起人们极大兴趣的原因在于，它们使得我们可以了解原本拥有财产的集团内部的个别所有权的发展情况。我们有最有力的理由认为，在某一短时期内财产不属于个人、甚至也不属于个别的家族，而是属于根据宗法模型组成的较大的社会；尽管从古代所有权转变到现代所有权的方式还是很模糊，但若是没有发现并研究这几种显然不同的"村落共产体"的形式的话，这种方式可能会更加模糊。在那些具有印度—欧罗巴血统的种族中，我们过去可以看到、或至今还仍然能看到，一些宗法团体各式各样的内部安排值得加以注意。据说，没怎么开化的苏格兰高地的部族领袖经常每隔一段非常短的时间、有时甚至是逐日把食物分配给管辖下各家庭的家长。奥地利和土耳其各省的斯拉夫村落的人也是由他们集团的长辈定期分配物品，但在这里，一年内的所有农产品是一次性分配的。然而在俄罗斯的村落中，作为财产的实物已经不再被视为是不可分割的，可以自由地提出对于财产的个别的要求，但另一方面分割的过程在继续了一段时间以后就不容分说地停止了。在印度，共有财产不仅仅是可以分割的，并且共有财产的各个部分所具有的个别财产所有权可以无限制地延长，并可以分为无数的派生所有权，但是公有财产事实上的分割则被根深蒂固的习惯所阻止，也被在未经族人允许时不可接纳族外人的规定所阻止。当然,我们并不坚持认为这些"村落共产体"的不同形式代表了在所有的地方以相同的方式完成的同一个变化过程中的不同阶段。虽然证据并不允许我们走得太远,但是假如认为我们所看到的那种形式的私有财产权,主要由共产体的混杂的权利中逐步分离出来的个别的个人权利所组成,这种猜测可以说并不是完全没有依据的。我们关于"人法"的研究,似乎让我们看到"家族"扩张成为由亲属组成的"宗亲"集团,然后,"宗亲"集团又分解而成为独立的家庭;到最后,家庭又被个人所取代;现在我们可以认为,这个变化中每一个步骤就等同于"所有权"性质的一次相似的改变。假如在这个意见中有任何真理存在的话,那么就是它在实质上影响了一个问题,一个所有研究"财产"起源的理论家一般都会向自己提出的问题。这个令他们惴惴不安想要解决的问题是——也许是一个不能解决的问题——最初使得人们互相尊重他人所有物的动机到底是什么?这个问题也许可以用这种形式表达,尽管不怎么指望能找到一个答案,即研究使一个混合的集团远离另一个混合集团的领地的原因。但是,如果私有"财产"史中最为重要的关键,真的是它逐渐从亲属间的共同所有权中分离出来的过程,那么需要研究的主要论点就和所有历史法学入门时遇到的问题完全一样——即原来刺激人们团结在一起形成家族联合体的动机究竟是什么?对于这样一个问题,如果没有其他学科的帮助,光靠法学是找不到

第八章

答案的。我们必须注意到这个事实。

当任一单独份额的财产从集团的祖传财产中完全分离出来的时候，它马上表现出来一种特殊明显的分割，这种分割的状态和古代社会中财产不被分割的状态是可以调和的。这种现象的产生，毫无疑问是因为财产一经分割就成为一个新的集团的所有物，因而如果想要在这种已经分离的状态下与它发生关系，就会变成两个高度复杂团体之间的交易了。在古代法中规定了联合团体的权利和义务，而我已经就这些联合团体的规模，比较了古代法和现代国际法。在古代法中，契约和让与的当事人不是单独的个人，而是有组织的团体，这类契约和让与最为讲究仪式性；它们需要各种类型的具有象征意义的行为或话语，其目的是使交易过程能给每一个参与仪式的人留下深刻的印象；而且它们需要相当多的证人到场。从这些特点以及其他有关的特点中产生了古代财产形式所普遍具有的顽强的特质。有些时候同斯拉夫人的情况一样，家族的祖传财产是绝对不可让与的，更为普遍的情况是，虽然让与并不一定是完全非法的，但就像在大部分日耳曼部落中那样，让与在实践中几乎无法实行，因为只有在取得了多数人的同意后才能进行移转。即使在这些障碍并不存在或是可以被克服的地方，让与行为本身一般也负担着一大套不能有丝毫疏忽的仪式。所有的古代法律都不愿废除一个单独的动作，不论它是怎样荒唐可笑；也不愿废除一个单独的音节，不论其意义是否早已被人忘记；也不愿减少一个单独的证人，不论他的证词是如何地多余。所有的仪式都要由法律所规定的必须参加的人一丝不苟地完成，否则让与行为便归于无效，而出售者也恢复他的权利，因为他尝试移转的行为并未生效。

只要社会一旦获得一些哪怕很微小的活动，我们就能立刻觉察到对使用和享有的物品的自由流通所施加的各种阻碍，前进中的社会就会尽力使用各种权宜之计来克服这些障碍，这些权宜的手段就成了"财产"史的主要材料。在这些手段中，有一个手段因为其更加古老和普遍而比其他的手段更加重要。似乎在大多数早期社会中都会自发地产生将财产分门别类的想法。某一种或某一类财产被放在比较不重要的位置上，但古代加在它们上面的种种束缚也同时被免除了。到后来，适用在低级财产之上的有关移转与继承的规定的高度便利性，也逐渐被一般人所承认，在经过了渐进的改革过程后，传统上拥有较高地位的物品也具备了价值较低的那类有价物的可塑性。罗马"财产法"的历史就是"要式移转物"被"非要式移转物"同化的历史。欧洲大陆的"财产"史是封建化的土地法被罗马化的动产法所颠覆的历史，尽管所有权的历史在英国还没有接近完成，但是已经可以看出动产法在威胁着要吸收和消灭不动产法。

关于享有的物件唯一的自然分类，也即符合按物体的实质区别进行的独一无二分类,是把它们分成为"动产"和"不动产"。虽然在法学中这种分类为人所熟知,但它是由罗马法慢慢地发展出来的,并且直到罗马法的最后阶段才被采用,我们现在继承了它。有时候"古代法"的分类在表面上和它很相似。在偶然中古代法把财产分为各个种类,其中一项就是不动产;但是后来可以发现它们不是把许多和不动产毫无关系的物件归在不动产的范围内,就是把不动产从各种和其有密切关系的权利中分裂出来。因此,罗马法中的"要式移转物"不仅包括土地,而且包括奴隶和牛马。苏格兰的法律把某种抵押物和土地归于一类,印度的法律则把土地和奴隶联系起来。在另一方面,英国法律把多年的土地租约和土地上的其他利益剥离开来,并把前者以准不动产的名义列入动产之内。除此之外,"古代法"的分类蕴涵有优等的和劣等的意味;但是至少就罗马法学而言,动产和不动产之间的区别,没有包含任何高贵与否的暗示。可是在最初"要式移转物"的确要比"非要式移转物"更加重要,就像苏格兰的可继承财产和英格兰的不动产要比它们的动产重要一样。所有制度下的法学家都不辞辛劳以求用某种可理解的原则来说明这些分类;但要想在法哲学中寻找分类的理由必定是徒然无用的;它们不属于法哲学而是在法律史的范畴内。可以用来概括绝大多数例子的解释是,比起其他享用物,每个特定的社会一般都首先和最早认识到贵重的享用物,因此也就特地用财产这个名称来表示尊重。在另一方面，所有不在有特权的物品之列的物件都被放在较为次等的地位，因为关于它们价值的知识肯定出现在确定贵重财产的目录的时代之后。它们最初不为人知、数量稀少、用途有限，要不就被认为是特权物件的附属物。于是，尽管罗马的"要式移转物"包括了许多非常有价值的动产，但最有价值的宝石仍然从来没有被列入"要式移转物"的范围之内，因为早期罗马人并不认识这种物品。同样地，在英国，准不动产据说已下降到动产的地位，因为在封建的土地法下，这类地产既不常用也不是很有价值。但最让人感到有趣的是，这些商品继续降格的时候，恰好就是它们的重要性有所提高、数量有所增多的时候。为什么它们没有继续被包括在有特权的享有物品中呢？理由之一是因为"古代法"顽强地坚持着它的分类。没有受过教育的人和早期的社会都有一个特点，即他们除了因为进行实践而熟悉的特定的适用方法之外，一般都无法想出一条概括性的规则。他们无法从日常经验遇到的特殊例子中归纳出一个通用的术语或格言；这样，包括我们最为熟悉的各种财产形式的名称，就无法在和它们完全类似的其他享有物品和权利主体上适用。这些名称在对像法律那么稳定的主题发挥了特别的力量之后，又增加了其他更适合于教化的进步以及一般权宜的概念的影响。法院和法学家到最后终于对特权商品的移转、收回或遗传所需的各种令人为难的手续感到了不便，因而也不

第八章

情愿把作为法律幼年时代特点的专业束缚加到各类新的财产之上。因此就产生了一种倾向,在法学上把这些最后认识的物品排列在较低的位置,只需要通过较为简单的程序就可以移转,比起古代的让与方便了许多,不用再作为善意的绊脚石和欺诈行为的踏脚石了。我们也许会产生低估了古代移转模式的不方便的危险。我们的让与手段是书面的,因此其中的文字已经经过职业起草人的仔细推敲,其正确性很少会存在缺陷。但是古代的让与行为不是用书面的,而是行动的。手势和语言代替了书面的专业用语,任何词语被误读了或是象征的行为被遗漏了,就可能对程序有所损害,这种后果就像 200 年前在宣读使用权或公布其余的财产权中发生实质性错误时,会使一个英国凭据归于无效那样致命。真的,古代仪式的害处甚至才刚说了一半。只要土地的转让要求有精确的让与程序,不论是书面的或行为的,由于这类财产绝少会仓促地处分,在移转时发生失误的机会不会很多。但是在古代的世界中较为高级的财产不仅包括土地,还包括几种最为普通的动产和几种最有价值的动产。一旦社会的轮盘开始快速运动,假如一匹马、一头牛、或古代世界中最有价值的动产——"奴隶"——的移转都必须经过高度复杂的形式,那么一定会有很大的不便。这类商品的让渡一定经常、甚至一般都使用不完全的形式,因此也就以不完全的资格拥有它们。

古代罗马法中的"要式移转物"是土地——在有历史

记载时期，指意大利疆域内的土地、奴隶以及负重的牲畜，比如牛和马。毫无疑问，组成这一种类的物品都是农业劳动的工具，这些商品对于一个原始民族而言居于最为重要的位置。我猜想，在一开始这类商品被称为"物件"或者"财产"，而它们用来移转的让与方式被称为"曼企帕因"或"曼企帕地荷"；但是很可能直到很久以后它们才获得了一个独特的名称："要式移转物"，也就是"需要进行一次'曼企帕地荷'的物件"。除此以外，可能还存在着或产生了某些种类的物品，这些物品不值得坚持用"曼企帕地荷"的全部仪式。当这些物件由一个所有人移转给另一个所有人时，只需进行正常手续的一部分就足够了，这部分就是实际送达、实物移转或交付，这是财产所有权变更的最明显的标志。这类商品在古代法学中是"非要式转移物"，即"不需要进行一次'曼企帕地荷'的物件"，在起初这些物件可能很不被重视，而且也不是经常从一个集团的所有者手中移转到另一集团的所有者那儿。然而，尽管"要式移转物"的目录不可改变地确定下来，但是"非要式移转物"的目录却在无限制地扩张；从此，人类对物质自然每完成一次新的征服就在"非要式移转物"上增加一个新的条目，或者对那些已经被认可的条目进行一次修改。因此，在不知不觉中它们被提高到了和"要式转移物"平等的地位，对它们的这种固有的低级的印象因而逐渐消失，人们也就开始发现在他们转移物品时，用简单的手续能比用复杂和

第八章

严肃的仪式获得更多的利益。因此罗马法学家就兢兢业业地使用法律改良的两大媒介，即"拟制"和"衡平"，使得"交付"可以像"曼企帕地荷"一样具有实际效果；同时，尽管罗马的立法者长期以来不敢制定法律，规定"要式转移物"的财产权可以通过物品的简单送达而马上转移，但是到最后甚至连这一步也被查士丁尼大胆地跨越了，在他的法学中"要式转移物"和"非要式转移物"之间的区别已经完全消失，"交付"或者"送达"成为法律所认可的最主要的让与方式。罗马法学家在很早以前就明显偏爱"交付"，他们在理论中给了"交付"一个特殊的位置，使得他们的现代学生没有办法看到它真正的历史。"交付"之所以被归于"自然的"取得方式，一方面因为它普遍应用于意大利各个部落，另一方面因为它是一种可以通过最为简单的机制来获得物品的过程。如果再叙述一下法学家的表述，毫无疑问，他们暗示属于"自然法"的"交付"比"曼企帕地荷"这个"市民社会"的制度更加古老；我以为不需要说就可以明白，这一点恰恰和事实相反。

"要式转移物"和"非要式转移物"之间的区别，是一种促进了文明发展的区别，它涉及全部的商品，把商品中的一部分归于一个种类，而把其余的规定为较低级的一类。各种较为低级的财产，首先由于蔑视和漠视而不再受到原始法律所喜爱的复杂仪式的束缚。在此之后，在另一种智力进步的状态下，简单的转移和收回的方法便被采用，作为一个模型,以其便利和简易来宣告从古代传下来的累赘的仪式已经不再适用。但是在有些社会中,财产受到的束缚出人意料地复杂和严密,以至于没有那么轻易就能得到放松。就像我在前面说过的,不管印度人的男性子嗣什么时候出生,印度的法律都使他们在父亲的财产中获得一种利益,并且使他们的赞成成为财产让渡的一个必要条件。一种通行于古代日耳曼民族的惯例具有相同的精神——值得注意的是,盎格鲁—撒克逊的习惯似乎是一个例外——它规定在未经取得男性子孙同意前禁止转让财产;斯拉夫人的原始法律甚至完全禁止转让。很显然,这类限制无法用区分各种财产的方法加以克服,因为困难涉及所有种类的商品;因此,当"古代法"一度开始向进步的方向进发时,就用另外一种性质的区别来克服这种限制,这种区别不是按照财产的性质而是按照财产的渊源来分类。在印度就存在着这两种分类制度的遗迹,我们目前思考的这一种可以用印度法在"遗产"和"取得物"之间建立的差别来说明。父亲的继承财产在他的儿子出生时就被他们分享了;但是根据大多数省份的习惯,父亲本人在世时获得的则完全归他个人所有,并且可以任意转让。罗马法中有一种相似的区分,这是一种最早的对"父权"的改革,它准许儿子把他在服军役时获得的物件归他自己所有。但是最为广泛地应用这种分类方法的,还是日耳曼人。我曾经反复说过,虽然自主地并不是不能转让的,但通常要克

第八章

服了极大的困难才可以转让；而且，它只能留传给宗亲属。于是，异常多样的区别被认可了，所有这些都试图消灭和自主地的所有权无法分开的种种不便。例如，杀害亲属和解费在日耳曼的法学中占据了相当重要的地位，它却不是家族领地的一部分，而且按照完全不同的继承规则进行遗传。同样的，寡妇再嫁时所课的罚金也不计算进它所给付的人的自主地之内，而且在转移时也可以忽略宗亲的特权。日耳曼的法律也和印度的法律一样，区分家长的"取得物"和"遗传的"财产，准许他在相当自由的条件下处理他的"取得物"。其他种类的分类也被承认了，较为常见的是土地与动产的区分；但是在动产之下还有几个附属的类别，每一类都适用一种不同的规则。这么丰富的分类也许会使我们很震惊，因为像征服罗马帝国的日耳曼人这样野蛮的民族竟能做到这一步是很奇怪的，但毫无疑问这是因为他们的制度中有相当大的罗马法成分，这些成分都是在他们长期寄居于罗马领土边境的时候吸收的。我们能够轻易地追溯发现以外的各类商品的转让和遗传的规定中的很大部分都来自于罗马法学，这很有可能是他们在非常长的时间内断断续续地从罗马法学中借用过来的。我们无法猜测通过这种办法究竟能把限制财产自由流通的障碍克服到何种程度，因为在现代历史上这些区别已经消失了。就像我在前面解释过的那样，在封建时期自主地形式的财产已经完全消失了，而且一旦当封建制度巩固之后，实际上西方世界的所有各种区分中只有一种还保存着——就是土地和物品、不动产和动产之间的区分。表面上看来这个区分和罗马法最后所采用的那种区分相同，但是中世纪的法律认为不动产比动产更加高贵，这一点和罗马法律明显不同。这个例子就足以说明它属于哪一种分类方法的重要性。在以法兰西法典为其制度的基础的所有国家、也即欧洲大陆的绝大部分国家中，永远属于罗马法的动产法替代和废弃了封建的土地法。英国是唯一具备某种重要性的国家，在那里这种变化尽管已经有所进步，但是并没有接近完成。应该进一步说明的是，我国也是唯一值得观察的欧洲国家，在我国动产和不动产的分离稍微受到了某种影响的打扰，同样的影响在过去曾经导致古代分类离开了唯一合乎自然的分类。大体上，英国的分类是分为土地和物件；但是某种物品被作为祖传动产和土地并列在一起，某种特定的土地上的利益则基于历史原因又和动产并列。上面所说的并不是英国法学站在法律变化的主流之外、重复古代法律现象的唯一的例子。

我要继续谈一两个方法，通过这些方法，古代人多多少少放松了一些加在财产所有权上的种种束缚，但是因为本书的范围限制，我只能提一下那些极为古老的方法。特别是其中的某种方法必须加以详细讨论，因为凡是对早期法律史不熟悉的人都不会轻易被说服，一条被现代法学极其缓慢且历经绝对的困难得到承认的原则，在法律科学还

第八章

很幼稚的时代就被人们所熟知了。在所有法律中,现代人最不愿意采用、不愿使它产生合法后果的原则,就是罗马人所谓的"时效取得"原则以及那些以"时效"的名义一直传到现代的法学原则,虽然这个原则可以使人获益。最古老的罗马法上有一条比《十二铜表法》更加古老的明确规则,它规定商品要是曾经被不间断地占有一段时间就成为占有人的财产。占有的期间非常短暂———一年或两年,根据商品的性质而定,在有史记载的时期内,"时效取得"只有在使用了某种特定方法开始占有时才能取得法律效力;但我以为在一个不怎么进步的时代,占有变成所有权的条件比我们在权威著作中所读到条件更加宽松。我在前面已经说过,我决不认为人类重视实际占有的这种现象是法学本身能够说明的,但有必要说一下的是,原始社会在采用"时效取得"原则时并没有被那些曾经阻碍了现代人接受该原则的纯理论的疑惑和踌躇所困扰。现代法学家一开始很厌恶"时效",到后来也是勉强承认。在几个国家包括我们自己的国家中,立法很不情愿改变旧的原则而前进,根据该旧原则,根据在过去一个指定的时间点以前发生的、一般而言是前一个朝代的第一年以前遭受的损害而提出的诉讼,一概不予受理;直到最后中世纪结束,詹姆士一世继承了英格兰王位,我们才得到了一种真正的、很不完善的时限条令。主要是因为受到"寺院法"的影响,所以现代世界竟然会一直没有采用罗马法中最为著名的这一章,而且毫无疑问大多数的欧洲法学家经常会谈到这一章。"寺院法"产生于宗教习惯，而这些宗教习惯和神圣或准神圣的利益有关，所以就会很自然地认为它们不能因为长期不使用而失去其被赋予的特权；根据这个观点，后来在巩固的时候宗教法学就以旗帜鲜明地反对"时效"而著称。当"寺院法"被教会法学家用来当作世俗立法的范本的时候，"寺院法"就不可避免地会对世俗法律的基本原理产生特殊的影响。"寺院法"给予全欧洲已经形成的各种习惯的明确的规则，要远远少于罗马法所给予的，但它似乎已经在数量惊人的基本问题上给专业判断造成了偏见，而这种倾向又会随着每个制度的发展而不断产生和积聚力量。它产生的倾向之一就是对"时效"的厌恶；但是，假如不是和经院法学家中的现实主义派的学理相同，我以为这种偏见决不会像它现在这样强大。这些经院法学家认为，不管现实的立法如何改变，只要是权利，即使被长期忽视，在事实上也是不可毁灭的。对于这种想法的陈述直到现在还残存着。在任何热烈讨论法哲学的地方，"时效"理论的基础问题总是被热烈地辩论着。在法国和德国，假如一个人已经在多年以前就失去了占有的状态，那么他被剥夺所有权到底是因为这是对他疏忽的处罚，还是因为法律希望结束诉讼而通过简单仲裁使其丧失所有权，这依然是一个最为有趣的问题。但是古代罗马社会中的人们就不会发生这种犹豫不决的困惑。按照罗马的古代惯例，所有在特定情况下

第八章

失去占有达一两年的人会被直接剥夺其所有权。我们很难说清楚形式最为古老的"时效取得"规定的确切性质到底是怎样的；但是，从我们在书本上看到的和它附在一起的种种限制上，可以知道"时效取得"其实是一种最为有用的保障，用来防止太过复杂的转让制度带来的各种损害。想要获得"时效取得"的利益，相反占有在开始时必须是善意的，换而言之，即对占有人来说必须相信他是合法地得到财产的，而且尽管商品转让给他时所采用的形式在这种特定情况中并非必须等同于一个完整权利的赋予，但至少应该被法律所认可。因此在一个"曼企帕地荷"的事例中，不管履行如何草率，只要"交付"或"送达"的行为已经包括在履行中，那么权利的缺陷就可以用最长为两年的"时效取得"弥补。我认为在罗马人的实践里没有什么比他们对于"时效取得"的利用，更能证明他们的法律天才了。使他们感到苦恼的问题，几乎和英国法学家过去曾经感到麻烦、现在仍旧感到窘迫的困难一模一样。因为他们的制度的复杂性，这种复杂性使得他们一直没有勇气也没有力量去重新建立制度，实际的权利往往和理论上的权利相分离，衡平上的所有权则和法律上的所有权相分离。但是法学家制定的这种"时效取得"制度提供了一个自动的手段，通过这种手段，财产权利的缺陷就能不断地得到矫正，而暂时脱离的所有权又能够在很短的延迟之后重新快速地结合。直到查士丁尼改革之前"时效取得"一直没有失去他的优点。但是一旦法律和衡平完全混同、罗马人不再使用"曼企帕地荷"作为让与的手段时，已经没有必要再使用这种古代的方法，而在相当长的一段时间以后，"时效取得"就变成了"时效"，最后几乎被所有的现代法律制度普遍采用。

我将简短地提一下另外一种方法，它与上面提到的方法具有相同的目的，尽管它在英国法律史中没有马上出现，但在罗马法中拥有着非常悠久的历史；有些日耳曼民法学家没有对英国法律中就这个问题进行的类推加以足够的注意，竟然以为它比"曼企帕地荷"还要古老，这足以说明它的年代。我要谈到的是"交出物权"，即在一个法院中，对于要求转让财产的一种共谋方式。原告通过一种平常的形式的诉讼程序主张诉讼标的；被告缺席；于是该物品就理所当然地判给原告。我想英国的法学家不需要提醒也知道我们的祖先也曾经想到过这个方法，并且还产生了著名的"罚金"和"取回"，极大地解除了封建土地法最为严苛的束缚。罗马人的方法和英国人的这种方法有很多共同之处，并且相互例证、互为启示，但这两者之间还是存在着区别的，区别在于英国法学家的目的是移除权利中存在的各种复杂情况，而罗马法学家的目的是试图用一种必然无懈可击的转让方式替代常常失误的转让方式、以防止复杂情况的发生。事实上，这种办法是在"法院"扎实地进行工作的时候自行产生的，但却仍然无法逃出原始观念的影响。当法律观念在进步时，法院认为共谋的诉讼是一种对诉讼程序的滥用；但始终有一个时期，当法院的形式被小心翼翼地遵守的时候，法院就决不会再有什么追求了。

法院及其诉讼手续对"财产"的影响非常宽广，但是这个问题已经超出了本书的研究范围，而且将使我们深入到后期的法律史，这不符合本书的计划。然而，还是有必要提一下，"财产"和"占有"之间的区别之所以会那么重要就是因为这种影响——不是因为区别本身，这种区别（按照一个著名英国民法学家的说法）和物品上的法律权利与对物品的实际权力之间的区别是完全相同的——而是这种区别在法哲学中所获得了特殊的重要性。凡是受过教育的人都会从法律著作中知道，罗马法学家关于"占有"这个问题上的意见长期以来引发了不少严重的混乱，而萨维尼发现了这个谜底，就足以证明他是个天才。事实上，罗马法学家在使用"占有"这个词的时候似乎含有一种难以明说的意义。这个名词从词源学上看，原本应当含有物质接触或是可以任意继续的物质接触的意义；但是假如在实际应用中不添加任何形容词，这个词的含义不仅指物质的留置，而且在物质的留置上还加了要把物件保留为自己所有的意图。萨维尼同意尼布尔的观点，认为这个异常的事例只可能有一个历史渊源。他指出，按照古代罗马法的观点，罗马的"贵族"市民在名义上付出租金后成为绝大部分公共领地的租赁者时，他们不过是占有者，但是在那时，他们是一些试图保有他们的土地抵抗一切外来者的占有者。事实上，他们提出的要求几乎和最近英国"教会"土地的承租人所提出的要求完全一样。他们承认在理论上他们是国家的任意佃户，但是又认为其享有已经持续了一段时间而且没有被中断，这使得他们的持有变得成熟从而成为一种所有权，假如他们因为领地的重新分配而被逐出这片土地，那是不正义的。这种要求和"贵族"租佃的联想一直影响着"占有"的意义。与此同时，当佃农如果被排斥或被扰乱所威胁时，他们能获得的仅有的一种法律救济就是"占有禁令"，这是罗马法中"裁判官"为了保护他们而特意制定的简易诉讼程序，否则的话，根据另外一种理论，就是在较早的时期用临时维持占有的方法来等待法律权利问题的最后解决。因此我们不难理解，凡是把占有的财产看做是自己本身拥有的人，有权要求执行"禁令"，而且通过一种高度人工化的抗辩制度，使"禁令"程序达到一种可以用来审判有争议的占有的冲突请求的状态。后来就开始了一种运动，这种运动就像约翰·奥斯丁指出的那样在英国法律中一模一样地重复发生着。所有者变得宁可采用形式比较简单过程比较迅速的"禁令"，而不愿采用程序迟缓而又复杂难懂的"物权诉讼"，并且为了可以利用这种针对占有的救济，财产的所有者竟然将包括在其所有权之中的占有作为诉讼标的物。特别允许身为"所有者"而不是真正的"占有者"的人自由利用这种占有救济以证明他们权利的正当性,在一开始可能是一种恩赐,但到最后却产生了使英国法学和罗马法学严重退化的后果。罗马法因为在"占有"问题上发生的各种复杂情况而不被人们所信任,至于英国法,在适用于取回不动产的诉讼陷入了毫无指望的混乱之后,终于不得不采用一种果断的救济方式,才摆脱了这整个的混乱状况。没有人怀疑,近30年来英国已经在事实上废除了物权诉讼,这使所有人都得到好处,但是对于法学的协调有敏锐的认识的人仍将哀叹,我们不仅没有澄清、改进和简化真正的物权诉讼,反而为了驱逐占有诉讼而牺牲了它们,因此我们所有的土地取回制度建筑在了一个法律拟制之上。

法律裁判所也使用了区分"法律"和"衡平"的方法,这对形成和改变与财产权有关的各种概念有极大的帮助,法律和衡平之间的区分在最初出现时始终表现为管辖权上的不同。在英国可衡平的财产是那些只受"衡平法院"管辖的财产。在罗马,"裁判官告令"在倡导新的原则的时候往往会假借一种承诺,这种承诺允许在特定情况下提出一种特殊诉讼或特殊抗辩;因此,罗马法上以"告令"为其渊源的可衡平财产只能用救济方法来保护。在这两种制度中,保护衡平权利不被法定所有者的请求所践踏的手段稍微有所不同。在我们英国的制度中,它们的独立性受"衡平法院"的"禁止令"保护。然而在罗马制度中,因为还没有得到巩固的"法律"和"衡平"是由同一个法院执行的，因此不需要"禁止令"之类的东西，只要"地方法官"简单地拒绝将某些诉讼和抗辩的权利给予"市民法所有人"就可以了，而这些权利能使"市民法所有人"获得在衡平法上属于其他人的财产。但这两个制度的实际操作却几乎一样。通过不同的法律程序，它们都用了以暂时成立的方法来保留新的财产形式，直到这种新的财产形式被所有法律所认可。就这样，罗马"裁判官"赋予只因送达而取得"要式转移物"的人一种即时的财产权，而不用等待"取得时效"制度的成熟。同样的，他及时承认了抵押权人的所有权，尽管在一开始他仅仅是一个"受寄托人"或保管人，也及时承认了"永久佃户"或者支付固定永久佃租的佃户的所有权。英国的衡平法院跟随着与此相平行的发展路线，为"抵押人"、"信托受益人"、享有特殊财产授予的已婚妇女以及还没有获得完整的法定所有权的"买受人"，创设了一种特殊的所有权。在以上所有事例中，很显然新的所有权形式被承认并保留了下来。但是在英国和罗马存在着以极其繁多的方式被衡平所间接影响的"财产"。衡平的创造者们利用他们掌握的有力工具向法学的每个角落推进，他们必然会遇到、涉及并且或多或少会在实质上改变财产法。在前面，当我谈到某些古代法的特点和方法曾经有力地影响了所有权的历史时，我想要表达的意思是，它们最大的影响在于为衡平制度制造者所在的精神环境提供了进步的暗示和联想。

第八章

但是为了描述"衡平法"对"所有权"产生的所有影响,就不得不把它的历史一直写到我们今天为止。我已经间接地提到过它,主要是因为有几位值得敬重的当代著者认为,从罗马人把"衡平"财产从"法定"财产中分离开来的这件事情,我们得到了中世纪法律中"所有权"的概念为什么明显不同于罗马帝国法律中的概念的线索。封建制度的概念的主要特点在于它认可一种双重所有权,即封建领主对封地所拥有的高级所有权以及同时存在的佃户所拥有的低级财产权或地产权。现在看来,这种双重所有权看上去和罗马人对财产权的一种非常普及的分类十分相像,这种分类将财产权分为公民的或法律的,以及(用一个后来的名词)有使用权的或可衡平的。盖尤斯也认为罗马法律的特点之一就是将支配权分裂成两个部分,与其他民族所熟悉的完整的所有权或自主财产所有权成为鲜明的对比。的确,查士丁尼把支配权重新合并为一个,但是蛮族在这么多个世纪中所接触到的是西罗马帝国经过部分改革的制度,而不是查士丁尼的法学。当蛮族居留在帝国的边境时,他们很有可能学到了这种分类,到后来便产生了令人瞩目的成果。尽管我们赞同这种理论,但无论如何必须承认,到现在为止我们对各种蛮族习惯中包含的罗马法因素的研究还很不完全。那些用来解释封建制度的各种错误或不充分的理论,它们彼此之间有一种倾向很类似,就是遗漏了包含在封建制度结构中的这种特殊成分。在这个国家中被

古代法

大多数人所追随的老资格的研究者,都特别重视封建制度渐渐成熟的暴乱时期的各种情况;到后来,民族自豪感又在已经存在的那些错误中增加了一个错误的新来源,它使日耳曼的著者夸大了他们的祖先在来到罗马世界之前建立的社会组织的完整性。虽有一两位英国研究者能在正确的方向上寻找封建制度的基础,但他们的考察仍然没有获得任何令人满意的成效,这或者是因为他们太过专心地在查士丁尼的编纂中搜寻类似的例子,又或者是因为他们的注意力被限制在了附在现存的蛮族法典后的罗马法纲要上。但是,假如罗马法学真的对蛮族社会产生过影响,那么绝大部分的影响应该发生在查士丁尼立法以前,也就是这些纲要被编纂之前。我认为,为蛮族惯例的骨架覆上血肉的,不是经过改革和简化的查士丁尼法学,而是盛行于西罗马帝国且从未被东罗马帝国的法令大全所成功取代的未经整理的体系。变更必定是发生在日耳曼部落作为征服者占领罗马领土的任何部分之前,因此,也就是早在日耳曼君主为了让其罗马臣民适用而下令起草罗马法摘要之前。凡是可以意识到古代法律和发达法律之间的差异的人,都会感觉出这类臆测的必要性。尽管遗留下来的"蛮族法典"很粗糙,但它们还没有粗糙到和他们纯粹来自蛮族的理论一样;我们也没有任何理由可以相信,我们在书面记录中看到的规定,已经超过了当时在获胜部落的成员中间所实行的那一部分规定。如果我们能够说服自己相信,在蛮族制

第八章

度中已经存在大量价值被贬低的罗马法的成分，那么就有可能采取行动解决一个严重的问题。征服者的日耳曼法律和臣民的罗马法律两者之间的亲和力，如果不比精炼的法学和原始人的习惯之间通常具有的亲和力多的话，那么这两个法律恐怕不可能被合并起来。蛮族的法典虽然看上去已经很古老，但极有可能只是一种真正的原始惯例和一知半解的罗马规则的混合物，正是这种来自外国的因素使它们能够和罗马法学结合起来，但是当时的罗马法学的发展程度已经比西罗马帝国皇帝统治下的程度后退了。

但是，尽管这一切都应该被承认，但是有几个因素使封建形式的所有权不像罗马的双重所有权那样可以直接地提出来。法定的财产权和衡平的财产权之间的区别看上去很微妙，蛮族极有可能无法理解；除此之外，除非"法院"已经像预期的那样正常开展工作了，否则它很难被人所理解。但是反对这种理论的最强大的理由，是在罗马法中存在的某种形式的财产权——这确实是"衡平"的产物——可以提供一种非常简单的解释，用来说明一套观念到另一套观念的转变过程。这种财产权就是"永佃权"，中世纪的"封地"往往就是建筑在这个权利之上，尽管我们不怎么知道它为将封建所有权带到这个世界上来作出过多少努力。"永佃权"也许在那时不以它的希腊名称为人所知晓，但事实上它的确是一个最终导致封建主义建立的流行思潮的某个阶段的标志。我们在研究罗马的贵族财产时，第一次提到了罗马史中的大地产，其规模之大绝不是一个"家父"加上他的子嗣和奴隶所能耕种的。这些大财产的所有者似乎完全不知道有让自由佃农耕作的制度。他们的大地产一般都是由一队奴隶在监工之下进行耕作，监工本身可能是奴隶或自由民；当时尝试过的唯一组织方式，就是把次等的奴隶分为许多个小团体，使他们成为较好的和较为可信的那些奴隶的特有产，因此能使他们为了自己的利益而关心他们的工作效率。然而，这种制度对某一类不动产所有者即"市政当局"特别不利。从事罗马行政工作的意大利官员的调动往往十分迅速，令我们震惊；所以由一个意大利法人来监督广大土地必定是非常不完善的。因此，市政当局在实践中开始把纳税地出租，更确切地说，就是在某种条件下把土地以固定的租金永久租给一个自由佃户。后来个人所有者开始广泛模仿这个办法，而原本由契约决定佃户和所有者的关系，后来则被"裁判官"所认可，认为佃户也拥有有限的所有权，在后来就被称为"永佃权"。从这时期开始，租地的历史分为两大部分。在那段我们拥有的罗马帝国的记录最不完整的漫长时期内，罗马大家族的奴隶队伍逐渐转化成土著农夫，他们的来源和地位成为所有历史中最模糊的问题之一。我们可以猜想，他们中的一部分人来自于奴隶的地位的升级，一部分来自于自由农民的降格；同时他们也证明了罗马帝国较为富有的阶级开始意识到，当耕种者获得土地的出产物的利益时土地财产的

第八章

价值就会提高。我们知道，他们服劳役是土地上的奴役；这种劳役的性质并不具备绝对奴隶状态的很多特征，并且他们只要将每年的收成的固定的部分交给地主就可以免除劳役。我们还可以知道他们不管是在古代社会的变化还是在现在社会的变化中都存活了下来。尽管他们处在封建结构的较低级的地位，但是在许多国家中，按照曾经付给罗马的封建领主的数量，他们继续向地主交纳一样多的税，而在土著农夫中有一个特殊的，能为所有者保留一半农产品的阶层叫做分益土著农夫，由他们发展出了运用折半佃法的佃农，这些人至今仍然在欧洲南部几乎所有的土地上耕种着。在另一方面，如果我们从《民法大全》中的暗示来理解的话，那么"永佃权"就会成为对财产权的一种受人欢迎和有益的修正；并且可以推测只要是有自由农民的地方，这种租地制就开始支配其在土地上的利益。前面已经说过，"裁判官"认为永久佃户是真正的所有者。在面临驱逐的时候，他可以用"物权诉讼"来争取恢复他的权利，这很明显是所有权的标志，而且只要他如期交付免役地租就可以受到保护免受出租人的打扰。但与此同时，我们不能因此认为出租人的所有权已经消灭或是停止了。他的所有权仍然继续存在，因为他在佃户不付租金时有权收回租地，在出卖时有优先购买权，并且能够对耕种的方式进行一定的控制。因此，我们可以把"永佃权"作为一个引人注意的双重所有权的例子，这种双重所有权作为封建财产权的特点之一，比法定的权利和衡平的权利的并列关系要简单得多，而且也容易仿效得多。然而，罗马租地的历史并没有到此为止。我们有清楚的证据证明，在莱茵河和多瑙河的沿岸坐落着几个长期反抗蛮族保卫着帝国边境的要塞，在这些要塞之间存在着被称为边界地的连绵不断的狭长的田地，由罗马军队中的经验丰富的兵士根据"永佃权"的条件占有着。这里也存在着一种双重所有权。罗马国家是这片土地的地主，但是士兵们只要随时准备着在边境有需要时应征入伍服兵役，就能耕种土地而不被侵扰。事实上，在奥地利－土耳其边境，在一种非常类似的军事屯垦制度之下，一种卫戍职守取代了普通的"永佃权"中佃户应尽的支付免役地租的义务。我们似乎无法怀疑这就是建立了封建主义的蛮族君主所模仿的先例。他们亲眼目睹了这种制度有几百年之久，而且我们必须记住，许多卫戍着边境的老兵本身就拥有蛮族血统，他们也许说的是日耳曼的语言。因为他们十分接近一个非常容易模仿的模型，这个模型不仅解释了法兰克和伦巴第的君主们从哪里获得了这种将公有领地划出一部分赐给其追随者以换取兵役的想法；同时或许也说明了一种趋势，即这种"采邑"很快就会成为世袭的，因为尽管"永佃权"可能是根据最初的契约的条件创造出来的，不过按照通行的规则它却是留传给受让人的继承人的。的确，采邑的占有者和在较近的时期内由采邑变来的封地的封建领主，似乎都负有某种劳役，

第八章

这种劳役屯军所不太可能会有,"永佃权人"就更不会有了。比如说,对高一级的封建领主负有尊敬和感恩的义务、帮助他置办女儿的嫁妆和为他儿子准备军队的责任、在未成年时受他监护的义务以及许多其他类似的土地保有的附带条件,一定都是从罗马法中"庇护人"和"自由民"即原来的主人和原来的奴隶的相互关系的字面意思直接借用来的。然而,我们知道,最早的受益人往往是君主的个人随从,虽然这个职位表面上看来很光荣,但毫无疑问在开始时它一定隐含着某种卑躬屈膝的意味。在宫廷中服侍君主的人放弃了某些属于绝对个人自由的东西,即自主财产所有者最值得骄傲的特权。

第九章

早期契约史

在乍看之下就能获得赞同的关于我们所处时代的一般命题是这样说的，我们现在的社会和以前历代社会之间主要的区别在于契约在社会中所占的范围有多大。在这个命题据以立足的现象中，有些常常被挑选出来受到注意、批评或赞颂。我们中间很少有人会因为没有察觉而忽视，在无数的事例中，旧的法律在人出生时就为个人确定了无法改变的社会地位，而现代法律则准许他用协议的方式为自己创设社会地位；确实，这个规定的几个例外不断地受到非常激烈的义愤的公开抨击。例如，黑奴问题直到现在仍然被激烈地争论着，其真正的辩论要点在于，奴隶的身份究竟是不是属于已经过去的制度，以及雇主和工人之间符合现代道德的唯一关系，到底是不是完全由契约独立决定的。现代思想最为著名的精髓，就在于承认过去的时代和现在之间存在着这种差别。可以肯定的是，在今天"政治经济学"是得到了相当发展的唯一的伦理研究部门，如果

"强行法"不肯放弃它曾一度占据的领域中的绝大部分,而且人们无法拥有直到最近才被允许拥有的决定自己行为规范的自由,那么它将不会符合生活的实际情况。大多数受过政治经济学训练的人都会产生一种偏见,认为他们的学科所依据的一般真理有变为普遍性真理的资格,并且,当他们把它当做一种艺术加以运用时,一般都会倾向于扩大"契约"的范围,缩小"强行法"的领域,只有在必须依靠法律强制执行"契约"时才会例外。在西方世界中我们已经可以很强烈地感觉到某些思想家在这种思潮的影响下作出的激烈反应。立法几乎已经承认其本身无法和人类在发现、发明以及积累财富等活动中并驾齐驱;就算在最为落后的社会中,法律也开始越来越多地倾向于成为一种纯粹的表层的东西,在它下面,有一种不停地变更着的契约性的规定的集合,除非为了强迫人们遵守数量稀少的基本原则、或者为了处罚违背信用而必须诉诸法律以外,法律极少会干预这些规定。

只要社会研究依赖着对法律现象的考虑,它们就会处在一种非常落后的状态中,以至于今天流行着的有关社会进步的惯用语言并不承认这些真理也不足为奇。比之我们的信念这些惯用语言更加符合我们的偏见。当"契约"赖以成立的道德被怀疑的时候,绝大多数的人都对道德是进步的这种看法怀有强烈的厌恶,我们中有许多人几乎本能地不愿承认我们同胞所具有的善意和信任的范围比古时候

第九章

更加广泛,也不愿承认在我们当代的礼节中存在着与古代世界的忠诚相似的东西。有时候,欺诈行为大大加强了这些先入为主的印象,这种诈欺行为在被人们注意到之前是闻所未闻的,并且以其犯罪性和复杂性而使世人震惊。但是这些欺诈行为特别清楚地显示,在它们可能被施行以前,它们所破坏的道德责任必定已经超过了道德相对应的发展程度。由于多数人坚守信用给了少数人不守信用的可乘之机,因此,当数量众多的不诚实的事件发生时,可以肯定的结论是,在普通的交易中都会表现出来的谨慎小心的诚实,只在特殊情形中才会让罪犯有机可乘。假如我们坚持从法学对道德的反映来看道德史,并且把我们的注意力集中在"犯罪"法而不是"契约"法,那我们必须仔细小心才能得到正确的答案。最古老的罗马法中唯一有规定的关于不诚实的形式是"窃盗"。在我写本书的时候,英国刑法中最新的一章试图作出处罚"受托人"的欺诈行为的规定。从这对照中可以得到的合理推论并不是原始罗马人比我们拥有更为高尚的道德观念。我们更应该说的是,在把他们和我们相隔开的那段时间里,道德已经从 个很简陋的概念发展为一种高度精练的概念——从把财产权看成是极其神圣的,发展到刑法开始保护由纯粹的单方面的信用产生的权利。

在这一点上,法学家的各种明确的理论并不比普通人的见解高明多少。从罗马法学家的观点开始,我们可以发现这些观点并不符合道德以及法律发展的真正历史。有一种以合同当事人的善意担保为唯一要件的契约，被这些法学家特别命名为"万民法""契约"，而且，尽管毫无疑问这些契约最后是从罗马制度中产生的，但假如我们可以从它们使用的措辞中提取出明确含义的话，就是这些契约比罗马法中规定的某种其他形式的约定更加古老，在罗马法中忽视了一个专门的程序就会像误会或欺骗那样使责任受到损害。但是只有通过"现在"，我们才能理解它们很古老这种说法是含糊不清并且朦胧的；直到罗马法学家的用语成为一种已经不再能够解释他们的思想方式的时代的语言之后，我们才能够理解所谓"国际法契约"被明确地看做人类在"自然状态"下知道的"契约"。卢梭既犯了有法律上的错误也犯了通俗的错误。《论艺术和科学对道德的影响》是他成名的第一部作品，并且在这部作品他毫无保留地叙述了他的意见使他成为一个学派的创始人，在这部作品中他再三指出古波斯人的诚实和善意，认为这些是已经逐渐被文明所消灭的原始的单纯的特性；到一个比较晚的时期，他把他所有理论完全集中在一个原始"社会契约"学说的基础上。这个"社会契约"就是我们正在讨论的错误所形成的一种最具系统性的形式。尽管这个理论因为政治热情变得日趋重要，但是它所有的内容都来自于法学家们的纯理论。的确，首先被它所吸引的那些有名的英国人认为它有价值，主要是想在政治上利用它，但是，就像我

第九章

现在想要解释的,如果政治家长期以来没有用法律语言来进行争辩,那么他们绝不可能得到这个理论。同时这个理论的英国著者也注意到了这个理论思维的广泛性,因为正是这种广泛的思索(指代前面理论思维的广泛性)向法国人推荐了这个理论从而使法国人继承了它。法国人的著作显示,他们认为这个理论在能够说明一切政治现象的同时也能够说明一切社会现象。他们看到了一个在他们那个时代十分令人震惊的事实,即在人类所遵守的现实规则中,大部分都是由"契约"设定的,只有一小部分是由"强行法"设定的。但是,他们要么对这两个法学要素的历史关系一无所知,要么就是漠不关心。所以,他们提出一切"法律"来自于"契约"的理论的目的是满足他们的尝试,即一种所有的法学都来自于同一个渊源的理论,同时也在规避各种宣称"强行法"来自于神授的学理。在另一个思想阶段,他们也许会因为他们的理论得到了一个巧妙假设或一个便利的口头公式而感到满足。但是这个时代是在法律迷信的统治之下的。现在人们在谈到"自然状态"时已经不再认为它是荒谬的,因此,当坚持"社会契约"是历史事实时,似乎很容易让"法律"和契约有关的起源获得一种错误的真实性和明确性。

我们自己这代人已经摆脱了这些错误的法律理论,部分原因是因为我们的智力状态已经超越了前人,另一部分原因是因为我们已经几乎不再对这类主题进行推理。现在思维活跃的人们所乐于从事的工作，以及回答我们的先人对社会状态起源所持有的纯理论的工作，是对存在并活动于我们眼前的社会进行分析；但是因为没有历史的帮助，这种分析常常退化成为一种纯粹是为满足好奇心的行为，而且极其容易使研究者无法理解和他所熟悉的社会有很大区别的社会状态。用我们本身所处时代的道德观念去评价其他时代的人，这种行为的错误就像假设现代社会机器中的每个轮子、每只螺钉在那些没有发展的社会中都有对应物一样错误。这种印象在用现代风格写成的历史著作中传播得很广，而且都把它们自己巧妙地掩盖了起来；然而我在法学领域中也发现了它们的痕迹，比如，我们在人们对孟德斯鸠穿插在他的《波斯人信札》中有关"穴居人"的小寓言的赞扬中就可以发现。据说"穴居人"是一个因为系统地破坏了他们"契约"而彻底灭亡的民族。如果这个故事带着作者想要表达的道德观念，并且是为了暴露一种对本世纪和上世纪有所威胁的反社会异端，那么这确实是无可厚非的；但是如果从这个故事推导出的推论是，假如一个社会没有将一种神圣性给予承诺和合意，而且这种神圣性和一个成熟文明所给予的尊敬相似，那么这个社会就不可能团结在一起，则这个故事所包含的错误将严重到使我们无法正确理解法律史。事实是，"穴居人"从来没有注意到"契约"的责任却曾经十分繁荣，并且建立过强大的国家。在原始社会组织中必须先要理解的一点是，个人很

第九章

少或者从来不为自己设定权利,也很少或者从来不为自己设定义务。他应当遵守的规则首先来自于他生来所具有的地位,其次来自于他作为其成员的户主所给予他的强制性命令。在这样制度下"契约"几乎没有发挥作用的空间。同一家族的成员之间(因此我们才能解释证据)完全不能互相缔结契约,家族有权忽视其从属成员中的任何一人企图约束家族而作出的约定。的确,家族可以与其他家族缔结契约,族长也可以与其他族长缔结契约,但是这种交易在本质上和财产的转让是一样的,并且同样被许多复杂的仪式所阻碍,只要在履行时忽略一个小小的细节就足以使义务无效。由于一个人信任另外一个人的话语从而产生积极的义务,是进步文明缓慢获得的战利品之一。

不管是"古代法"还是其他任何种类的证据,都没有告诉我们是否有一个完全没有"契约"概念的社会。但是这种概念在最初出现时显然极其原始。我们可以在可靠的原始记录中发现,在当时让我们实现一个诺言的习惯还没有得到完全发展,在提到种种臭名昭著背信弃义的行为的时候竟然毫无责难,有时候反而加以称赞。例如,在荷马史诗中,尤利西斯的欺诈奸诡,好像是和内斯特的审慎明达、赫克托的不屈不挠以及阿基里斯的英勇善战处于同等地位的美德。古代法还使我看到了形式粗糙的"契约"和成熟时期的"契约"之间存在的巨大的差异。在开始时,法律并不会干预强迫履行诺言。使法律握有制裁权的,并不是约定，而是一种有着庄严仪式的约定。仪式不仅仅和约定本身有着同样的重要性，它甚至比约定更加重要；因为成熟的法学着眼于仔细分析一个特定的口头同意成立时当事人的心理条件，而在古代法中则强调伴随仪式而来语言和动作。如果遗漏或用错了一个形式，那么誓约就不能被要求执行，但是在另一方面，假如所有的形式经过表示已经精确地完成了，那么就算以约定是在威胁或欺骗的情况下作出的为理由进行辩解也是徒劳的。我们可以在法学史中清楚地看到，这样一种古代的看法是怎样转变为一个我们熟知的"契约"观念的变化过程。在最初的时候，仪式中有一个或两个步骤变得不是必要的；接着其他的步骤也被简化或者在某种条件下被忽略了；到最后，少数特殊的契约从其他契约中分离出来，可以不经过任何仪式而订立，这种被选出来的契约都是那些社会交往活动和力量所需要的。意思表示的约定缓慢地但是非常明显地从技术性问题中分离出来，并且逐渐成为法学家唯一感兴趣的要素。这种意思的约定通过外部行为表现出来就是罗马人称为的"合约"或"协定"；当"协定"被看做是"契约"的核心时，不久之后前进中的法学就产生了一种倾向，使契约逐渐和它的形式和仪式的外壳分离开来。从此以后，形式只有在为了要保证真实性和交易安全时才加以保留。"契约"的观念得到了充分的发展，或者用罗马人的话来说，"契约"被"合约"所吸收了。

第九章

罗马法律中上述这个改变过程的历史，极具启发意义。在法学最初的黎明时期，用来表示"契约"的名词是一个历史"拉丁语法"学者很熟悉的名词。这就是"尼克萨姆"，而契约的双方当事人被称为"尼克萨"，必须特别注意这两个表述，因为它们据以建立的隐喻非常持久。在一个契约性的约定下人们被强大的"约束"或"束缚"联系在一起，这个观念一直存在，直到最后影响了罗马的"契约"法学；而且从这里开始它和各种现代观念混合在一起。然而这种尼克萨姆或约束中究竟包括了些什么？根据一个拉丁考古学家流传给我们的定义，"尼克萨姆"被认为是"所有用铜币和衡具的交易"，而这个定义曾引起了很多困惑。众所周知铜币和衡具是"曼企帕地荷"的附属物，这种古代仪式在前章中已经描述过，通过这种仪式拥有最高形式的"罗马财产"的所有权就从一个人转移给了另外一个人。"曼企帕地荷"是一种"让与"，因此就出现了一个问题，因为这样的定义似乎混淆了"契约"和"让与"，而在法哲学中，它们不仅仅是分开的，而且实际上是相互对立的。在成熟的法学的分析中，"对物权"，"对世权"即"可以对抗整个世界"的权利，或者"财产所有权"，和物权，对人权即"对一单独个人或团体有效的"权利，或债权，他们之间有明显的区别。既然"让与"转移"财产所有权"，"契约"创设"债权"——那么这两者为何会包括在同一个名称或同一个一般概念之下？和许多类似的问题一样，这是由于把明显属于智力发展进步阶段的能力，以及在实际中混合在一起的区别各种纯理论观点的能力，错误地认为是在一个未成形社会的心理状态中产生的。各种不会被误解的和社会事务状态有关的迹象，可以证明"让与"和"契约"在实际中是混杂在一起的；而且一直到人们在缔约和让与中采用了截然不同的实践之前，人们从来没有意识到这两个概念的差别。

在这里可以看到，我们已经具备了足够多的有关于古罗马法的知识，使我们可以提供一些在法学萌芽时期的法律概念和法律用语的转化模式的观点。它们所经历的转化似乎是一种从一般到特殊的改变；或者用其他的话来说，古代的概念和古代的名词逐渐变得专门化。一个古代的法律概念不只是相当于一个而是相当于几个现代概念。一个古代的专门用语可以用来表示许多东西，这些东西在现代法律中分别用不同的术语来指代。但是，如果我们研究下一时期的法学史，我们就可以发现二级概念逐渐地被脱离出来，旧的一般性的名称正在被特有的名称所替代。旧有的一般概念并没有被遗忘，但是它已经不再包含它本来包括的一种或几种意思了。因而同样的，古代的专门术语仍然存在，可是它只行使着它以前曾具有的许多职能中的其中一种。我们可以举出许多例子来例证这种现象。例如，在过去各种"父权"曾经一度被认为具有相同的性质，毫无疑问他们被归结在一个名称之下。祖先所行使的权力，

第九章

不论是对家族或是对物质财产——不管对象是牛、羊、奴隶、子女还是妻子,都一样地行使。我们无法绝对确定这种权力旧的罗马名称是什么,但是我们有足够的理由相信"曼奴斯"可以用来表示各种不同程度的"权力",因而就知道古代用来指代权力的一般名词是曼奴斯。但是,当罗马法在稍稍进步些以后它的名称和概念都变得专门化。"权力"在文字上或在概念上按照着它所行使的对象有了明确的区别。对物质商品或奴隶行使的权力发展成完全"所有权"——对子女行使的权力被称为"家长权"——对那些已被祖先将其劳动能力卖给别人的自由人行使的权力被称为曼企帕因——对妻子行使的权力则依然是曼奴斯。我们可以发现古老的文字并没有被完全废止,只不过被限制在它以前表示的权限的其中一种特定的行使上而已。这个例子能够让我们理解在历史上"契约"和"让与"之间发生的联系的性质。 开始时所有的要式行为可能只有一种止严的仪式,它的名称在过去的罗马似乎就是"尼克萨姆"。过去在财产让与时所使用的形式,似乎和后来用于缔结契约的仪式一模一样。但是不久以后我们就到达了某个时期,在这个时期中"契约"概念又从"让与"概念中分离了出来。因此就发生了一个双重变化。在"铜片和衡具"交易的目的在于转移财产时,它使用了一个新的、特殊的名称:"曼企帕地荷"。而古代的"尼克萨姆"仍然使用原来的仪式,但是只在为了使契约庄严化的时候适用。

> 古代法

当我们说两种或三种法律概念在古代往往混杂在一个概念中的时候,我们并没有暗示:不可能会有哪种概念比包括在一起的其他各种观念更加古老,或者是,在这些概念形成的时候,也不会有哪种概念会比其他观念占据更为明显的优势,并且地位比它们高。一个法律概念会长时间地不断包含几个概念以及一个术语会替代几个术语的理由,必定是因为往往在人们有机会注意到或者进行命名之前,原始社会的法律在实践上的改变就已经结束了。虽然我已经说过,在最初的时候"家长权"并没有因为权力行使对象的不同而加以区分,但是我还是可以确定,"对子女的权力"其实是古代"权力"概念的根源;我也毫不怀疑最早在应用"尼克萨姆"时,即在最初应用它的人的心目中,"尼克萨姆"的作用在于使财产的转移有适当的庄严仪式。开始时也许是为了使尼克萨姆适用于"契约",它本来的职能被稍微扭曲了,但是因为它改变的程度十分轻微,所以长期以来人们没有觉察或注意到。旧的名称仍旧被保留着,因为人们没有需要一个新的名称的感觉;旧的观念盘踞在人们脑中,因为没有人发现有什么理由去费心研究它。这种情况在"遗嘱"史中已经有了明白的例证。在最初"遗嘱"只是简单的财产转移。然而在实践中,这种特殊的让与和其他所有让与之间逐渐产生了巨大的差异,才使这种让与被区别对待,但是就算是这样,也仍旧经过了好几个世纪以后,法律改良者才清除了这种无用而又累赘的名义

第九章

上的曼企帕地荷,并且同意,在"遗嘱"中除了"遗嘱人"明确的意思表示之外,其他的都是非必要的。但不幸的是,我们在追溯"契约"的早期史时没有追溯"遗嘱"的早期史的绝对信心,但还是有迹象说明,契约在最早出现之时,把"尼克萨姆"放在一种新的应用中,后来在实践中通过试验取得了非常重要的效果,于是被承认是一种单独的交易。尽管下面对其过程的描写只是我的猜测,但也并不是完全出自想象。让我们尝试将现金买卖作为"尼克萨姆"的普遍形式。卖方带着他想要处分的财产——比如说一个奴隶——买方带来了他当做金钱使用的粗铜锭——以及一个不可或缺的助手,即"司秤","司秤"带来了一个天平秤。按照规定的程序,奴隶被转移给买方——司秤秤过铜块以后将它移交给卖方。只要这个交易继续进行,该过程就被称之为"尼克萨姆",买卖的双方被称为"尼克萨";但是一旦交易完成以后,"尼克萨姆"就宣告中止,卖方和买方就不再使用因为这种暂时的关系而产生的名称。然而在这里让我们再试着根据商业史的发展向前推进一步。假设奴隶已经被移交了,但价金没有被支付。在这种情况下,对卖方而言,"尼克萨姆"已经完成,而且当他已经交付了他的财产后,他就不再是"尼克萨斯";但是对买方说,"尼克萨姆"仍然继续进行着。就他的部分来说,交易还没有完成,他仍然被认为是"尼克萨斯"。从而我们可以看到,这同一个术语在一方面是指财产上的权利被转移的

"让与",在另一方面又是指债务人因为还没有支付价金背负的个人债务。我们还可以更进一步地描画,这种程序不过仅仅是形式,在这个程序中没有东西被转移,也没有价金被支付;这暗示了一种在更为高级的商业活动中存在的交易,即一种"有待履行的买卖契约"。

假如大众的观点和职业的观点长期以来当真都认为"契约"将是不完全的让与,那么有很多重要的理由导致这个事实的发生。在上一世纪中,各种有关于人类和自然状态的思考被概括为这样一个学说,即"在原始社会中财产算不了什么,只有债务被重视",这种学说不是完全没有道理的;但是按我们现在看到的,把这个命题颠倒过来也许会更接近于实际。另一方面,从历史上考虑,原始时代"让与"和"契约"的联系暗示了某种经常被学者和法学家认为特别不可思议的东西,我是指通常在极为古老的法律制度中,在对待"债务人"非常苛刻的同时给予"债权人"过分的权力。当我们一旦知道为了使"债务人"有更长的时间,"尼克萨姆"被人为地延长了,我们就可以更好地理解他在公众心目中的地位和法律上的地位。他的债务毫无疑问被认为是一种异常的例子,而中止付款通常被认为是一种诡计和一种对于严格规则的曲解。与此相反的是,凡是在交易中正当地完成其义务的人一定会被他人尊重;那么他就很自然的想要用严厉的工具武装自己以便强制完成程序,严格来说,这个程序应当绝不延长或推迟。

因而，虽然"尼克萨姆"的本意是一种财产的"让与"，但在不知不觉中它也用于表示"契约"，而且到最后，这个词语常常和"契约"概念发生联系，以至于不得不用另一个特定的术语即"曼企帕因"或"曼企帕地荷"来表示真正的"尼克萨姆"或交易，以表示财产真正被转移了。所以到现在"契约"就从"让与"中分离了出来，它们历史的第一阶段算是结束了，然而它们距发展到缔约者的约定比附带进行的程序更为神圣的时期，还有很长一段距离。为了说明这一时期中所发生变化的性质，我必须稍微超出本书的范围，来探讨一下罗马法学家有关"合意"的分析。作为他们的睿智最为美丽的纪念碑，不用我多说人们就知道这种分析在理论上将"债"从"协议"或"合约"中分离开来。边沁和奥斯丁宣称，"一个契约有两个要素：首先，要约一方表示'意向'，履行他要做的行为或者遵守他不作为的承诺。其次，受要约者表示他'预期'要约者一方履行其提出的承诺"。实际上这和罗马法学家的学说完全相同，但是按照他们的观点，这些"表示"的结果不是一个"契约"而是一个"协议"或"合约"。"合约"是个人相互之间取得一致的最终产物，但是它明显还不能构成一个"契约"。它最后到底能不能成为"契约"要看法律是否"附加"上一个"债"。一个"契约"是一个"合约"（或"协议"）"加上"一个"债"。在这个"合约"还没有附带着"债"的时候，它称为"无偿的或无保证"的合约。

什么是一个"债"？罗马法学家给它下的定义是"应当负担履行义务的束缚"。这个定义通过它们借以建立的共同隐喻而把"债"和"尼克萨姆"联系了起来，并且明白地告诉我们一个罕见的概念的家谱。"债"是某种自愿行为的后果，是通过法律把人或一群人结合在一起的"束缚"或"约束"。凡是一种能引起"债"的后果发生的行为，主要是那些在"契约"与"侵权"、"合意"与"损害"等主题类别下的行为；然而还有许多其他行为能够造成类相似后果，但它们不能被某种确切的分类所包含。我们应当注意的是，这些行为并不是出于任何道义上的必要而自我背负上"债"；它们是因为法律根据其充分的权力而附加的，这一点非常有必要加以注意，因为"市民法"的现代诠释者有时候会提出一个不同的学说，并且用他们自己的道德理论或形而上学的理论作为该学说的支撑。对"法律约束"的想象沾染和渗透了罗马"契约"和"侵权"法的每一个部分。法律把各方当事人约束在一起，只有通过名为"清偿债务"的程序才能解除"束缚"，"清偿债务"也是一个借喻用语，英语中的"支付"只在某些情况下和它的意义相同。这个用来表现其一致性的比喻的表象，解释了另一个在其他情况下罗马法律用语中难以解释的特性，即"债不但表示权利也表示义务"，比如说使债务得到清偿或清偿债务。事实上罗马人把"法律上的约束"的所有情况放在了他们的眼前，即没有重视它的一端也没有忽视另外一端。

第九章

　　在发达的罗马法中,几乎在所有情况中,已经完善的"协议"都立刻加上了"债",于是便成为了一个"契约";这是契约法必然会走向的结果。但为了进一步研究这个问题,我们必须特别注意它的中间阶段——即除了一个完整的合意外、还需要借助某样东西来吸引"债"的阶段。正是在这个时期契约被分成了四类——即"口头契约"、"书面契约"、"物权契约"和"诺成契约"——著名的罗马分类法开始被使用,在这段时期内,这四类"契约"也是仅有的法律要强制执行的契约。在我们理解了将"债"从"协议"分离出来的理论后,就可以马上领会到这种分类的意义。实际上每一类契约都是根据某种手续命名的,除了缔约双方仅有的合意以外这些手续也是必需的。在"口头契约"中,一旦"协议"完成,必须要通过某种语言形式才能使法律约束附着在它上面。在"书面契约"中,写进总账簿或记事簿能使"协议"发生"债"的效力,而在"物权契约"中,只有将作为预约标的的"物"送达时,才能产生同样的效力。总而言之,在每一种契约条件下,缔约双方必须达到一种谅解;但是,如果他们不想再进一步的话,他们相互之间就没有"义务",不能强迫对方履行或在对方违约时要求救济。但是如果他们履行了某种规定的手续,"契约"就马上成立,并且以其采用的特殊方式作为它的名称。至于这种实践的例外情况我将在下面进行阐述。

　　在前面我是按照历史顺序列举四类"契约"的,但并不是所有罗马教科书的著者都一成不变地按照这个顺序。"口头契约"是这四种契约中最为古老的一类，并且是我们所知道的原始"尼克萨姆"最早的继承者，这一点是毋庸置疑的。古代采用的"口头契约"有好几个种类，但其中最为重要的、并且唯一被我们的权威学者所讨论过的契约，其使用的方法是"约定"，即一"问"一"答"；就是说由要求约定的人提出问题，并由作出承诺的人给予回答。就像我刚才所解释的那样，这个问题和回答构成了在原始观念中除了有关系的人们的单纯合意之外所需要的额外要件。它们成为附加上"债"的媒介。现在古老的"尼克萨姆"已经传给成熟的法学的第一样东西就是约束的概念，它联系了缔约双方从而成为"债"。其次传下来的是仪式的概念，它同时伴随着奉献的诺言，而这个仪式已变成为"约定"。本来的"尼克萨姆"的主要特点是进行庄严的让与，如果没有罗马"遗嘱"史来启发我们，这种庄严的让与转变为单纯的问题和回答的原因将始终是一个秘密。而读了那些历史，我们就可以明白正式的"让与"是怎样从和手中交易有直接关系的程序中分离出来，后来又怎么会被完全省略了的。然后，"约定"的问答既然毫无疑问是一种最简单形式的"尼克萨姆"，那么我们就可以认为这种问答其实早已具备专门形式的性质。如果以为它们之所以会被早期的罗马法学家欢迎，完全是因为它们能使想要签订协议的人有机会考虑和反思，这将是一种错误。我们不可否认

第九章

它们有这样的价值,这一点已经逐渐被承认;但是按照权威著作的叙述,我们有证据证明它们和"契约"有关的职能起初先是形式性的和仪式性的,自古以来并不是所有的问答都足以构成一个"约定",只有那些使用了特别适宜于某种特定情况的专门术语表达的问答才能构成一个"约定"。

为了正确理解契约法史,尽管在"约定"被认可为一种有效力的担保之前,我们必须将其理解为仅仅是一种庄严的形式,然而,在另一方面,如果无视它的真正的效用也是错误的。虽然"口头契约"已经不像古代那样重要,但它一直被保存到罗马法学的最后时期;而且我们可以理所当然地认为它在实践上的确是有些作用的,因为在罗马法上没有一种制度能够如此长期地被保存着。我在一个英国著者的文章中看到,他对罗马人甚至能在最早的时候满足于这种对匆忙和无需沉思的脆弱防护,表示十分惊讶。但是如果详细研究一下约定,并且牢记在我们看到的社会状态中是很难得到书面的证据的,那么我想我们不得不承认,这种专门用来满足它所希望达到的目的的这种问答,应当被公正地认为是一种高度巧妙的办法。"承诺人"以约定者的身份把契约中所有的条款以一个问题的形式提出,而"要约人"给予回答。"你是否承诺在某时某地某一个地点将某个奴隶送达给我?""我承诺。"现在,假如我们想一下就可以看出,这个"债"以提问的形式提出约定,就颠倒了协议双方的自然地位，而且因为有效地破坏了会话的进程，从而使人无法注意到也许会存在发生质权的危险。对我们而言，一般来说一个口头的约定完全来自于要约人的语言。在古罗马法中，绝对需要的另一个步骤是，承诺人在达到合意后必须把所有条件整合在一个庄严的问句中；而且在审判的时候必须提出的证据，就是这个问句以及对这问句的同意——而不是要约，要约本身是没有拘束力的。罗马法学的初学者马上可以察觉到，这个看上去无足轻重的特点在契约法的用语中竟然有着如此重大的差异，而他们最初碰到的绊脚石之一几乎普遍是因为它而引起的。当我们用英文提出一个契约时，为了方便起见会偶尔把它和契约的某方当事人联系在一起——例如，如果我们通常想提到一个缔约人—我们的话所指向的一直是"要约人"。但罗马人的普通用语则转向了另外一方；它总是从"承诺人"的角度来看待契约，如果我们可以这样说的话；在谈到一个契约的某方当事人时，主要谈的总是"约定人"，即提出问题的人。至于约定的用处，可以从拉丁喜剧家的著作中找出最生动的实例。如果通读了这些段落的所有场面〔例如，普罗塔斯的《说谎者》第一幕场景一；第四幕场景六；《三个铜钱》第五幕场景二〕，就可以看出考虑要约的人的注意力是如何有效地为问题所吸引，以及从一个无远见的承诺中抽身而退的机会是怎样的充足。

在"文书"或"书面契约"中，一个正式将"债"加

第九章

诸于"协议"上的行为是在一本总账上把借方明白确定的欠款数目登记上去。为了说明这种"契约"就不得不了解罗马的家庭状态,古代账簿井井有条的性质以及其非同寻常的规律性。只有当我们记起某种情况,即在一个罗马家庭中,所有成员都严格地对其家长负责以及家庭中每笔收支在登入流水账后,在一段时间内必须转入家庭总账,只有在了解了这些状况之后,我们才能解释清楚古罗马法中的几个不怎么重要的问题,例如说,"奴隶特有产"的性质。然而,根据我们所看到的"文书契约"的描写,还是有一些让人不是很明白的地方,原因是到后来记账的习惯已经不是那么普遍了,而"书面契约"的用语则成了表示和原来的理解相迥异的一种约定形式。因此,我们无法说明在原始的"书面契约"中,"债"的设定究竟是只要由债权人单方面简单的登入账簿,还是必须经债务人的同意或在其账簿中进行同样的登记,才能产生法律效力。但是可以确定的一个基本点就是,在这种"契约"中,只要遵守条件,所有的程序都可以省略。这是契约法历史向前迈进的另一步。

按照历史的顺序,其次的"契约"种类是"物权契约",表示在伦理概念上向前发展了一大步。凡是在任何以送达某一特定物件为目的的合意中——绝大部分的简单合意都属于此类——一旦送达确实发生,"债"就马上产生。这个结果一定是对最古老的有关"契约"观点的一个重大革新；因为在原始时代，毫无疑问，当缔约的一方因为疏忽而没有通过约定的手续确定他的合意，那么他按照合意而为的所有行为将不被法律所认可。除非经过正式的"约定"，否则借出钱的人是不能诉请偿还款项的。但是在"物权契约"中，一方的履约就意味着使另一方负担法律责任——显然是出于伦理的考虑。"物权契约"和前两种契约的不同之处就在于它第一次把道德上的考虑采纳为"契约"法中的要素之一，而并不是因为它专门形式的改变或者因为遵从的罗马家庭习惯有所不同。

我们现在要讨论的是第四类的契约或者说"诺成契约"，是各类契约中最为有趣和最重要的一种。在这个名称下还有四种特殊"契约"：委任即"受托"或"代理"；"合伙"；"买卖"；以及"租赁"。在前面几页中我说过"契约"是附有一个"债"的"合约"或"协议"，我曾经提出通过某些行为或手续法律允许将"债"吸收入"合约"。我这样说只是为了进行一般性的说明，但除非我们把其理解为不但包括正面的，而且也包括反面的，否则严格来说这个说明并不正确。因为在实质上，这些"诺成契约"的特点是，"无需"任何手续就可以从"合约"中产生这些契约。很多关于"诺成契约"的说法是难以辨认的，更多是含混不清的，甚至曾经有种说法认为在这些契约中，缔约双方的同意比之在其他任何种类的契约的合意更为重要。但"诺成"的这个名词不过是用来表明，在这里，"债"在

第九章

"意思表示一致"之后马上被附加。"意思表示一致"或协议双方的相互同意是"协议"最后也是最主要的因素,而属于"买卖"、"合伙"、"委任"和"租赁"四类之一的合意的特点是:一旦协议双方同意提供这个要素时,一个"契约"马上宣告成立。在特种交易中,"意思表示一致"产生"债"所执行的作用,和在其他契约中由物或口头约定以及由文书或书面登入总账而履行的职能是一样的。因此"意思表示"是一个和"物"、"口头"及"文书"完全相类似的名词,并没有什么细微的不同。

在生活交往中,最普通和最重要的契约无疑是被称为"诺成"的第四种契约。每个社会的集体生存的较大部分,都是消耗在买卖、租赁、为了商业目的而为的人与人之间的联合、一个人对另一个人的商业委托等交易中;这无疑是使罗马人会像大多数社会一样,想要把这些交易从专门程序的负累中解脱出来,并且尽可能使社会运动最有效的动力不至于被阻塞。当然不只罗马人有这类动机,罗马人和其邻国人进行通商贸易,必定会使他们有充裕的机会看到,摆在我们面前的各种契约到处都有变成诺成的倾向,即一旦双方相互表示同意就具有约束力。因此按照他们一向的实践,他们就把这些契约称为万民法契约。但是我并不认为在很早以前它们就是这样命名的。罗马法学家也许早在委任"外事裁判官"之前就有了最早的"万民法"观念,但只有在通过广泛的和正常的贸易以后,他们才能熟悉其他意大利社会的契约制度，而这类贸易在意大利获得彻底的和平和罗马的最高权力最终被确立之前，是很难达到相当规模的。尽管"诺成契约"极有可能是最后才在罗马制度中产生的，而且尽管万民法这个称呼很可能被证明为没有很古老的渊源，但是把这些契约归在"国际法"里的表述，却在现代产生了它们来自非常古老的年代的观点。因为，似乎当"国际法"变为"自然法"时就包含了这种意思，即"诺成契约"是与自然状态最适合的一种合意；因而产生了文明越年轻则其契约形式必定越简单的独特的信念。

我们可以观察到"诺成契约"在数量上是极其有限的。但是毫无疑问它开创了"契约"法史的新阶段，所有现代契约的概念都是从这个阶段开始出现的。现在构成合意的意志的运动完全被隔离了，成为另外一种预期的主题；在契约概念上形式完全被消除了，外部行为只被看做为内部意志行为的象征。"诺成契约"被归类在"万民法"中，而且在不久之后这种分类便得出了一种推论，即认为它们是代表约定的一种意思表示一致，这种意思表示一致被"自然"所认可并包括在自然法典中。当得到这一结论时，我们就可以看到几个罗马法学家有名的学说和区别。其中之一是"自然债"和"民事债"之间的区别。当一个智力完全成熟的人有准备地让自己被一个合意所约束，那么就算他并没有履行某种必要的程序、或者由于某些技术上问题

第九章

他不具备制定一个有效契约的正式能力,他仍然可以产生一个"自然债"。法律(而这就是这种区别所暗示的)不会强制执行这个债,但也不会完全拒绝承认它;"自然债"在许多方面和纯粹无效的债有差异,尤其在后来这个人又取得了缔约能力的情况下,在民法上"自然债"就可以获得认可。法学家有另外一种很奇怪的学说,这种学说的渊源不可能比"协议"从"契约"的专门要素中分离出来的时期更早。按照这些法学家的观点,尽管只有"契约"才能作为"诉讼"的基础,但是一个单纯的"合约"或"协议"可以作为"抗辩"的根据。由此可以推出,虽然一个人由于在事前没有注意按照适当的形式使一个合意成为"契约",从而不能根据这个合意提起诉讼,但是只要证明存在着一个仍未超越简单协议状态的反合意,就能驳回根据一个有效契约提出的请求了。比如在一个回复债务之诉中,可以把一个纯粹的以放弃或延期付款为内容的非正式合意作为抗辩的理由。

上面的学说显示出"裁判官"在进行其最伟大的创新时曾经有过的迟疑。他们关于"自然法"的理论必定使他们特别偏爱"诺成契约"以及"诺成契约"仅仅是其中的一些特殊例子的某些"合约"或"协议",但是他们不敢马上把"诺成契约"的自由性推及到所有"协议"。他们利用了从罗马法出现时就交付给他们的对于诉讼程序的特殊监督权,而且,尽管他们无法提出不是因为正式契约而发生的诉讼，但是在由其支配的诉讼程序的秘密舞台上，他们能够使他们新的意思表示一致的理论有充分活动的场所。但当他们发展到某种程度以后，就无法避免地必须再向前迈进一步。当某一年的"裁判官"在"告令"中宣称：他将赋予还没有变成"契约"的"合约"提出可衡平的诉讼的权利，只要这个有争议的"合约"是建立在一个要因之上的话，那么这个时候古代"契约"法的革命就完成了。进步的罗马法学始终强制推行这种"合约"。这类合约的原则使"诺成契约"得到与其相适宜的后果；事实上，如果罗马人的专业语言能像他们的法律理论那样具有可塑性，那么这些由"裁判官"强制推行的"合约"就有可能被称为新的"契约"、新的"诺成契约"。然而，法律最后变化的那部分是法律语法，而用衡平的手段强制推行的"合约"则继续被简单地称为"裁判官合约"。必须加以注意的是，除非在"合约"中有要因，否则对新的法学来说这个"合约"将继续是无效的；如果想要使它具有效力，就必须通过一个约定来使它转变为"口头契约"。

我之所以这样详细地讨论它，主要是因为我认为这段"契约"史非常重要，它可以用来防止无数的迷惑。这些讨论详细说明了从一个伟大的法学里程碑到另一个里程碑之间存在的各种观念的前进。我们由"尼克萨姆"开始，在这个概念中"契约"和"让与"是混杂在一起的，而且伴随着它的合意的手续甚至比合意本身还重要。从"尼克萨

第九章

姆",我们转到"约定",这是一种较为古老仪式的简单形式。再次我们谈论了"书面契约",在这里,假如能从罗马家庭遵守的习惯中提出合意的证据,那么所有的手续都可以被抛弃。而在"物权契约"中,道德责任第一次被认可,凡是参加或同意一个约定的部分履行的人不能以形式上的缺陷为理由否认它。最后则出现了"诺成契约",在这个契约中唯一重要的是缔约人的心理状态,除非是作为内在企图的依据,否则外界的情况是不被注意的。我们当然无法断定,罗马人思想的这种由粗糙的观念发展为精练的观念的进步,到底能否作为人类思想在"契约"主题上有了必要的进步的例证。除了罗马人之外,所有其他古代社会的"契约"法要么是太少了、缺乏足够的资料,要么就是已经完全失传了;至于现代法学则是完全被罗马的观点影响了,以至于我们无法获得对比和相似的概念,并从中吸取教训。然而,在我所描述的演变中不存在任何激烈的、了不起的以及难以理解的东西,因此我们可以合理地相信,古罗马的"契约"史在某种程度上是其他古代社会中此类法律概念的历史的典型。但是,罗马法的进步也只在某种程度上能够用来代表其他法学制度的进步。"自然"法的理论是专属于罗马人的。据我所知,法律约束的观念也是专属于罗马人的。成熟的罗马"契约和侵权"法中有许多特质都来自于上述的两种观念,或者来自于其中之一,或者两者兼有,所以,这些特质也是属于特定社会的特有产物。这些后期法律概念之所以重要，不是因为这些概念代表了所有情况下的思想发展的必然结果，而是因为它们对现代世界的智力素质有着非常巨大的影响。

罗马法特别是罗马"契约法"的各种思想方式、推理方法和专业语言，能够给如此之多的学科以贡献，没有比这更令人惊奇的事了。在曾经促进了现代人的求知欲的各类主题中，除了"物理学"外，没有哪门学科是没有被罗马法学渗入的。纯粹的"形而上学"的确是来自于希腊而不是罗马，但是"政治学"、"道德哲学"甚至"神学"不但在罗马法中找到了表达的工具，而且罗马法孵育出了这些学科最为深奥的研究。我们完全没有必要为说明这种现象而去讨论文字和观念之间的神秘关系，也没有必要说明为什么人类的心神从来没能抓住任何思想主题，除非它在事前就具备了适当而又丰富的语言或者掌握了一种适合的逻辑方法作为工具。我们只需要说明，在东方和西方世界对哲学的兴趣变得不同时，西方思想的始创者同属于讲拉丁语和用拉丁语写作的社会。但是在西方各省中，只有罗马法的语言能够很精确地用来研究哲学，它由于独一无二的运气几乎保留了奥古斯都时代才具有的纯粹性，而各个地方的拉丁语则退化为一种怪异的不纯正的方言。如果说罗马法学提供了语言上唯一的精确的媒介，那么它同时提供了思想上唯一正确、微妙深邃的媒介则显得更为重要。因为在西方，哲学和科学至少有三个世纪无法立足；而且

第九章

尽管大多数罗马人的精力都放在形而上学和形而上学的神学上,但是在这些热情洋溢的研究中所运用的措辞却完全是希腊化的,帝国的东半部就是它们的活动场所。有时,东罗马帝国的争论者所获得的结论是如此重要,以至于人们不管同意还是不同意这些结论都必须将它们记录下来,到后来,东方辩论的结果被引进了西方,西方一般都会以不感兴趣也不反对的态度默认这些结果。与此同时,有这样一个研究部门,就算是最勤劳的人也会觉得它很困难,最敏锐的人也会感到它很深奥,最精巧的人也觉得它很微妙,但是西罗马帝国各省受过教育的人却一直被它所吸引。对于非洲、西班牙、高卢和北意大利的有教养的公民来说,正是法学而且也只有法学,才能代替诗歌和历史、哲学以及科学。在一开始的时候,西方思想对易察的法律现象所作的努力毫无神秘之处,并且假如我们以为它会有其他任何色彩也会是令人惊讶的。唯一我觉得很奇怪的是,竟然没有多少人注意到,因为一种新要素的出现,西方观念和东方观念之间、西方和东方神学之间出现了差别。正是由于法学的影响力开始变得十分强大,才会使得君士坦丁堡的建立和后来的东西罗马帝国的分裂成为哲学史中的里程碑。但是,因为来自"罗马法"的观念已和日常生活中的观念非常紧密地混杂在一起,所以大陆的思想家无疑很难察觉到这些关键时刻的重要性。另一方面,英国人对这一点也是视若无睹的,这是由于他们对于他们自己以为的现代知识潮流的最丰富渊源以及罗马文明的智力成果，都极端无知。与此同时，一个费尽心力才会对古典罗马法有所了解的英国人，由于他的国人对这个主题向来缺乏兴趣，因此比起法国人或德国人来，对于我斗胆提出的主张，他也许是一个更好的鉴定家。任何一个知道罗马法学是怎样被罗马人所实践的人，以及任何一个观察最早的西方神学及哲学与它们之前的思想状态有什么不同特点的人，都有资格说明这些已经开始透入和支配着纯理论的新要素究竟是什么。

罗马法中对其他的研究主题影响最为广泛的部分是"债"法，或者说接近于"债"法的部分，即"契约和侵权"法。在罗马制度中这部分拥有充足的术语，罗马人本身并不是没有察觉到它们可以用来履行的职能，这从他们将"准"这个特别形容词用在"准契约"和"准侵权"等名词中，就可以得到证明。"准"在这样的用法中，完全是一个用来进行分类的名词。英国评论家通常以为"准契约"就是默示契约，但这是个错误，因为默示契约是真正的契约而准契约不是契约。在默示契约中，行为和情况用来作为某些要素的象征，这些要素在明示契约中是用文字来象征的；根据意思表示一致的理论来说，一个人究竟用这一套象征还是另一套象征是没有什么区别的。但是一个"准契约"根本不是契约。这类准契约中最普通的例子，就是一个人因为误解而将金钱给付了另一个人从而在这两个人

第九章

之间发生的关系。法律考虑到道德上的利益，规定收款人负有偿还的义务，但是根据这个交易的性质可以看出这并不是一个契约，因为，在这个交易里缺少对"契约"而言最为重要的要素："协议"。"准"这个字放在罗马法的某个名词之前通常含有这样意思，即如果比较以"准"作为标志的概念和其原来的概念，两者之间存在着一种强烈的表面上的可类比性或相似性。它并没有表示这两种概念是相同的，或是属于同一种类的。相反，它否定了在它们之间存在着具有同一性的概念；但是它指出它们有充分的相似之处，可以把其中的一个归为另一个的连续，而且可以将从某个法律部门中取出的话语移植到另一个法律部门并加以应用，而不会强烈扭曲对法律规则的说明，而这些规则在其他情况下是很难完美地加以表述的。

有人曾机灵地提出，"默示契约"是真正的契约，而"准契约"根本不是契约，而这两者之所以会被混淆起来，和那个将政治上的权利义务归于被统治者和统治者之间的"原始契约"的著名错误，有着很多相同之处。早在这个理论被确定之前，大部分的罗马契约法的用语，就被用来描写人类常常设想的存在于君主和臣民之间的权利和义务的相互关系。与此同时世界上充满了各种极端主张国王的要求应当被绝对服从的格言——这些格言假装它们来自《新约全书》，实际上却是来自无法磨灭的关于恺撒暴政的记忆——如果罗马"债"法没能提供一种可以隐约表达当时

古代法

还未发展完善的观念的言语,那么被统治者应该享有原权利的思想将完全没有可能表达出来。我以为,从西方的历史开始以来,国王的特权和国王对其臣民的义务两者之间的互不相容从来没有被忘记过,但是当封建制度继续盛行的时候,除了纯理论的作家外,极少有人会注意到这一点,因为封建制度通过明确的习惯有效地控制着欧洲的大部分君主,使他们在理论上无法拥有过多的权利。然而,当封建制度开始衰落、中世纪的组织渐渐脱轨以及教皇的权威因为宗教改革而不再被人所相信时,国王拥有神权的学说就马上明显地提升到一个它从未达到过的重要地位。它必须常常借助于罗马法的用语才能得到欢迎,而本来带有神学色彩的辩论逐渐获得了越来越多的带有法律争辩的因素。于是一种曾经不断在意见史中重复出现的现象也开始显现。当君主权的主张逐渐发展成为菲尔美的学说时,从"契约法"中借用来的本意在于保护臣民权利的词语竟然成为国王和人民之间现实的原始契约的学说,这一个学说首先被英国人掌握,到后来,特别是到法国人手中发展成为一种对社会和所有法律现象的广泛的解释。但是政治学和法学之间唯一的真正的联系,是在后者把其独特的具有可塑性的术语的便利给予了前者。罗马的"契约"法学对君主和臣民关系的贡献,恰好和在一个较为狭小范围内、对于被"准契约"的责任束缚在一起的人的关系所作出的贡献一模一样。罗马的"契约"法学提供了一整套语言和习语,有时候与当时和政治责任问题有关的各种观念正好十分接近。一个"原始契约"学说所达到的地位，从没有比怀威尔博士所提出的意见的地位高，他的意见是：尽管这个学说不够健全，但"它也许是一种用来表达道德真理的方便的形式"。

在"原始契约"被发明之前法律用语就已经被广泛地应用在政治主题上，以及"原始契约"这个假说在后来所具有的强大的影响力，充分说明了在政治学中有着大量罗马法学独创的文字和概念。这些文字和概念也大量地存在于"道德哲学"中，一种较为不同的解释是比起政治理论，伦理学的著作对罗马法的贡献更为直接，而这些伦理学著作的作者也更加意识到他们责任的范围。在谈到道德哲学特别应该归功于罗马法学家时，我指的应当是其历史还未被康德所中断的时期的道德哲学，也即一门研究人类行为规则、适当地解释这些规则以及这些规则应受那些限制的科学。在"批判哲学"兴起后，旧有的伦理学的意义几乎已经全部消失，除了在罗马天主教神学仍然研究的诡辩学中以一种降格的形式被保留着之外，伦理学似乎已经被普遍认为仅仅是本体论研究的部门之一了。除了怀威尔博士外，我在当代的英国学者中找不到第二个人，能够像以前在道德哲学没有被形而上学吸收，其规定的基础还未变得比其规定本身更为重要的时候那样，理解道德哲学。可是，只要伦理学牵扯到了行为的实际统治，它就或多或少地被罗马法浸润了。像现代思想中所有庞大的主题一样,伦理学本来是被合并在神学中的。最初曾经被称为以及现在仍被罗马天主教神学称为"道德神学"的科学,毫无疑问是在其作者明知的状态下,采用了教会制度中的行为原则构成的,并且使用了法学用语和方法进行表现和扩张的。在这个过程继续进行时,尽管法学只是用来发表想法的手段,但是它不可避免地会将其本身的特色传导到思想本身。由于这是和法律概念相接触而感染到的特征,因此它完全可以在现代世界最早的伦理学文献中看到,我认为这是很清楚的,以权利和义务完整而又不可分解的相互关系为基础的"契约法"曾经被用来矫正这些作者们的某种倾向,因为如果听任由这些著者发挥的话,就有可能把道德责任完全看做是一个"神国"的公民的公共义务。但在伟大的西班牙伦理学家们研究道德神学时,在道德神学中的罗马法因素已经明显减少。用博士评判博士的法学方法发展起来的道德神学为它自己准备了一套用语,而由于亚里士多德的推理和表达的特征无疑大部分是来自学院派的"道德论",因此便取代了凡是精通罗马法的人决不会误认的那种特殊的思维方式和言语模式。假如西班牙学派的道德神学家的势力持续下去,那么伦理学中的法律要素就有可能变得一点都不重要,然而下一代研究这些主题的罗马天主教著者在应用他们的结论时,几乎完全毁灭了他们的影响。道德神学降格成为诡辩学,欧洲纯理论的领袖们不再对它感兴趣；而完全被基督教新教徒操纵的新道德哲学，则大大超出了过去道德神学家达到的成就。其影响是使罗马法对伦理研究的影响大大为之增加。

在"宗教改革"之后不久，[①]我们就发现在这个主题上分离出了两大思想学派。最初我们把这两大学派中最有势力的一派称为诡辩学派，他们都是一些和罗马天主教会有宗教交流的人，并且他们几乎都分属于这个或者那个宗教教团。有另外些著者因为共同继承了《战争与和平法规论》的伟大著者格劳秀斯而相互团结在一起。后一派人中几乎所有人都是"宗教改革"的信徒，尽管他们不能说是正式地、公开地和诡辩学派发生冲突，但他们体系的起源和目的显然和诡辩学派在本质上有所不同。我们必须重视这个区别，因为它涉及罗马法和这两个体系都有关系的那个思想部门的影响问题。虽然格劳秀斯的著作的每一页都涉及纯粹"伦理学"的各个问题，而且尽管它是无数和形式道德学有关的书籍或近或远的根源，但我们都知道这不是关于"道德哲学"的专门性著作；它是决定"自然法"的一个尝试。现在我们还没有必要研究一个问题，即"自然法"的概念是不是罗马法学家的独有创造，我们可以断言，甚至格劳秀斯本人也承认，罗马法学中的格言说有些

---

① 该引用的段落是摘录自作者向《剑桥译记》投稿的一篇论文，经过些许变动

已知的现实法应当被认为是"自然法"的一部分，即使这个格言也许有些错误，但它仍旧应该受到最深的尊重并且被接受。所以，格劳秀斯的体系从其基础来说就已经和罗马法牵涉在一起，而这种关系就无法避免地使他——这是著者所受到的法律训练会导致的必然结果——在每一段中都自由地应用着罗马法中的专门术语以及各种推理、定义和例证的方式，而不熟悉于它们的来源的读者不会知道这些有时被隐藏起来的辩论的意义、特别是说服力。在另一方面，诡辩论很少借用罗马法，而它主张的道德观念和格劳秀斯所宣称德观点完全不同。所有以诡辩学的名义成为是与非著名的或者声名狼藉的哲学，其渊源来自于"不可饶恕之罪"和"可饶恕之罪"之间的区别。迫使诡辩哲学的著者发明一套精密的规范体系，以便于尽量将不道德的行为从不可饶恕的罪的范畴中解脱出来，并且把它们界定为可饶恕之罪的动机之一，是出于一种天然的想要避免将某种特定行为定为不可饶恕的罪的可怕后果的渴望，而另一种动机是出于一种同样可以理解的期望，即解除一种使天主教会不利的理论、以帮助其在和基督新教发生的冲突中取得胜利。这种试验的命运应当在普通史的范围内。我们知道，诡辩学派使神职人员有权对各色人等的性格上进行精神约束，这样也就使它具备了一种影响，这种影响对诸侯、政治家所产生的作用是"宗教改革"时代以前的人闻所未闻的，而且的确在那个遏制和减弱了基督教新教最初势力的巨大反动运动中起了巨大的作用。但在它最初的目的并不是建立而是规避——不在于想要发现一条原则而是在试图逃避一个假设——不是在确定是与非的性质而是在决定哪些特殊性质的行为不是错误的——就是这样诡辩学利用它精巧的言论继续发展了下去,直到最后它过低评价了行为的道德特性,过分地诋毁了我们人类的道德本能,以至于到最后人类的道德心突然起来反抗它,并且将这个体系和其博士们埋葬在一个共同的废墟中。长期不断打击的最后一击来自帕斯卡的《书翰集》,在这些值得纪念的"文件"出现以后,就没有一个哪怕影响最小、声望最低的伦理学家敢公开沿着诡辩学家的足迹前进。如此一来,伦理学的所有领域便完全被追随着格劳秀斯的著者们控制了;在很大程度上它还是表现出和罗马法纠缠在一起的迹象,这有时被认为是输入了格劳秀斯理论的一种错误,但有时却被认为是对它的最高推崇。从格劳秀斯时代以来,很多研究者已经修正了他的原则,当然,在"批判哲学"兴起以后也有许多人已经完全抛弃了他的原则;但是就算是那些远离他的基本假设的人,也继承了他的很多陈述方法、他的思维路线以及他的说明方式;而对罗马法学的一无所知的人来说,这些则是没有什么意义而且也没有什么寓意的。

我已经说过,除了自然科学,没有哪门知识会像形而上学那样受到极少的罗马法的影响。因为关于形而上学的主题的讨论始终是用希腊文进行的，开始时用纯粹的希腊文，后来使用专门用来表现希腊概念的拉丁土语。现代语言只有在使用了拉丁土语或是模仿了原本在其结构上使用的程序之后，才会适宜于形而上学的研究。现代形而上学的论文中常用用语的来源是亚里士多德的拉丁译文，其中不管是不是来自阿拉伯译文，翻译者的计划并不是要从拉丁文献的任何部分中寻找类似的言语，而是想从拉丁字根上重新创造出一套相当于希腊哲学观点表达的习语。在这样一个过程中，罗马法的术语可能只产生了很小的影响；最多也不过是少数拉丁法律名词通过变形成为形而上学的术语。与此同时必须注意的是，当某些形而上学的问题成为西欧争论最为激烈的问题时，如果不是在言语中，那么其思想必定会泄露出来一种法律的本源。在纯理论史中，很少有事物能比下列事实给人以更深刻的印象，即没有哪个使用希腊语言的民族会严重地感觉被"自由意志"和"必然性"的重大问题所困扰。我不想对这一点作出任何一般性的解释，但是这样说明似乎并没有离题太远，即不管是希腊人还是任何一个使用希腊语来讲话和思考的社会，都没有表现出有产生法律哲学的最小的能力。法学是罗马人的创造，当我们在一个法律观点下研究一个形而上学的概念时，就产生了"自由意志"的问题。为什么会出现这样的问题：永恒的顺序是否要和必要的联系同步？我只能说，随着罗马法的发展出现了一种日益增强的趋势，即认为法律的后果是通过一种坚定的必然性和法律原因联系在一起的，这一种趋势可以在我反复引用过的"债"的定义中得到最明显的佐证："应负担履行义务的法律约束。"

但是在"自由意志"成为哲学问题之前是一个神学问题，而如果它的术语曾经受到法学的影响的话，则是因为法学早就已经渗入了神学的原因。这里所要提出并加以研究的重大问题在过去从来没有被满意地阐述过。我们必须决定的是：法学到底有没有曾经被用来当做观察神学的各项原则的媒介；它到底有没有提供过一种特殊的语言、一种特殊的推理方式以及解决许多生活问题的特殊方法，开辟新的通道，从而使神学上的纯理论通过它往下发展并得到扩张。为了找到答案，我们有必要回想一下最著名的著者们一致同意的关于神学最初所吸收的精神食粮究竟是什么的观点。各方面都一致同意，基督教会最早使用的语言是希腊语，而它最初所研究的问题是那些希腊哲学在其后期形式中为它们开辟了道路的问题。在希腊形而上学的文献中包含着大量独一无二的有关"神人"、"神质"和"神性"等问题的文字和观念，人类可以从这些文字和观念中获得怎样进行深辩论的手段。这无疑是拉丁语以及贫乏的拉丁哲学无法做到的，因此，西罗马帝国或使用拉丁语的各省对于东罗马帝国的结论，自然毫无争议或不加审查的采用了。弥尔曼教长说："拉丁基督教接受了拉丁狭隘肤浅的词汇所无法用适当名词加以表述的信条。但是，自始至终，罗马和西方之间的紧密关系，是对东方神学深奥的神学所精炼出来的教条制度的被动的默许，而不是它自己对那些神秘事物进行有力和有创造性的研究的结果。拉丁教会既是阿塔纳细阿的弟子也是他的忠实信徒。"但是，随着东方和西方的距离一天天地扩大，使用拉丁语的西罗马帝国开始它自己的精神生活时，对东方的谦逊突然被许多东方理论完全不熟悉的问题的议论所代替。"当希腊神学（弥尔曼：《拉丁基督教》，序，第5页）使用更加精细的技巧为'神性'和基督的性质下定义时"——"当无休无止的争辩依然不断地延续，并且从这陷于衰弱的社会中的一个宗派传到另一个宗派时"——西方教会以非同寻常的热诚投身于一种新的辩论中去，从那时起一直到现在，拉丁教会中的任何时代的任何人从来没有对这种辩论失去过兴趣。"罪"的性质以及它可以因继承而转移——人所欠的债务以及其代替的偿还——"赎罪"的必要性和能力——最为重要的是"自由意志"和"神意"之间明显互不相容——这些是西方辩论在开始时所讨论的问题，并且这种辩论就和东方在讨论其比较特殊的信条的条款时一样热烈。然而，在这个把希腊语各省和拉丁语各省分离开来的分界线的两边，为什么会存在两类如此明显不同的神学问题？教会历史学家说过，新的问题比那些曾经将东罗马基督教扯得粉碎的问题更加"实际"化，也更少绝对理论化，尽管他们的这个解释已经接近答案，但就我所意识到的，他们中没

第九章

有一个人是完全找到了答案的。我能毫不犹豫地断言,这两个神学体系间的区别主要基于这样一个事实,即当神学理论从东方传到西方时,它是从希腊的形而上学的氛围转移到了罗马法的氛围中。在这些争辩变得具有压倒性的重要性之前的几个世纪中,西罗马帝国的人的所有智力活动完全花在了法学上。他们都忙于把一套特殊的原则适用到可以被安排的一切生活情况的结合中。从来没有任何外来的工作或风尚把他们的注意力从这专注的事情上转移开来过,并且为了继续从事,他们拥有丰富而精确的词汇、严格的推理方法、一批或多或少已经被经验所证明的有关行动的通则,以及严格的道德哲学。所以他们也就无法不从基督教记录下来的问题中选择了那些接近于他们习惯的纯理论制度的问题,而他们处理这些问题的态度也就无法不借鉴他们的法庭的习惯。几乎每一个有足够的罗马法知识的人,都可以理解罗马的刑法制度、罗马人基于"契约或侵权"而创设的债的理论、罗马人对"债务"以及对"债务"产生、消灭和转移的方式的观点、罗马人对于个人通过"概括继承"而继续存在的观念,这些都可以说明,西方的理论问题及和它非常情投意合的心境是来自什么地方,也可以说明这些问题的用语是来自什么地方,以及用来解决问题的推理方法又是来自于什么地方的。我们必须回忆一下,这些逐渐渗入西方思想中的罗马法既不是古代城市的古代制度,也不是经过删改的"拜占庭皇帝"的法学;

当然，更加不可能是那些几乎被以"现代民法"的名义流行于世的现代纯理论学说像寄生物那样的过度发展所埋没的大量规则。我所指的，仅仅是指由安东尼时代伟大法律思想家所研究出来的、部分地由查士丁尼的"法学汇纂"再加工的法哲学，这个体系的缺点很少，除了它所要达到的高度的优雅、明确和精准，其他的已经超过了人类的事务所允许的以及人类的法律所能到达的范围。

许多英国著名的和有声望的著者，出于对罗马法的无知（这是英国人不得不马上承认的，但有时不但不以为耻，反而借以自夸），对罗马帝国时期的人类智力状态提出了最不可取的自相矛盾的观点。他们常常毫无犹豫、好像是深思熟虑地提出命题一样地主张，从奥古斯都时代结束起一直到大众对于基督教信仰开始产生兴趣为止，文明世界的精神力量正遭到瘫痪症的重击。这个时期有两个思想主题——也许是除了自然科学之外仅有的两个——人们可以用其所具有的一切能力进行全力的研究。其中一个是形而上学的研究，这个研究只要人们愿意继续钻研就没有限制；另一个是法律，这个和人类的事务同样广泛。正好在上述的时期中，使用希腊语的各省专心从事于其中一个问题，而使用拉丁语的各省又专心于另一种问题。我不想谈亚历山大城和东罗马帝国在纯理论研究方面的成果，但我可以大胆断言，在罗马和西方人的手头上有一件工作，足够用来补偿其他智力上的缺陷，并且我要附带说明一句，就我们所知道他们所获得的结果而言,他们所花费的坚毅的专门的劳动并不是不值得的。除了职业法学家外,也许没有人能完全了解"法律"将花费个人的多少精力,但是一个普通人也不难理解为什么法学会独占罗马集体智力的一个不同寻常的部分。"一个特定社会想要精通法学所需要的条件,与它在任何其他种类的研究中所需要的条件永远是完全相同的;而最主要的条件是全国智力花费的比例,以及时间的长短。当促使一种科学前进和完善的所有直接的和间接的原因结合在一起时,从《十二铜表法》颁布到两个帝国分裂时为止,这种结合长期以来不断对罗马的法学发生作用——这种作用并不是不规则的和间断的,而是力量持续不断地增长,数量持续不断地增加的。我们可以看到,一个年轻国家最早的智力活动就是研究它的法律。只有当人们的智力第一次有意识地想努力进行概括时,首先包括在一般通则和丰富的公式中的内容是日常生活中的事务。年轻的共和国集中一切精力专心从事法学研究的普及性,在开始时是毫无限制的;但是不久以后就终止了。智力不再被法律所独占。早晨集合在伟大的罗马法学家那里的听众开始减少。英国法学院的学生数量从几千人减少到了几百人。艺术、文学、科学和政治共同组成全国知识界;而法学的实践则开始限制在职业的范围之内,尽管并不是有限的或是不重要的,但它之所以具有吸引力,一方面是因为这门科学固有的吸引力,另一方面也是因为能够因而可

古代法

能获得的报酬。这一系列的变化在罗马表现得甚至比在英国更为突出。到共和国时代的末期,除了有成为将军的特殊潜力的人,法律是其他所有有才干的人的所能从事的唯一职业。但是到了奥古斯都时代,一个新的智力发展的阶段开始了,就像我们的伊丽莎白时代的到来那样。我们都知道这个时代在诗歌和散文上的成就;但必须说明的是,有些迹象表明除了装饰文学所拥有的辉煌以外,它已经到了在自然科学领域进行新的征服的前夕。但是到这个时候为止,在罗马国家中,智力的历史已经不再和此时智力进步所追求的道路平行前进。严格讲起来罗马的文学只能说是昙花一现,它在各种影响下突然终止,虽然这些影响的某些部分是可以研究的,但在这里进行分析并不适当。古代的知识界被有力地推回到了它的老路上,就和罗马人把哲学和诗歌轻视为幼稚民族的玩具的时代一样,于是法律又成为专门属于天才从事的正常范围。在帝国时期,使一个有才能的人从事法学家职业的外因的性质到底是怎么样的,想要理解这一点的最好的方法是考虑他在选择职业时所面对的抉择。他有可能成为修辞学教师、边境哨地的司令官,或是一个职业的颂词作者。除此之外现实生活中可以容纳他的唯一的其他职业就是法律职业。通过这些,可以得到财富、名誉、官职、君主的会议室——也许可以达到王位本身。"

学习法学的报酬是如此巨大,以至于在帝国境内到处都有法律学校，甚至在"形而上学"的领域内也是如此。尽管将帝国首都迁到拜占庭的行为明显推动了法学在东方的研究工作，但是法学从来没能废黜和它竞争的各种研究。它使用的语言是拉丁语，这是帝国东半部的一种外来方言。只有对西方社会我们才可以声称，法律不仅是有雄心有抱负的人的精神食粮，并且是所有智力活动的唯一滋养。对于罗马的有教养的阶层来说，希腊哲学不过是一次短暂的流行体验而已，并且当新的东方首都建立，帝国一分为二时，西方各省比起以前更为明显地从希腊式的思维中分离出来，其更专心投身于法学的事实也变得再明白不过了。于是一旦当他们不再听命于希腊人，并开始考虑建立一个属于他们自己的神学时，这个神学就被证明为渗透入了法律的观念并且用法律的用语进行措辞。可以肯定的是，在西方神学中这个法律的地基极其深厚。到后来一套新的希腊理论即亚里士多德的哲学进入西方，并且几乎完全覆盖了它的本土学说。但是等到"宗教改革运动"发生，它部分地摆脱了它们的影响时，它马上用"法律"填补了它们的地位。在加尔文和阿米尼乌斯两种宗教体系中，很难确定究竟是哪一个具有更加明显的法律性质。

　　罗马人特别的"契约"法学对现代"法律"中相对应的部门所产生的巨大影响，似乎不在本书叙述的范围之内，而应当属于成熟的法学史。直到博洛尼亚学派创立了现代欧洲法学之后，这种影响才被察觉出来。但罗马人在帝国衰亡前就曾经把"契约"概念发展得非常完善这个事实，在比上述时期更早的一个时期变得十分重要。我曾经重复地主张，"封建制度"是古代蛮族习惯和罗马法的混合物；其他任何解释都是站不住脚的、甚至是让人难以理解的。封建时代最早的社会形式和到处可见的原始文明中的人类结合而成的普通社团之间，没有什么太大的区别。"封地"是一些财产权利和人身权利不可分离地混合在一起形成的一种有机的、完全的同伴间的情谊。它和印度"村落共产体"以及苏格兰高地的部族之间有许多的共同之处。但是封建社会具有的某种现象，仍然是我们无法在文明的开始者自发形成的社团中找到的。真正的古代共产体不是因为明确的规定结合在一起的，而是依靠情绪，或者我们应该说，依靠本能结合在一起的；新来者都虚伪地表示拥有这种自然产生的血统关系，从而在这种本能的范围内被纳入社团。但是最早的封建社会既不是仅仅靠情绪联系起来的，也不是靠拟制来补充成员。把他们联系在一起的纽带是"契约"，他们通过缔结一个契约的方式来获得新的同伴。最初封建领主和封臣的关系是用明确的约定来确定的，一个愿意把自己用领主附庸或分封土地的方式加入到团体之内的人，一定清楚地理解他被接纳所需要满足的各项条件。因此，区分封建制度和原始民族的纯粹惯例的主要标准是"契约"在它们中间所占的比例。封建领主具有宗法家长的许多特质，但他的特权被各种各样确立的习惯所限制，这些习惯来自分封土地时所同意的明确的条件。因此这就是使我们不能把封建社会和真正的古代社会归为一类的主要的差别。封建社会更加持久，其种类更加多；它们之所以持久是因为明确的规定比起本能的习惯来更不容易被毁灭，它们的种类之所以那么多是因为，作为它们建立基础的契约是按照交出或授予土地的人的具体情况和要求而调节的。这最后的理由也许可以用来说明，那些流行在我们中间的关于现代社会渊源的庸俗意见需要多大的修正。人们常说现代文明的外形之所以会如此不规则和多样化，应当归功于日耳曼民族非凡而又反复无常的天赋，这和罗马帝国那种枯燥的程序形成了鲜明的对比。但真相是，罗马帝国把法律概念遗传给了现代社会，而正是这些法律概念造就了这种不规则；假如蛮族的习惯和制度有某个特点比另一个特点更为惊人，那么这个特点就是它们的极端一致。

第十章

不法行为和犯罪的早期史

包括我们那些盎格鲁-撒克逊的古老法典在内,"条顿法典"是这个国家流传到我们手里的唯一古老的世俗法律体系,对于它们最初的规模我们可以构建一个确切的概念。虽然罗马和希腊法典的现存碎片足以为我们证明它们的一般性质,但其残存的数量有限,还不能够使我们十分确切地知道它们精确的规模以及其各部分之间的比例。但是总体而论,所有已知的所收集的古代法都有一个共同的特征,使它们明显地不同于已经成熟的法学。最显著的差别在于刑法与民法所占的比重。在日耳曼法典中,与法律的刑事部分相比法律民事部分的范围要狭小得多。德拉古法典中规定判处残酷刑罚的传统,似乎表明它也具有同样的特征。唯独在一个具有伟大法律天才的社会所创造的《十二铜表法》中,以一种温和的方式,民事法律才有些像其现代的先例;但是损害救济模式所占的相关地位,尽管不是异常巨大,也似乎是相当大的。我认为可以这样说,法典愈古老,它的刑事立法就愈完整、愈详细。这类现象可以经常看到,并且在很大程度上此现象被毫无疑问地正确解释为:当首次把他们的法律制定为成文法时,社会中经常发生暴力行为。据说,立法者按照野蛮生活中某一类事件发生的频率来分配其工作的比重。但是,我认为这个说法并不十分准确。应当回想一下,在古代法的收集中,民事法律的相对欠缺是和本书中所论述的古代法学的其他特征相一致的。文明社会所施行法律的民事部分中有十分之九是由"人法"、"财产和继承法"以及"契约法"所组成的。但是很显然,我们越接近社会关系的萌芽时代,法学的这一切领域就越缩减到更狭小的范围之内。只要所有的身份形式都共同隶属于"父权"之下,只要"妻"对其"夫"没有任何权利,子对其父也没有任何权利,以及未成年的"被监护人"对作为其"监护人"的"宗亲"也没有任何权利,那么仅仅作为"身份法"的"人法"就会被限制在最小的限度之内。同样地,只要土地和财物在家族内继传,或者,如果完全分配的话,也只在家族范围内分家析产,有关"财产"和"继承"的规则也决不会很多。但是,古代民事法律中最大的缺口往往是由于缺乏"契约"而造成的,在一些古代法典中甚至完全没有提到过,而在另一些古代法典中则用一种精心制作的"宣誓"法律来取代"契约"的地位,这足以证明"契约"所依据的道德观念还没有成熟。因为没有相应的理由来说明刑事法律缺乏的原因,

第十章

所以，尽管我们会冒昧地说国家的初期总是一个无法抑制暴力的时期，我们仍然能够理解为什么刑事法律和民事法律的现代关系竟在古代的法典中颠倒过来。

我已经指出原始法学曾经赋予刑法以优越性，而这并不为后代所知晓。这种说法完全是为了方便起见，但事实上，通过对古代的法典的考察表明，那些它们以不寻常的数量所阐述的法律并非是真正的刑法。所有的文明制度都一致同意在对国家和社会的侵犯和对个人的侵犯之间应有明确的区别，以及所造成的两类不同伤害之间的区别，因此，我会用犯罪和不法行为这两个名词来称呼它们，虽然我并不认为这两个名词在法学上始终是这样一致应用的。所以，古代社会的刑法不是"犯罪"法，而是"不法行为"法，或者借用英语术语，就是"侵权行为"法。被害人通过一个普通民事诉讼对不法行为人提起诉讼，如果他胜诉，就会得到以金钱为赔偿形式的损害补偿。如果在论及根据《十二铜表法》所构建的刑事法学的地方参考加伊乌斯的评论，我们将会看到，由罗马法所确认的民事不法行为的开头是偷窃行为。在我们习惯上认为只属于犯罪的侵犯行为，却被认为完全是侵权行为，并且不仅是偷窃，还有强奸和抢劫，法学家也把它们和侵害、文字诽谤及口头诽谤联系在一起。所有类似的一切都产生了"债"或是"法锁"，并且都用金钱支付的方式予以补偿。但是，这一特性最有力地体现在日耳曼部落统一法中。他们对杀人行为也不例外

古代法

地阐述了一个庞大的金钱赔偿制度，对于轻微损害，除少数例外，也有一个同样庞大的金钱赔偿制度。凯姆博先生（在《盎格鲁—撒克逊》卷一，第177页）写道："根据盎格鲁-撒克逊法律，每一个自由人的生命，都可以按照他的阶层标以一定金额，对他的身体所遭受的每一个创伤，对其民事权利、荣誉或者安宁所造成的几乎每一种损害，都可用相应的金钱予以补偿；该金额随着偶然情形变化而增加。"这些偿金明显地被认为是收入的一种有价值的来源；一系列极为复杂的规则规定着赋予他们的权利及所承担的义务；并且像我已经提到的那样，如果在它们所属的人死亡时还没有被清偿，它们经常遵循一些十分奇特的继传方式转移之。因此，如果一种不法行为或侵权行为的标准被认为是个人而不是国家遭受了该行为的侵害，那么可以断言，在法学的初期，公民赖以得到保护以对抗暴力或欺骗的不是"刑法"而是"侵权行为法"。

因而，在原始法学中"侵权行为"被充分地扩大了。另外，原始法学也涉及"罪过"。在"条顿法典"中，我们几乎没有必要作出这样的说明，因为我们所得到的这些法典的形式，是经过基督教立法者汇编或重述过的。但是，在非基督教的古代法律体系中，对于违背了神的法律和命令的某类行为和某类不行为也往往施以刑罚。雅典"阿勒乌帕果斯元老院"所适用的法律也许是一种特殊的宗教法典，而在罗马，显然从很早的时期起，主教法学就对通奸

第十章

罪、渎神罪以及谋杀罪加以处罚。因此，在雅典和在罗马各邦中存在处罚罪过的法律。也有处罚侵权行为的法律。触犯"上帝"的相关概念产生了第一类的律令；触犯邻居的相关概念产生了第二类的律令；但触犯国家或聚集成社会的观念并没有在一开始就产生一个真正的犯罪法学。

但是不能因此就认为，在任何原始社会中，对国家做出的不法行为这样一种简单而基本的概念都是缺乏的。阻碍犯罪法发展的最初的真正原因似乎是由于对所了解的不法行为这一概念是如此的清晰明白。无论如何，当罗马社会认为它自身遭受到损害时，即完全从字面上类推适用当一个个人受到不法行为时所产生的处罚后果，而且国家自己就可以对实施这一不法行为的个人适用一个单一行为进行报复。其结果是，在共和国的初期，对于严重损害国家安全或国家利益的每个侵犯行为，都由立法机关制定一个单独法令加以处罚。这就是犯罪最早的概念——犯罪是一种涉及重要问题的行为，国家直接制定一个特别法律对犯罪者进行处理，而不是把该行为交予民事法院或宗教法院加以审判。因此，每一个控告都采用一种痛苦和刑罚令的形式，而对一个罪犯的审判都适用一种极不寻常的、极不规则的、完全独立于既定规则和固定条件的形式。因此，由于主持公正的法院就是主权国家自身，以及由于不可能对规定的或禁止的行为进行分类，所以在这一时期没有任何刑法、没有任何刑法学。其程序与通过一条普通法令的形式完全相同；该程序是由同样的人提议，而且完全是用同样的仪式来进行的。并且应当注意的是，当一部正式的刑法连同执行它的一套"法院"和官员机制在随后生成时，旧的程序可能被认为符合理论，所以仍然严格地适用着；并且，由于太多地被诉诸导致这一对策不复为人们所信任，罗马人民总是保有对触犯国家权威的犯罪适用一种特殊法律进行处罚的权力。毋庸多言，古典派学者都记得雅典的痛苦法案和刑罚令其实也以同样的方式使得正规法院的建立得以继续下去。同样地，据悉，当条顿民族的自由民集会立法时，他们也主张有权处罚极为阴险的罪行，或处罚拥有尊贵地位的罪犯所犯的罪行。"盎格鲁-撒克逊国会"的刑事管辖权就具有这样的性质。

也许有人以为，我所主张的刑法的古代观念和现代观念之间所存在的不同只是口头上的。可以这样说，除了通过立法来惩罚犯罪外，从最早的时期起，社会就利用它的法院进行干预，迫使不法行为人清偿其不法行为，若是该社会这样做了，那么总是可以认为社会在某些方面由于不法行为人的罪行而受到了损害。无论这一推论在我们今天看来是多么的严密，但是，它究竟是否是由原始的古代人们所做出的是十分可疑的。不论国家最早通过其法院进行干涉时所包含的对社会损害的理念有多么狭小，从一些奇特的情况中可以看出，在最初的司法行政中，其程序主要是近似地摹仿在私人生活中的人们发生争执时可能从事的

第十章

一系列的行为,而随后,在该争执中受到损害的就会得到安抚。地方法官谨慎地仿效着临时被召集来的私人公断者的做法。

为了表明这个说法不仅仅是一个奇特的幻想,我也将举出它所依据的证据。迄今我们所知道的最古老的司法程序是罗马人的"誓金法律诉讼",所有后来的罗马"诉讼法"都证明是从它发展来的。加伊乌斯详尽地描述它的仪式。初看起来,它好像是毫无意义并且荒谬,但稍加注意我们就能够辨认并解析其意义。

涉讼标的应当提交到法院。如果是动产,就提交原物。如果是不动产,就以碎片或其样品代替;例如,土地用一个土块作代表,房屋用一块砖作代表。盖尤斯所选的例子是为了一个奴隶而提起的诉讼。诉讼开始时,原告手持一根竿子行进,而盖尤斯明确地说明这根竿子象征一支矛。原告抓住奴隶,并向该奴隶主张权利说,"我根据公民法的规定主张这个人是我所有的";接着他用竿子指着奴隶说,"现在把矛放在他身上"。被告进行着一系列同样的动作和姿势。此时裁判官进行干涉,他命令诉讼双方放手:"放开矛"。他们服从了命令。接着原告要求被告提出其干涉的理由:"我请求这物件,你有什么理由主张权利。"根据一个新的权利的主张对这个问题作出回答:"我已主张这物件是我所有,所以把矛放在他身上。"这时,原告拿出一笔称为"誓金"的金钱作为其主张正确的赌注:"你的权利主张没有根据，我愿以誓金决胜负。"被告说"我也给"，也压下赌注。接下来的程序已不再是正式进行的了。但应当注意，裁判官从誓金中提取保证金，而这些保证金一般都纳入国库。

这是每一个古罗马诉讼必经的序幕。我认为，要不同意那些将此看做是正义的戏剧化起源的人们的意见是不可能的。两个带武器的人为了某个引起纠纷的财产而争吵着。裁判官，一个因恭敬谨慎和功绩而受尊敬的人恰巧经过，进行干预使之停止争执。争吵的人就把情况告诉他，同意由他在他们之间做出公断，并作出规定，即除了败诉的一方放弃所争执的标的外，他应当付给公断人一定数量的金钱以作为他操心和损失时间的报酬。这个解释看起来并不是十分合理，若非如此，令人感到惊讶的一个巧合是，盖尤斯在"诉讼法"中描写为诉讼程序中一个必经过程的仪式，大体上和荷马所描写的把"赫菲斯托斯神"铸造为阿基里斯之盾的第一格的两个主题之一相同。在荷马所描写的审判场景中，似乎是特意要展现原始社会的特色，争议不是有关财产的，而是涉及杀人罪和解金问题。一个人说他已经支付过了，另一个人则说他从来没有收到过。但是，为这幅画面烙上古罗马实践复本之印的细节就是指定支付给法官的酬金。两塔仑的黄金放在中间，这些黄金要付给那个能够把判决的理由解释得使听众感到十分满意的人。在我看来，和极少量的"誓金"相比，这一巨大的金额，

第十章

显示出了变动中的习惯和已经固定为法律的习惯之间的差别。在民事诉讼的历史开始时，被诗人看做是英雄时代城市生活中一个显著的、特有的、但仍然只是偶然出现的特点而加以介绍的场景，就被固定为诉讼的正规的、一般的形式。因此，很自然地，在"诉讼法"中，"法官"的酬金应当减少到一个合理的金额，并且理所当然地应该把它支付给裁判官所代表的国家，以取代用公决的方法把它判给众多公断人中的一个人。但是，我毫不怀疑，荷马如此生动地描写，并由盖尤斯用比一般生涩的专业术语华丽得多的语言来描写的这些事件，在实质上具有相同的意义；为了确立这一观点，可以附加说明的是，许多研究现代欧洲最早司法惯例的学者都认为"法院"施以罪犯的罚金起初就是誓金。"国家"并不从被告那里取得任何被认为是针对其自身所为的不法行为的和解金，而只是从支付给原告的赔偿中取得一分作为补偿其时间和操心的公平价格。垦布尔先生明确认为盎格鲁-撒克逊法中的禁令或自由令就具有这种性质。

  古代法律还提供了其他证据，来证明最早的司法行政长官总是模仿着人们在私人争执中可能出现的行为。在做出损害赔偿的判决时，他们根据案件的情况把被害人可能实施的报复程度作为他们的指南。这真实地解释了古代法律对现行犯或犯罪后不久被捕的罪犯和经过相当长的时间后被捕的罪犯处以完全不同刑罚的原因。古罗马的"盗窃法"中提供了几个有关这个独特性质的奇怪例子。《十二铜表法》好像是将"盗窃罪"分为"显然的"和"非显然的",并根据罪行的分类对不同的罪行施以完全不同的刑罚。"显然的盗窃犯"是指在屋子里行窃时被捕的人或是携带赃物向安全地点逃离中被捕的人;如果他已经是一个奴隶,根据《十二铜表法》将判处他死刑,而如果他是一个自由人,根据《十二铜表法》将判处他为财产所有人的奴隶。"非显然的盗窃犯"是指在上述情况以外的其他任何情况下被发现的人;对这一类的罪人,古罗马法典只是简单地指示这类行窃者应当以双倍的价值赔偿他所偷窃的财物。在盖尤斯时代,《十二铜表法》对"显然的盗窃犯"惩罚的过度严酷性自然大大减轻了,但是法律仍保持着对其处以四倍于偷窃价值的罚金的古老原则,而对"非显然的盗窃犯"则仍旧只处以双倍赔偿。古代的立法者无疑是认为,如果让财产损失所有人自己来处理,那么他在盛怒之下可能采取的惩罚措施与盗窃犯在相当一段时间后被发现所采取的能够使他满意的惩罚措施是完全不同的;法律刑罚的尺度据此推断而作相应的调整。这个原则恰好与盎格鲁—撒克逊及其他日耳曼法典所遵循的原则相同,这些法典规定对人赃并获的窃贼应当场绞死或斩首,而对于追捕已经中断但仍把窃贼杀死的任何人,则规定完全以杀人罪论处。古代法律中的这些区别有力地为我们证明一个精进的法学和一个粗糙的法学之间的差别。现代司法行政官员公认为

第十章

摆在他们面前最棘手的问题，是把属于同一专业种类的罪行按犯罪程度加以区分。我们总是很容易可以指出一个人犯了过失杀人罪、盗窃罪或重婚罪，但是要断定他所犯的道德罪过的程度，并确定应受到的惩罚的幅度时，则往往比较困难。如果我们试图精确地解决这个问题，那么在我们可能碰到的诡辩上，或在动机的分析上，几乎没有任何困惑；因此，我们今天的法律表现出一种日益增长的倾向，即尽可能避免把这个问题规定在实在法中。在法兰西，由陪审团来决定对他们所裁定的罪行是否已经考虑到了该罪可能减轻的情形；在英格兰，准许法官在刑罚的选择上有几乎无限的裁量范围；而所有的国家都对误用法律保留着称为"赦免特权"的一种最后补救措施，这种权力一般都由"元首"掌握。我们很奇怪地看到，原始时代的人们很少为这些顾虑而苦恼，他们完全相信被害人的冲动是他有权实施报复的正当标准，并且他们真实地摹仿可能发生的情感波动以确定他们量刑的幅度。我想可以这样说，即他们的立法方法已经完全不复存在。但是，一些现代法律体系，在遇到严重的不法行为时，允许被害人有正当理由请求对在当场被抓获的不法行为者实施过度的惩罚——这种放纵，虽然表面上看起来似乎是可以理解的，但在我看来，却是源于一种十分卑微的道德观念。

我已经说过，最终导致古代社会形成一个真正刑法学的原因是如此的简单。国家认为自身受到了侵害，伴随着它的立法行动,"平民议会"就直接打击罪犯。在古代世界中确实如此——虽然在现代世界中确非如此,我将有机会指出——最早的刑事法院只是立法机关的分支或"委员会"。无论如何,这是两个伟大而古老国家的法律史所得出的结论,在一个国家中是比较清楚的,而在另一个国家中也是十分明显的。雅典最初的刑事法律把对罪犯的惩罚权一部分委托给"执政官"作为对侵权行为的处罚,一部分委托给"阿勒乌帕果斯元老院"作为轻罪过进行处罚。两个管辖权在最后基本上都转移给了"希利亚"即平民高等法院,而"执政官"和"阿勒乌帕果斯"的职能就只是行政的或毫无意义的了。但是,"希利亚"只是"议会"的一种古老说法;古典时代的"希利亚"只是为司法目的而召集的"平民议会",而著名的雅典"迪卡斯德黎"只是它的一部分或是陪审团。在罗马发生的相应的变化仍旧比较容易解释,因为罗马人把他们的试验限制于刑事法律,而不像雅典人那样使普通法院中既有民事管辖权又有刑事管辖权。罗马刑法学的历史开始于古老的"平民法院",据说它是由国王主持的。这些完全是在立法形式下对重大的罪犯进行的隆重审判。然而,似乎从很早的时候起,"民会"偶尔会把它的刑事管辖权委托给一个"审问处"或"委员会",它和"议会"的关系,几乎跟"众议院"的一个"委员会"和"众议院"本身的关系完全一样,只是罗马的"委员"或"审问官"不仅向"民会"提交报告,而且也

第十章

行使该团体自身习惯上行使的一切权力，甚至包括对"刑事被告人"判刑。这样一个"审问处"只是被指定审判一种特殊的犯罪，但是没有规定防止两个或者三个"审判庭"同时进行审判；而很可能在许多严重损害社会的不法行为案件同时发生时，几个"审判庭"同时受到委任。也有迹象表明，这些"审判庭"有时具有类似我们的"常设委员会"的特征，因为它们是定期被委任的而不是等某些严重的犯罪间或发生时才予以委任。曾在非常古老的年代的议事录中提到过的古老的"弑亲审问官"似乎是每年定期选派的，他们被委以审判（或者，正如有人说的那样，调查和审判）所有弑亲和谋杀的案件；而且大多数学者认为对共和国暴力损害的国事罪进行审判的双司法行政官或"二人委员会"也是定期指派的。把权力委任给后面的这些官吏，使我们前进了几步。不再是在对国家犯罪发生时才被委派，而是在其可能发生时他们就已拥有了一般的、虽然只是暂时的管辖权。我们对一种规则的刑法学的接近，也可以从"弑亲罪"和"国事罪"等一般好像是标志接近犯罪分类的用语上显示出来。

但是，真正的刑法直到公元前149年才产生，即古尔潘尼斯披梭颁布了被称为"古尔潘尼亚贪污律"的法令。这部法律适用于有关盗用金钱的案件，那就是，各"邦民"对总督不正当地收受的金钱有偿还请求权，但这部法令伟大和永恒的意义在于它建立了第一个"永久审问处"。一个

古代法

"永久审问处"是一个永久的委员会,而不同于那些不定期的委员会以及那些临时的委员会。它是一个正规的刑事法院,其存在可追溯到创设它的法令通过时,并一直延续到废止它的另一个法令通过时。其成员不像较早的"审问处"的成员那样是专门任命的,而是在组建它的法律中规定从特定的阶层中选举法官并按照明确的法规进行换届。它所审理的罪行也明确地命名和定义在该法令中,而且新的"审问处"有权审理并判处在将来符合该法律所规定的犯罪定义的一切人的行为。因此,它是一个正规的刑事法院,从事着真正刑事法学的刑事司法机关。

因此,原始刑法史就分为四个阶段。我们可以理解不法行为或侵权行为的概念以及罪过的概念是有区别的,在犯罪的概念中包含有损害国家或集体社会的观念,我们首先看到的是,共和国遵照这个概念字面上的意义,由它自己直接用单个法令对那些损害共和国的人施以报复。这是我们的出发点;每一个指控就是痛苦法案和刑罚令,这是一个指定罪犯并规定对其惩罚的特殊法律。大量增加的犯罪迫使立法机关把权力委托给特别"审问处"或"委员会",使它们都有权调查特定的指控,而且若是指控得到证实,它们就有权处罚该特定犯人,这时,第二步也就完成了。当立法机关不再等涉嫌犯罪发生后才不定期地委任"审问处",而是在遇到某类犯罪发生时或者已预见到此类犯罪将要发生时,就定期任命像"弑亲审问处"和"国事罪双司法行政官"那样的"委员",至此,又前进了一步。至最后阶段,"审问处"从定期的或临时的法庭变为永久的法庭——法官不再由指派委员会的特定法律加以任命,而规定在将来以特定方法从特定阶级中直接选任——把某类行为用概括的语言加以规定并宣布为犯罪,假如有犯罪,就将对其适用专属于每一个刑法规定的明确刑罚。

如果"永久审问处"有一个较长的历史,它们无疑会被认为是一个独特的制度,它们和"民会"的关系看起来不会比我们自己的法院和君主之间的关系更为密切,而在理论上,君主是正义的源泉。但是帝国的专制在它们的起源被完全遗忘之前就把它们摧毁了,而且,只要它们继续存在,罗马人就把这些"永久委员会"仅仅看作是一种被委托的权力的受托人。审判犯罪被认为是立法机关的一种自然属性,而市民从未停止过要从"审问处"回到"民会"的心理,是"民会"把它自己一些不可分割的职能委托给了"审问处"执行。甚至在"审问处"成为永久机关时,那种认为它们只是"平民议会"的"委员会"——只是为较高的权威服务的机关——的观念仍产生了重要的法律后果,一直到最近时期其后果都残留在刑事法律中。它的一个直接结果是在"审问处"成立很久之后,"民会"继续通过痛苦和刑罚令的方式行使犯罪管辖权。尽管为了便利起见,立法机关同意把它的权力委托给其自身以外的机关,但不能就此认为它放弃了这些权力。"民会"和"审问处"

继续并行地审判和处罚罪犯；而直到共和国灭亡，一旦爆发任何不寻常的民众公愤，都必然要在"部落大会"上就其目标提起控诉。

共和国各种制度中最显著的特征之一也可追溯至"审问处"对"民会"的依附上。罗马共和国刑法制度中"死刑"的消失一向是上个世纪的学者们最感兴趣的话题，他们一再重复利用它提出一些关于罗马人性格及现代社会经济的学说。这种断送确定的理由表明它纯粹是出于偶然。罗马立法机关陆续采取的三种形式中较为有名的一种，即"兵员民会"，是体现在军事行动中专门代表国家的。因此，"兵员大会"具有一个军队指挥官可能应该有的所有适当权力，而且，在这些权力中，它有权对所有的犯法者施加与一个士兵在违反纪律时所接受的惩罚相同的处罚。因此，"兵员民会"可以科处极刑。但是，"贵族民会"或"部落民会"却并非如此。它们之所以受到束缚是因为罗马城中的罗马公民被赋予了宗教和法律上的神圣性；在说到它们中的后一个"部落民会"时，我们当然知道那已成为一个固定的原则，即"部落民会"最多只能课处罚金。只要刑事审判权被限制于立法机关，只要"兵员民会"和"部落民会"继续并行行使权力，那么就很容易把比较严重的犯罪向科处较重刑罚的立法机关提起诉讼；但是接下来，较为民主的大会，即"部落民会"，几乎完全取代了其他的民会，变成了共和国后期的普通立法机关。"永久审问处"设

第十章

立时恰是共和国衰落时,因此,创建它们的法令都是由一个立法大会通过的,而它本身在一般的开庭中无权对罪犯判处死刑。因此,拥有受委托权威的"永久司法委员会",在其性质和能力上,就受到授权给它的机关自身所具有的权力范围的限制。它们不能做"部落民会"所不能做的事;既然"民会"不能判处死刑,"审问处"也就同样无权判处死刑。这样达到的变例在古代并不能像现代一样获得赞赏,而且,罗马人的性格是否会因此而变好,确实仍是个疑问,但可以肯定的是,"罗马宪法"却变得更坏了。正如每一个随着人类历史一直流传到今天的制度一样,死刑在文明过程的某些阶段是社会所必需的。有一个时期,废弃死刑的尝试挫败了作为一切刑法根源的两大本能。如果没有了死刑,社会将感到它对犯罪没有进行充分的报复,同时也会认为它的刑罚不足以阻止别人的仿效。罗马法院不能判处死刑,显然直接导致了一个恐怖的革命时期,即称为"公敌宣言"的时期,在此期间,一切法律都正式停止执行,只是因为党派暴行不能为它所渴望的报复找到其他的出路。这种法律的间歇的中止,是导致罗马人民政治能力衰败的最有力的原因;并且,一旦到达这样的境地,我们就可以毫不迟疑地说,罗马自由的毁灭仅仅是一个时间问题,如果"法院"的工作能使人民的热情有一个适当的出口,司法诉讼的形式无疑将被罪恶地滥用,就像我国后期斯图亚特的各个朝代一样,但国民性格将不至于像它在实际上那样深受其害，罗马制度的稳定也不至于像它实际上那样受到那么严重的削弱。

我还要提一提罗马刑事制度中由这个同样的司法权理论产生的另外两个更为奇特的特点。它们是：罗马刑事法院的数量庞大以及犯罪分类的反复无常和极不规则，这是罗马刑事法学全部历史的一贯特色。据说，每一个审问处，不论是否是永久性的，都以一个独特的制定法为其来源。它从创设它的法律中得到权力；它严格遵守其特许状所规定的范围，对于特许状没有明确规定的犯罪是不能过问的。由于构成各种"审问处"的制定法都是为了适应特别紧急的需要，而事实上每一种制定法都是为了惩罚当时特别可憎和特别危险的一类行为，因此这些立法相互之间没有丝毫关系，而且也没有共同原则把它们联系起来。同时存在的不同的刑法共有二三十种，由数目完全相等的"审问处"来实施它们；在共和国时期，并没有出现过任何试图把这些个别的司法机关合而为一，或是把那些委任它们和规定它们责任的各种制定法中的规定加以匀称的情况。这个时期罗马犯罪管辖权的情况，在某些方面有些像英国民事救济中的行政机关，当时，英国普通法院还没有把那种拟制的证言引用到它们的令状，使它们可以相互进入到彼此的特殊领域中。和"审问处"一样，后座法院、民事高等法院和财政法院在理论上而言都是从一个较高的权威中分出来的机关，并且每个机关分别主管一类特别案件，这类案

第十章

件被假定为是由其管辖权的来源处委托给它的；不过当时罗马的"审问处"在数量上远不止三个，如果要把分属于每个"审问处"审判权的各种行为加以区别，那比把韦斯敏斯特三种法院的范围加以划分还要困难得多。在各个不同的"审问处"的范围之间划一条明确的分界线是很困难的，因此这样有时就会给数目众多的罗马法院造成许多不便；我们很惊异地看到，当一个人所犯的罪行不能立即明确究竟应属于哪一个类别时，他可以同时或连续地在几个不同的"委员会"中被起诉，以至于其中一个"委员会"可以宣布自己有权来认定他有罪；而且，虽然一个"审问处"的定罪可以排斥其他"审问处"的审判权，但是一个"审问处"所做的无罪开释的判决不能作为另一个"审问处"提出控告时的辩护。这和罗马民事法律的规定直接相反；而且我们可以确定，像罗马人那样对法学中的变例（或者用他们的意味深长的成语来说即粗野）十分敏感的人们，如果不是"审问处"悲剧性的历史使它们被认为是党派手中的暂时武器，而不是惩治犯罪的常设机构，他们是不会长期容忍这种情况的。皇帝不久就消除了这种审判权的重复和冲突的现象；但应当注意的是，他们并没有消除刑法中的另一个特点，这是和"法院"的数量密切联系的。甚至包括在查斯丁尼《民法大全》中的犯罪分类也是非常反复无常的。事实上每一个"审问处"都把自己局限于特许状委托让其审判的各种罪行的范围内。但这些罪行在原来的制定法中所以归类在一起,只是因为在这一项制定法通过时,这些罪行那时恰巧需要有法律加以惩罚。因此,在这些罪行之间不一定有任何共同之点;但是它们在一个特定的"审问处"中构成一个特定的审判问题,这一事实自然会给民众以深刻的印象,同时,在同一制定法中所提到的各种罪行之间的联系又是如此的根深蒂固,甚至在希拉和奥古斯都皇帝试图正式整理罗马刑法时,立法者还是保留着旧的分类方法。希拉和奥古斯都的制定法是帝国刑事法学的基础,这些制定法遗留给法学的有些分类方法是极特别的。我只需举一个简单的例子,伪证罪始终是和割伤以及毒杀归类在一起的,这无疑是由于一条希腊法律即"哥尼留暗杀和毒杀律"曾把这三种形式的罪行的审判权给予了同一个"永久委员会"。同时可以看到,这种罪行的任意归类也影响到罗马人的地方语言。人们自然地养成这样一种习惯,即把列举在一条法律中的各种罪行用单子上的第一个名称来称呼它,而这个名称也就用来称呼有权审判这些罪行的法院。凡是由"通奸审问处"审判的罪行便都称为"通奸罪"。

我之所以对罗马"审问处"的历史和特征不厌其详地进行说明,是因为一个刑事法学的形成在任何其他地方都没有这样有启发性地被例证过。最后的一批"审问处"是由奥古斯都皇帝加设的,从这时起,罗马人可以说已具有一个相当完善的刑法了。在它发展的同时,类推的过程继

第十章

续进行着，我把这个过程称之为由"不法行为"改变为"犯罪"，因为，虽然罗马法立机关对于比较残暴的罪行并没有停止过民事救济，它提供给被害人一种他一定愿意接受的赔偿。但是，即使在奥古斯都完成其立法以后，仍有几种罪行被继续视为"不法行为"，而它们在现代社会看来，是应该定为犯罪的；直到后来，在一个不确定的时期，当法律开始注意到一种在《法学汇编》中被称为非常犯罪的新罪行时，它们才成为在刑事上可以处罚的罪行。毫无疑问，有一类行为，在罗马法学理论中是把它们看作单纯的不法行为的；但是社会的尊严感日益提高，不满于对这些行为的实施者在给付金钱赔偿损失以外不加其他更重的处罚，因此，只要被害人愿意，准许把它们作为非常犯罪起诉，即通过一种在某些方面和普通程序不同的救济方式起诉。从这些非常犯罪第一次被承认的时候起，罗马国家的罪行名单表一定和现代世界所有社会的刑法名单同样长。

  我们没有必要详细描写罗马帝国实施刑事审判的方式，但必须注意，它的理论和实践都对现代社会产生了有力的影响。皇帝们并不是立即就废弃了"审问处"，一开始，他们把大量的刑事审判权交给"元老院"，虽然事实上它可能显得很卑贱，但在这个"元老院"中，皇帝也和其余的人一样只是个"议员"。皇帝在开始时就主张要有几种并行的犯罪审判权；这种审判权随着对自由共和国的记忆日益衰退而坚定地扩大着，从而占取了古老法院的权力。渐渐地，对犯罪的惩罚权转移给由皇帝直接任命的地方法官,"元老院"的特权转移到了"帝国枢密院","帝国枢密院"也就成了最后一个刑事上诉法院。在这些影响下,一种为现代人所熟悉的学说在不知不觉中形成了,即君主是一切"公正"的源泉,是一切"美德"的受托人。帝国在这时已达到完善的程度,这并不是不断增长的奉承和卑贱的结果,而是帝国集权的结果。事实上,刑事公正的理论几乎已经回到了它最初的出发点。开始时它相信应该由集体用自己的手来报复自己的不法行为;而最后它所采用的学说则认为犯罪的惩罚权在某种特殊方式中属于君主,他是人民的代表和受托人。这种新的观点和旧的见解不同,其不同之处主要在于公正监护人的职责所赋予君主个人的令人敬畏和庄严的气概。

罗马人关于君主和公正之间关系的一个较后期的观点,自然有助于现代社会可以无须经过这一系列的变化就自行发展,就像我在关于"审问处"的历史中已经例证过的。在西欧几乎所有民族的原始法律中,都有这样一个古代概念的痕迹,即对犯罪的处罚权属于自由人的议会,在有些国家中——据说苏格兰是其中之——现存司法机关的渊源可以追溯到立法机关的一个"委员会"。但刑法的发展通常是由于两种原因,即罗马帝国的记忆和教会的影响。一方面,恺撒的威严传统由于查理曼王朝的暂时得势而被保全,使君主具有一种作为一个蛮族酋长绝不可能获得的威望,并使最小的封建主也具有社会保护人和国家代表人的资格。另一方面，教会急于控制血腥残暴的行为，对比较严重的恶行树立惩罚的权威，在《圣经》的某些章节中，有些语句同意将刑罚之权授予民事地方法官。《新约全书》认为世俗统治者的存在是为了使作恶之人有所畏惧；《旧约全书》认为"流人血者，人亦流其血"。我认为毫无疑问的是，对于犯罪问题的各种现代观念，都建立于"黑暗时代"教会所主张的两种假定之上——第一，每一个封建统治者在地位上都相当于圣保罗所谈到的罗马地方法官；其次，他所要惩罚的罪行是"摩西十诫"中规定要禁止的行为，或是教会排除于自己审判权之外的行为。"异端"被认为是包括在"第一诫"和"第二诫"中的，"通奸"和"伪证"是宗教罪行，除非发生非常严重的案件，教会才允许世俗权力予以合作以便处以较重的刑罚。同时，它教导我们，各式各样的谋杀和强盗案件之所以都属于民事统治者的管辖，并不是由于他们地位的偶然结果，而是由于上帝的明确命令。

在关于阿尔弗雷德国王（垦布尔，卷二，第209页）的著作中，有这样一段，特别鲜明地说明了在他的时代所流行的关于刑事审判权起源的各种观念之间的争论。可以看到，阿尔弗雷德认为它半属于教会权威，半属于"国会议员"，他明确主张，反叛君主罪可以不受普通规定的管辖，就如同《罗马大法》中规定反叛恺撒罪不应受普通规定管辖一样。"在这以后"，他说，"有许多国家接受了对基督的信仰，有许多宗教会议遍及地球各处，在英国人中，当他们接受了基督信仰以后，不论是对神圣主教，还是对崇高的'国会议员'，也是如此。于是他们规定，由于基督的慈悲之心，世俗的君主们在取得他们的许可后，对每一恶行都可以无罪取得他们所规定的以金钱为表现的博脱（bot，即以金钱作为处罚方式）；但反叛君主除外，对于这种情形，他们是不敢给予任何慈悲的，因为'全能的上帝'对于藐视'他'的人，不为定罪，基督对于把'他'出卖致死的人，也不为定罪，'他'命令一个君主应该受人爱戴，就像'他自己'受人爱戴一样"。

西方学术经典译丛(全新译本)

功利主义	【英】约翰·斯图亚特·穆勒 著	叶建新 译
诗学·诗艺	【古希腊】亚里士多德 著 【古罗马】贺拉斯	郝久新 译
经济发展理论	【美】约瑟夫·阿洛伊斯·熊彼特 著	叶华 译
联邦党人文集	【美】亚历山大·汉密尔顿/约翰·杰伊/詹姆斯·麦迪逊 著	张晓庆 译
就业、利息和货币通论	【英】约翰·梅纳德·凯恩斯 著	陆梦龙 译
君主论	【意】尼科洛·马基雅弗利 著	李修建 译
新教伦理与资本主义精神	【德】马克斯·韦伯 著	李修建 张云江 译
古代法	【英】亨利·萨姆奈·梅因 著	高敏 瞿慧虹 译
第一哲学沉思集	【法】勒内·笛卡儿 著	徐陶 译
查拉图斯特拉如是说	【德】弗里德里希·威廉·尼采 著	杨震 译
哲学研究	【英】路德维希·维特根斯坦 著	蔡远 译
实践理性批判	【德】伊曼努尔·康德 著	张永奇 译

社会契约论	【法】让·雅克·卢梭 著	徐 强 译
理想国	【古希腊】柏拉图 著	庞燨春 译 张云江 译校
心理学原理	【美】威廉·詹姆斯 著	郭 宾 译
神圣者的观念	【德】鲁道夫·奥托 著	丁建波 译
论人类不平等的起源	【法】让·雅克·卢梭 著	吕 卓 译
道德形而上学基础	【德】伊曼努尔·康德 著	孙少伟 译
人性论	【英】大卫·休谟 著	石碧球 译
政府论	【英】约翰·洛克 著	杨思派 译
法律社会学基本原理	【奥】尤根·埃利希 著	叶名怡 袁 震 译
原始社会的结构与功能	【英】A. R. 拉德克利夫-布朗 著	丁国勇 译
政治学	【古希腊】亚里士多德 著	高书文 译
普通语言学教程	【瑞士】费尔迪南·德·索绪尔 著	刘 丽 译 陈 力 译校
意识形态与乌托邦	【德】卡尔·曼海姆 著	姚仁权 译
西太平洋上的航海者	【英】布罗尼斯拉夫·马林诺夫斯基 著	张云江 译
逻辑哲学论	【英】路德维希·维特根斯坦 著	王平复 译 张金言 译校